高职高专计算机教学改革 新体系 教材

IT项目管理
（第2版）

刘靖宇　翟　然　主编
范晓莹　武　静　副主编

清华大学出版社
北京

内容简介

本书根据IT项目管理发展的新需求和新特点,结合实际案例和具体操作规程,系统介绍了项目集成管理、项目管理过程、项目组织、项目范围、项目成本、项目质量、项目进度、项目风险、项目人力资源、项目采购、项目沟通管理、项目风险管理、项目收尾管理等内容,并通过指导学生实训来加强实践、强化应用技能培养。

本书知识系统、概念清晰、贴近实际,注重专业技术与实践应用相结合。本书既可以作为高职高专和应用型本科计算机应用、软件工程等专业的必修教材,也可以用于各类企事业IT从业者的在职岗位培训,并为广大社会创业者提供有益的指导。

本书封面贴有清华大学出版社防伪标签,无标签者不得销售。
版权所有,侵权必究。举报:010-62782989, beiqinquan@tup.tsinghua.edu.cn。

图书在版编目(CIP)数据

IT项目管理/刘靖宇,翟然主编. —2版. —北京:清华大学出版社,2021.7(2024.1重印)
高职高专计算机教学改革新体系教材
ISBN 978-7-302-57778-2

Ⅰ.①I… Ⅱ.①刘… ②翟… Ⅲ.①IT产业-项目管理-高等职业教育-教材 Ⅳ.①F49

中国版本图书馆CIP数据核字(2021)第055493号

责任编辑:颜廷芳
封面设计:常雪影
责任校对:袁 芳
责任印制:宋 林

出版发行:清华大学出版社
网 址:https://www.tup.com.cn, https://www.wqxuetang.com
地 址:北京清华大学学研大厦A座
邮 编:100084
社 总 机:010-83470000
邮 购:010-62786544
投稿与读者服务:010-62776969, c-service@tup.tsinghua.edu.cn
质量反馈:010-62772015, zhiliang@tup.tsinghua.edu.cn
课件下载:https://www.tup.com.cn, 010-83470410

印 装 者:三河市龙大印装有限公司
经 销:全国新华书店
开 本:185mm×260mm
印 张:15.5
字 数:389千字
版 次:2015年10月第1版 2021年9月第2版
印 次:2024年1月第4次印刷
定 价:49.00元

产品编号:089139-01

编审委员会

主　任：牟惟仲

副主任：林　征　冀俊杰　张昌连　张建国　李大军

编　委：赵立群　刘靖宇　刘晓晓　刘志丽　邵晶波
　　　　孙　岩　范晓莹　郭　峰　柴俊霞　翟　然
　　　　张劲珊　张志才　王　耀　高　虎　关　忠
　　　　宋鹏云　陈　杨　武　静　李　妍　赵玲玲
　　　　董德宝　尚冠宇　王爱赪　吕广革　于洪霞

总　编：李大军

副总编：梁　露　赵立群　刘靖宇　陈　杨　范晓莹

序言

PREFACE

随着微电子技术、计算机技术、网络技术、通信技术、多媒体技术等新技术日新月异的飞速发展和普及应用,不仅有力地促进了各国经济发展、加速了全球经济一体化进程,还推动着当今世界迅速跨入信息社会。以计算机为主导的计算机文化正在深刻地影响着人类社会的经济发展与文明建设,以网络为基础的网络经济正在全面地改变着传统的社会生活方式、工作方式和商务模式。当今社会,计算机应用水平、信息化发展速度与程度已经成为衡量一个国家经济发展和是否具有竞争力的重要指标。

目前我国正处于经济快速发展与社会变革的重要时期,随着经济转型、产业结构调整、传统企业改造,涌现了大批电子商务、新媒体、动漫、艺术设计等新型文化创意产业,而这一切都离不开计算机,都需要网络等现代化信息技术手段的支撑。处于网络时代、信息化社会的今天,人们的工作已经全面实现了计算机化、网络化,当今更加强调计算机应用与企业的结合,更注重计算机应用与具体业务的紧密结合。当前,面对巨大的就业压力,无论是企业员工还是即将毕业的大学生,学习掌握好计算机应用技术已成为求生存、谋发展的关键技能。

国家出台了一系列关于加强计算机应用和推动国民经济信息化进程的文件及规定,启动了电子商务、电子政务、金税工程等具有深刻含义的重大工程,加速推进国防信息化、金融信息化、财税信息化、企业信息化、教育信息化、社会管理信息化,因而全社会又掀起了新一轮计算机学习应用的热潮,本套教材的出版具有特殊意义。

针对我国应用型大学"计算机应用"等专业知识老化、教材陈旧、重理论轻实践、缺乏实际操作技能训练等问题,为了适应我国国民经济信息化发展对计算机应用人才的需要,根据企业用人与就业岗位的真实需要,结合应用型大学和高职高专院校"计算机应用"和"网络管理"等专业的教学计划及课程设置与调整的实际情况,我们组织北京联合大学、陕西理工学院、北方工业大学、华北科技学院、北京财贸职业学院、山东滨州职业学院、山西大学、首钢工学院、包头职业技术学院、广东理工学院、北京城市学院、郑州大学、北京朝阳社区学院、哈尔滨师范大学、黑龙江工商大学、北京石景山社区学院、海南职业学院、北京西城经济科学大学等全国30多所高校及高职院校的计算机教师和具有丰富实践经验的企业人士共同撰写了此套教材。

本套教材包括计算机基础、操作系统、网络系统集成、IT项目管理等相关专业课程的12本书。在编写过程中,全体作者注意自觉坚持以科学发展观为统领,严守统一的创新型案例教学格式化设计,采取任务制或项目制写法;注重校企结合、贴近行业企业岗位实际,注重实用性技术与应用能力的训练培养,注重实践技能应用与工作背景紧密结合,同时也注重计算机、网络、通信、多媒体等现代化信息技术的新发展,具有集成性、系统性、针对性、实用性、易于实施教学等特点。

  本套教材不仅适合应用型大学及高职高专院校"计算机应用、网络、电子商务"等专业学生的学历教育,同时也可作为工商、外贸、流通等企事业单位从业人员的职业教育和在职培训,对于广大社会自学者也是有益的参考学习读物。

系列教材编审委员会主任牟惟仲
2021 年 6 月

前言

FOREWORD

现代社会中各行各业都在采用项目管理方法管理项目，无论是航天业、制造业、IT业、建筑业、服务业还是新兴的电子商务、物流业等，都在广泛使用项目管理的方法，而且效果显著。

目前国内外，IT项目管理科学发展迅速。国际两大权威机构——美国项目管理协会（PMI）和国际项目管理协会（IPMA）的专业资质在全球得到普及和认可，多所高校的项目管理课程方案（Programme）都得到了 PMI 全球项目管理认证中心（GAC）的认证。教育部于 2004 年正式批准中央财经大学自主设置项目管理（Project Management）专业并招生，标志着我国项目管理教育的诞生。随后国内许多院校在计算机、软件学院等一级学科下设置了项目管理方向，开始了硕士与博士研究生的培养，促进了项目管理教育的进一步发展。

项目管理作为一门学科特别强调应用，也是一门非常实用的课程，项目管理的理论和方法在实践应用中效果明显，随着吸纳包括计算机项目管理软件优势、统计学、运筹学、价值工程学、财务管理、成本核算、组织学、管理学等全面质量管理，极大地推动了项目管理的普及应用。

IT 项目管理是高职院校和应用型大学计算机应用、软件工程、电子商务等专业非常重要的专业课程，也是从事信息产业和 IT 工程设计实施工作所必须具备的关键技能。通过学习该课程，学生可以了解项目管理、管理过程、国际标准的基本概念，初步掌握项目管理的方法及工具，具备进行小型项目计划和控制的初步能力。

本书作为高职高专计算机专业的特色教材，坚持科学发展观，严格按照教育部关于"加强职业教育、突出实践技能和能力培养"的教学改革要求，注重实践能力和应用技能的培养，本书的出版，对帮助学生尽快熟悉 IT 项目管理流程，掌握岗位技能，毕业后能够顺利就业具有特殊意义。

本书自出版以来，因写作质量高而深受全国各类高校广大师生的欢迎，目前已多次重印。此次再版，编者结合读者提出的意见和建议，审慎地对原教材做了认真的修订，包括知识更新、软件更新，并增补了相关应用技能技巧等，更加突出动脑、动手训练。

全书共 10 章，以学习者应用能力培养为主线，根据 IT 项目管理的新需求和新特点，结合实际案例和具体操作规程，系统介绍了项目集成管理、项目管理过程、项目组织、项目范围、项目成本、项目质量、项目进度、项目风险、项目人力资源、项目采购、项目沟通管理、项目风险管理、项目收尾管理等体系知识。

由于本书融入了 IT 项目管理的最新实践教学理念，力求严谨、注重与时俱进,具有知识系统、理论适中、概念清晰、侧重实践、突出实用性等特点,因此本书既可以作为高职高专和应用型大学计算机应用、软件工程等专业学生的必修教材,也可以用于各类企事业IT从业者的在职岗位培训,并为广大社会创业人员提供有益的学习指导。

本书由李大军筹划并具体组织,刘靖宇和翟然为主编,刘靖宇统稿,范晓莹、武静为副主编,由赵立群教授审定。编者写作分工:宋鹏云编写第1章,刘靖宇编写第2章、第3章、第8章、附录,范晓莹编写第4章、第6章,翟然编写第5章、第7章,武静编写第9章、第10章;李晓新负责文字修改并制作教学课件。

在本书再版过程中,编者参阅了大量有关IT项目管理的最新书刊和网站资料,精选收录了具有实用性的案例,并得到业界有关专家的具体指导,在此一并致谢。为方便教学,本书配有电子课件,读者可以从清华大学出版社网站免费下载使用。因编者水平有限,书中难免存在疏漏和不足,恳请同行和读者批评、指正。

编 者

2021年6月

目 录

CONTENTS

第 1 章 项目组织与项目团队管理 ········· 1

- 1.1 项目组织的结构与过程 ········ 2
  - 1.1.1 项目组织结构的形式 ········ 2
  - 1.1.2 项目组织结构的选择 ········ 3
  - 1.1.3 项目组织过程 ········ 4
- 1.2 项目团队建设 ········ 6
  - 1.2.1 项目团队的定义 ········ 7
  - 1.2.2 项目团队建设的五个阶段 ········ 7
  - 1.2.3 团队精神的内涵 ········ 8
  - 1.2.4 团队精神与团队绩效的关系 ········ 8
  - 1.2.5 项目管理办公室 ········ 9
- 1.3 项目经理的职责与能力 ········ 10
  - 1.3.1 项目经理的职责 ········ 10
  - 1.3.2 项目经理的角色 ········ 11
  - 1.3.3 项目经理的能力要求 ········ 12
- 1.4 实训——Microsoft Project 2016 实验基础 ········ 14
  - 1.4.1 Microsoft Project 2016 简介 ········ 14
  - 1.4.2 Microsoft Project 2016 操作界面 ········ 14

第 2 章 项目集成管理概论 ········· 18

- 2.1 项目集成管理 ········ 19
  - 2.1.1 项目集成管理概述 ········ 19
  - 2.1.2 项目集成管理的主要工作 ········ 20
  - 2.1.3 项目集成管理的角色 ········ 22
- 2.2 战略计划和项目启动 ········ 24
  - 2.2.1 战略计划阶段 ········ 24
  - 2.2.2 建立 SWOT 表 ········ 24
  - 2.2.3 识别有潜力的项目 ········ 25
  - 2.2.4 项目启动 ········ 27
- 2.3 指导和管理项目实施 ········ 28
  - 2.3.1 指导和管理项目执行 ········ 28

2.3.2　指导和管理项目执行的方法 ··· 28
　　　2.3.3　指导和管理项目执行的输入 ··· 29
　　　2.3.4　指导和管理项目执行的工具与技术 ······································· 29
　　　2.3.5　指导和管理项目执行的输出 ··· 30
　2.4　项目监控 ··· 31
　　　2.4.1　监督和控制项目的方法 ··· 31
　　　2.4.2　监督和控制项目的输入 ··· 31
　　　2.4.3　监督和控制项目的工具与技术 ··· 32
　　　2.4.4　监督和控制项目的输出 ··· 32
　2.5　整体变更控制 ··· 33
　　　2.5.1　整体变更控制的方法 ··· 34
　　　2.5.2　整体变更控制的输入 ··· 35
　　　2.5.3　整体变更控制的工具与技术 ··· 36
　　　2.5.4　整体变更控制的输出 ··· 36
　2.6　结束项目或阶段 ··· 37
　　　2.6.1　项目结束 ··· 37
　　　2.6.2　项目验收 ··· 38
　　　2.6.3　结束项目或阶段的输入 ··· 39
　　　2.6.4　结束项目或阶段的工具与技术 ··· 39
　　　2.6.5　结束项目或阶段的输出 ··· 39
　2.7　使用软件协助进行项目集成管理 ··· 40
　　　2.7.1　项目软件常见功能 ··· 40
　　　2.7.2　企业常用软件 ··· 41
　2.8　实训——Project 2016 基本操作 ·· 42
　　　2.8.1　设定 Project 2016 项目基本信息 ··· 42
　　　2.8.2　查找任务 ··· 43
　　　2.8.3　查看 Project 2016 项目 ··· 44
　　　2.8.4　新建任务 ··· 45
　　　2.8.5　插入任务 ··· 45

第 3 章　项目范围管理 ··· 47

　3.1　项目范围管理概述 ··· 48
　　　3.1.1　项目及项目选择 ··· 48
　　　3.1.2　项目范围的概念 ··· 49
　　　3.1.3　项目范围管理的主要内容 ··· 50
　3.2　项目范围的确定 ··· 52
　　　3.2.1　项目启动 ··· 53
　　　3.2.2　项目范围计划 ··· 56
　　　3.2.3　项目范围说明书 ··· 58
　　　3.2.4　项目范围管理计划 ··· 58

3.3 项目的目标和可交付成果 58
    3.3.1 项目的目标 58
    3.3.2 项目的可交付成果 59
3.4 项目的工作分解结构 60
    3.4.1 工作分解结构的定义 60
    3.4.2 工作分解结构制定的原则 62
    3.4.3 划分工作分解结构的方法 63
    3.4.4 工作分解结构的创建过程 63
    3.4.5 确定工作分解结构 WBS 字典 63
3.5 实训——Project 2016 项目规划 64
    3.5.1 添加里程碑 65
    3.5.2 标记里程碑任务 65
    3.5.3 添加周期性任务 66
    3.5.4 新建项目日历 67
    3.5.5 为任务分配日历 69

第 4 章 项目进度管理 71

4.1 项目活动的定义 72
    4.1.1 项目活动定义过程的输入 73
    4.1.2 项目活动定义的方法和工具 73
    4.1.3 项目活动定义的输出 73
4.2 项目活动的排序 74
    4.2.1 项目活动排序过程的输入 74
    4.2.2 项目活动排序的工具和方法 75
    4.2.3 活动排序过程的结果 78
4.3 项目活动时间估计 78
    4.3.1 项目活动时间估计的输入 78
    4.3.2 项目活动所需时间估计的工具和方法 78
    4.3.3 项目活动所需时间估计的结果 80
4.4 项目进度计划的编制 80
    4.4.1 项目时间进度计划编制的输入 80
    4.4.2 项目进度计划编制的工具和方法 80
    4.4.3 项目进度计划编制的结果 82
4.5 项目进度控制 85
    4.5.1 项目进度控制的输入 85
    4.5.2 项目进度控制的工具和方法 86
    4.5.3 项目进度控制的结果 86
4.6 实训——Project 2016 任务管理 90
    4.6.1 24 小时日历 91
    4.6.2 夜班日历 92

第 5 章 项目成本管理 ······ 94

5.1 项目成本管理准则 ······ 94
5.1.1 项目成本管理相关概念 ······ 95
5.1.2 影响项目成本超支的主要因素 ······ 96

5.2 项目资源规划与成本管理计划 ······ 98
5.2.1 项目资源规划 ······ 98
5.2.2 成本管理计划 ······ 99

5.3 项目成本估算 ······ 99
5.3.1 项目成本估算的过程 ······ 99
5.3.2 项目费用估算的工具与技术 ······ 100
5.3.3 项目成本估算交付物 ······ 101

5.4 项目成本预算 ······ 102
5.4.1 项目成本预算概述 ······ 102
5.4.2 项目成本预算的工具和技术 ······ 103
5.4.3 项目成本预算的输入内容 ······ 105
5.4.4 项目费用预算的输出 ······ 105
5.4.5 跟踪预算支出 ······ 108

5.5 项目成本控制 ······ 108
5.5.1 项目成本控制概述 ······ 108
5.5.2 项目成本控制的主要依据 ······ 109
5.5.3 项目成本控制的输出内容 ······ 110
5.5.4 项目成本控制的方法与技术 ······ 111
5.5.5 成本控制的 IT 系统支撑 ······ 115

5.6 实训——Project 2016 成本管理 ······ 115
5.6.1 设置摘要任务(有子任务的任务)的固定成本 ······ 116
5.6.2 设置子任务的固定成本 ······ 116
5.6.3 更改固定成本的默认累算方式 ······ 117
5.6.4 查看任务成本信息 ······ 117
5.6.5 查看项目成本 ······ 118

第 6 章 项目质量管理 ······ 121

6.1 项目质量管理概述 ······ 122
6.1.1 质量管理概况 ······ 122
6.1.2 质量管理基础的概念 ······ 124
6.1.3 质量管理的基本原则和目标 ······ 125
6.1.4 国际质量管理标准 ······ 126

6.2 软件质量度量 ······ 127
6.2.1 质量活动 ······ 127
6.2.2 软件质量特性 ······ 128

6.2.3　软件能力成熟度模型 …………………………………………………… 128
6.3　项目质量计划 ………………………………………………………………………… 130
　　　6.3.1　项目质量计划目标 …………………………………………………………… 130
　　　6.3.2　制订项目质量计划包含的主要活动 …………………………………………… 130
　　　6.3.3　制订质量计划所采用的主要技术和工具 ……………………………………… 130
6.4　项目质量保证 ………………………………………………………………………… 132
　　　6.4.1　产品、系统、服务的质量保证 ………………………………………………… 132
　　　6.4.2　管理过程的质量保证 …………………………………………………………… 132
　　　6.4.3　项目质量保证工作的输入、输出 ……………………………………………… 133
6.5　质量控制 ……………………………………………………………………………… 134
　　　6.5.1　项目质量控制过程的基本步骤 ………………………………………………… 134
　　　6.5.2　项目质量控制的方法、技术和工具 …………………………………………… 134
　　　6.5.3　项目控制的方法和技术 ………………………………………………………… 134
6.6　实训——定制 Project 2016 工作环境 ……………………………………………… 135
　　　6.6.1　定制整行字体样式 ……………………………………………………………… 135
　　　6.6.2　设置行列标题的文字样式 ……………………………………………………… 135
　　　6.6.3　定制时间刻度 …………………………………………………………………… 136
　　　6.6.4　定制条形图格式 ………………………………………………………………… 138
　　　6.6.5　定制工具栏 ……………………………………………………………………… 139
　　　6.6.6　添加菜单按钮 …………………………………………………………………… 141

第 7 章　项目组织与人力资源管理 …………………………………………………… **142**

7.1　项目人力资源管理概述 ……………………………………………………………… 144
　　　7.1.1　项目人力资源管理的概念 ……………………………………………………… 144
　　　7.1.2　项目人力资源管理的目的 ……………………………………………………… 144
　　　7.1.3　项目人力资源管理的过程 ……………………………………………………… 144
　　　7.1.4　项目人力资源计划编制 ………………………………………………………… 145
7.2　项目团队建设 ………………………………………………………………………… 149
　　　7.2.1　项目团队建设的重要性 ………………………………………………………… 149
　　　7.2.2　项目团队建设的主要目标 ……………………………………………………… 151
　　　7.2.3　成功的项目团队的特征 ………………………………………………………… 151
　　　7.2.4　项目团队建设的阶段 …………………………………………………………… 152
　　　7.2.5　项目管理团队建设的措施 ……………………………………………………… 153
7.3　项目领导艺术 ………………………………………………………………………… 154
　　　7.3.1　项目领导能力 …………………………………………………………………… 154
　　　7.3.2　项目领导艺术的含义 …………………………………………………………… 154
　　　7.3.3　提升项目领导艺术的途径 ……………………………………………………… 155
7.4　项目团队激励 ………………………………………………………………………… 157
　　　7.4.1　团队激励的作用 ………………………………………………………………… 157
　　　7.4.2　主要的激励理论 ………………………………………………………………… 157

    7.4.3　激励方式 ·· 159
    7.4.4　激励的基本原则 ·· 159
  7.5　实训——企业资源管理 ·· 161
    7.5.1　创建资源工作表 ·· 161
    7.5.2　创建工时资源 ··· 162
    7.5.3　创建成本资源 ··· 163
    7.5.4　资源日历 ·· 163
    7.5.5　分配资源 ·· 166

第 8 章　项目沟通与冲突管理 ··· **168**

  8.1　项目沟通管理概述 ··· 169
    8.1.1　项目沟通管理的含义 ·· 169
    8.1.2　项目沟通管理的作用 ·· 170
  8.2　项目沟通管理的基本过程 ·· 171
    8.2.1　沟通管理计划编制 ··· 172
    8.2.2　信息分发 ··· 172
    8.2.3　绩效报告 ··· 172
    8.2.4　项目干系人管理 ··· 172
    8.2.5　项目沟通管理过程与其他项目管理过程的关系 ································· 173
  8.3　项目沟通的策略与方式 ··· 174
    8.3.1　项目沟通的策略 ··· 174
    8.3.2　项目沟通的方式 ··· 175
  8.4　项目沟通计划的编制 ··· 176
    8.4.1　项目沟通计划的准备工作 ··· 176
    8.4.2　项目沟通需求的确定 ·· 177
    8.4.3　项目沟通方式与方法的确定 ·· 178
    8.4.4　项目沟通计划编制 ··· 179
  8.5　实训——设置项目比较基准 ··· 182
    8.5.1　设置比较基准 ·· 182
    8.5.2　查看比较基准计划 ··· 184
    8.5.3　定义多基线甘特图 ··· 184

第 9 章　项目风险管理 ·· **187**

  9.1　项目风险识别 ··· 188
    9.1.1　项目风险的概念和特点 ·· 188
    9.1.2　项目风险识别的过程 ·· 189
    9.1.3　项目风险的识别方法 ·· 191
  9.2　项目风险估计 ··· 193
    9.2.1　项目风险的度量 ··· 193
    9.2.2　定性风险估计方法 ··· 194

  9.2.3 定量风险估计方法 …… 194
 9.3 项目风险应对 …… 194
  9.3.1 项目风险应对的主要措施 …… 194
  9.3.2 项目风险应对措施制定的结果 …… 196
 9.4 实训——Project 2016 跟踪项目进程 …… 200
  9.4.1 更新任务完成百分比 …… 200
  9.4.2 更新任务实际工期 …… 201
  9.4.3 更新任务的实际时间 …… 202
  9.4.4 计算每天实际成本 …… 202
  9.4.5 跟踪任务成本 …… 204

第10章 项目收尾管理 …… 206

 10.1 项目收尾概述 …… 207
  10.1.1 项目收尾的含义 …… 207
  10.1.2 项目结尾工作的重要性 …… 207
  10.1.3 项目收尾的条件 …… 208
  10.1.4 项目收尾阶段中的工作 …… 208
  10.1.5 项目收尾应注意事项 …… 210
 10.2 项目验收 …… 210
  10.2.1 项目验收的概念 …… 210
  10.2.2 项目验收的意义 …… 210
  10.2.3 IT 项目验收的主要工作 …… 211
  10.2.4 项目验收的基本程序 …… 211
  10.2.5 IT 项目验收的详细流程 …… 212
 10.3 项目总结 …… 214
  10.3.1 项目总结概念 …… 214
  10.3.2 项目总结的意义 …… 214
  10.3.3 项目总结的具体工作 …… 214
  10.3.4 项目总结会 …… 214
 10.4 项目后评价 …… 216
  10.4.1 项目后评价的方法 …… 216
  10.4.2 项目后评价的形式 …… 216
  10.4.3 项目后评价的基本内容 …… 216
  10.4.4 项目后评价的实施过程 …… 217
 10.5 实训——Project 2016 数据管理 …… 218
  10.5.1 使用报表模板创建可视报表 …… 219
  10.5.2 创建可视报表模板 …… 220
  10.5.3 导出项目数据 …… 222

参考文献 …… 224

附录 …… 225

第1章

项目组织与项目团队管理

Chapter 1

学习目标	1. 了解有关项目组织过程的内容； 2. 掌握项目团队的特性、发展； 3. 领悟项目经理的权责、技能和素质。
技能要求	1. 准确把握项目与项目管理的含义与特征； 2. 熟练运用项目管理的知识体系和管理过程； 3. 熟悉 Project 2016 操作界面。

综合案例

随着信息技术的飞速发展，IT 系统集成项目越来越复杂，规模也越来越庞大，个人的作坊式管理已经越来越不适应发展的需要，因此引入项目管理成为 IT 企业当务之急。

某系统集成商乙公司刚刚成立不久，公司领导四处找关系拉项目，恰好其老朋友甲公司要进行服务器机房整体改造项目，包括对服务器机房的迁移，对机房进行综合布线，对服务器机房进行虚拟化建设，将原来零散的系统和平台进行重组和整合，包括对单位的 OA 系统、门户网站、流媒体服务器、论坛系统和业务管理 5 个系统迁移进入虚拟机，加强单位安全管理，采购网络安全设备等。乙公司经过与老朋友的协商承接下了甲公司的这个项目。

两个公司老总很快签订了合同，甲公司将后续工作都移交给了其技术部门去与乙公司实施部门协商与沟通。

项目进入实施阶段，由于甲公司技术部门前期没有参与合同签订，因此合同中没有写清楚项目需求、范围、验收标准以及售后服务等相关问题，为后期埋下问题伏笔。甲公司技术部领导害怕项目质量有问题无法得到售后服务，因此故意拖延，延长测试和试用的时间。

最后经过 10 个月的项目实施，主要工作已经基本完成，乙公司要调整公司人员承接其他项目，但甲公司技术部仍不断提出变更需求，项目拖延无法进入验收阶段，无法收款，不断增加项目成本。

综合案例分析

项目里有人情存在，会在项目的合同、范围、进度、质量、沟通、团队、验收、风险和变更管理等多个项目组织方面出现问题，又因为是集成项目而存在项目分包、采购环节的监控与管理等方面的问题，所以需要逐步跟进项目，并在项目初期制定合理的规划。甲公司与乙公司老总很快进行了合同的签订，交由技术部门处理，但技术部门前期没有参与合同签订，因此合同中没有写清楚内容，造成后期不能验收。

该案例将作为本书的整体案例,在不同章节中跟进发展,提炼问题并给出解决问题的方案与思路,在对应知识点位置进行综合案例分析与总结。

项目是人们通过努力,运用新的方法,将人力、材料和财务的资源组织起来,在给定的费用和时间约束规范内,完成一项独立的、一次性的工作任务,以期达到由数量和质量指标所限定的目标。

项目参数包括项目范围、质量、成本、时间和资源。美国项目管理协会(Project Management Institute,PMI)在其出版的《项目管理知识体系指南》(*Project Management Body of Knowledge*,PMBOK)中为项目所做的定义:项目是为创造独特的产品、服务或成果而进行的临时性工作。以下活动都可以称为一个项目。

(1) 开发一项新产品。
(2) 计划举行一项大型活动(如策划组织婚礼、大型国际会议等)。
(3) ERP 的咨询、开发、实施与培训。

1.1 项目组织的结构与过程

项目组织是指为完成某个特定的项目任务而由不同部门、不同专业的人员所组成的一个特别工作组织,它不受现存的职能组织构造的束缚,但也不能代替各种职能组织的职能活动。项目组织是实施项目的主体,具有相应的领导(项目经理)、组织的规章制度(项目章程)、配备的人员(项目团队)及组织文化等。

IT 项目组织过程是在确立信息项目实施目标的情况下,集中组织特定的群体,为了共同的目标,按照计算机信息开发原则,通过组织设计使相关人力、物力、环境等资源有机组合,并以特定结构运行的结合体。

1.1.1 项目组织结构的形式

1. 职能型组织结构

职能型组织结构形式是最基本的,也是目前使用比较广泛的项目组织结构形式。职能型是一个层次化的结构,每个成员有明确的上级。项目由组织中现有的设计、生产、营销、质量和财务等职能部门作为承担任务的主体。项目执行时,没有指定项目经理,项目由公司总经理全权负责,由职能部门负责人作为项目协调人。

小贴士

职能型组织能够充分发挥资源集中利用的优势和人员使用上的灵活性,降低了企业运作成本,有利于同一部门专业人员进行知识和经验的交流。但同时,职能部门既要完成自己的日常工作,也要完成新项目内容,无形中增加了工作量,而且由于项目责任不明确,容易导致协调困难和局面混乱,容易造成对客户的相应迟缓,更容易造成跨部门的交流沟通障碍,增大协调难度。所以职能型组织比较适合小型 IT 项目的管理。

2. 项目型组织结构

项目型组织是从公司组织中分离出来的,它是一种单项目的垂直组织方式,每个项目都任命了专职的项目经理。

小贴士

在项目型组织中,组织结构简单灵活,易于项目控制,项目经理全权负责,可以调用整个组织内外部的所有资源,目标明确,统一指挥,决策速度快。团队精神能够得到充分发挥,对客户的响应较快。项目型组织适用于大多数独立的IT项目。

3. 矩阵型组织结构

矩阵型组织结构是职能型组织结构与项目型组织结构的混合体,即在职能型组织的水平层次上,叠加了项目型组织的垂直结构。

矩阵型组织强调了项目组织是项目活动的焦点,项目成员大多数是专职从事项目工作的,项目经理是主体。优点是:项目经理可以对项目进行有效的控制;能解决传统模式中企业组织和项目组织之间的矛盾;具有很强的灵活性,资源得到有效的利用,组织成员之间协调性强。矩阵型组织适用于大型的、复杂的项目或同时承担多个项目的管理。

根据项目组织中项目经理和职能经理权限的大小,矩阵型组织结构又可分为弱矩阵式、平衡矩阵式以及强矩阵式。项目组织结构形式对项目的影响程度也各不相同,见表1-1。

表1-1 项目组织结构形式对项目的影响程度

项目特点	组织类型				
	职能型	矩阵型			项目型
		弱矩阵型	均衡型	强矩阵型	
项目经理的权力	很小或没有	有限	小~中等	中等~大	权力很大或近乎全权
组织中全职参与项目工作的职员比例	没有	0~25%	5%~60%	50%~95%	85%~100%
项目经理的职位	兼职	兼职	兼职	全职	全职
项目经理的一般头衔	项目协调人/项目领导人	项目协调人/项目领导人	项目经理/项目领导人	项目经理/大型项目经理	项目经理/大型项目经理
项目管理/行政人员	兼职	兼职	兼职	全职	全职

1.1.2 项目组织结构的选择

项目组织结构的选择如图1-1所示。影响组织选择的关键因素见表1-2。

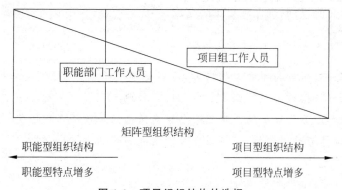

图1-1 项目组织结构的选择

表 1-2 影响组织选择的关键因素

影响因素	组织结构		
	职能型	矩阵型	项目型
不确定性	低	高	高
所有技术	标准	复杂	新
复杂程度	低	中等	高
持续时间	智	中等	长
规模	小	中等	大
重要性	低	中等	高
客户类型	各种各样	中等	单一
对内部依赖性	弱	中等	强
对外部依赖性	强	中等	强
时间限制性	弱	中等	强

1.1.3 项目组织过程

1. 项目准备

(1) 成立项目小组并分工。根据 IT 项目客户的不同类型以及项目本身的特点,结合项目组织选择方式,建立项目组。每个项目小组挑选负责人(项目经理),担任整个项目进度控制、质量控制和日常管理等总体控制任务。其他组员分别负责设计(设计项目界面、功能、流程)、开发(项目编程实现)、测试(产品黑盒测试,部分实现性能测试)和文档管理等工作。

在实际工作中,设计和编程开发的界限往往很难分开,因为最初的设计会不断被新的实现所改变,同时激励更好的设计出现,所以这些工作过程不是任务的简单分配,而是会有交叉、反馈甚至重叠。

(2) 明确工作要求。需要建立基本工作制度,包括安全、技术保密方面和职业道德方面的规程、规范等。还需要建立基本工作要求,包括制定定期报告的形式与内容。规范 IT 项目开发格式要求,协调各小组间衔接关系。

(3) 预估项目费用。对 IT 项目后续开发工作进行项目费用的估算,并提前与财务部门做好沟通。

(4) 预估项目周期。对 IT 项目进行开发时间的周期进行预估,并制定项目开发进程时间表,定期进行组间交流计划,确保项目按时完成。

综合案例分析

本章综合案例中,根据具体的工作内容,可以选择一个项目经理、建立四个项目小组:网络环境硬件改造(包括搭建流媒体服务器)小组、单位的 OA 系统建设小组、门户网站建设(包括论坛系统)小组和业务管理小组。明确每个组内角色的工作要求与任务,对自己分内工作量进行合理的费用预算与时间预估,在与项目经理达成一致的协议后,制定项目章程。

2. 环境准备

环境准备是指搭建项目开发系统所需软硬件环境,并进行测试,确保后期开发过程的顺利进行。开发环境应当展示的质量要求对所有领域加以考虑。举例来说,通过开发环境被提供的一个可量测性质量(支持不同数量的并发用户的能力)包括方法、工具、授权和基础结构等内容。

3. 项目实施

做好前期的准备工作后,将进入正式的项目实施阶段。在这个阶段的组织过程中,主要以实现项目所有内容为目标,组织协调各个小组之间的关系、协调项目团队与其他部门之间的沟通,确保项目的正常实施。

综合案例分析

本章综合案例中,各小组在开展工作前,需要得到一定的授权,以保证在开展后续各项工作的过程中,可以协调好各部门之间的关系,提高工作效率。

4. 项目特征

特征 1：临时性

项目的"临时性"特征主要强调项目执行的持续时间是有限定的,有明确的起点和终点。项目的"临时性"特征并不意味着项目执行的持续时间短。项目执行的持续时间需要依据项目的类型和规模而定。当项目结果实现预期目标的时候,项目就成功交付,项目成功交付之后产生的产品或者服务不是临时性的；当项目结果没有达到预期目标的时候,项目就终止(失败)了。

特征 2：独特性

古希腊哲学家赫拉克利特(Heraclitus)有一句名言："人不能两次踏入同一条河流,因为无论是这条河还是这个人都已经不同。"这句名言的意思是说河水是不断流动的,当你这次踏入这条河的时候,河水流走了；当你下次再踏入这条河的时候,流来的水又是新水。并且,此时的你和彼时的你也是不一样的。借用这句名言可以理解项目的"独特性"特征。

首先,项目具有目标的独特性。项目的目标是生产独特的产品或者服务,这些产品或者服务是唯一的、不同的。其次,项目具有过程的独特性。某个项目以前从来没有被完全相同的工程师或者团队,以完全相同的方式来完成过,即使在项目执行期间有重复过程的存在,也不影响项目过程的"独特性"。

特征 3：渐进性

项目的"渐进性"特征可以理解为逐步进展、持续提高。在项目立项之初也许只确定了项目整体框架范围,梳理了为交付可用的产品或者提供特定的服务所要做的工作内容,但项目范围在具体细节上很难做到清晰明确。

随着项目启动执行,项目信息越来越详细,各种估算越来越准确,项目人员可以持续改进和细化初步的计划,并能够根据项目情况进行滚动更新。渐进明细属于正常的项目活动,由于项目范围不可能在刚开始的时候就非常清晰明确,所以需要一个不断补充、细化和完善的过程。需要注意的是,渐进明细一定要在项目的边界范围内进行,才能避免把项目的渐进明细演变成项目的范围蔓延。

导入案例

糊涂经理

A公司是一家系统集成商,赵某是A公司的一名高级项目经理,现正在负责某高校的办公网络项目的管理工作,该项目划分为综合布线、网络工程和软件开发三个子项目,需要3个项目经理分别负责。

赵某很快找到了负责综合布线、网络工程的项目经理,而负责软件开发的项目经理一直没有合适的人选。原来由于A公司近年业务快速发展,承揽的项目逐年增多,现有的项目经理人手不够。赵某建议从在公司工作2年以上的业务骨干中选拔项目经理。结果孙某被赵某选中,负责该项目的软件开发子项目。

在项目初期,依照公司的管理规定,孙某带领几名项目团队成员刻苦工作,项目进展顺利。随着项目的进一步展开,项目成员的逐步增加,孙某在项目团队管理方面遇到很多困难。他领导的团队因经常返工而效率低下、团队成员对发生的错误互相推诿、开会时人员从来没有到齐过,甚至孙某因忙于自己负责的模块开会时都迟到过。

大家向孙某汇报项目的实际进度、成本时往往言过其实,直到孙某对自己负责的模块进行接口调试时才发现这些问题。然而此时已经为时已晚!

【问题】

(1) 分析项目中出现这些情况的可能原因有哪些?
(2) 你认为高级项目经理赵某应该如何指导和帮助孙某?
(3) 孙某作为项目经理要承担哪些角色?
(4) 成为一名合格的项目经理需要具备的知识、技能有哪些?

导入案例分析

从案例中我们可以体会到,首先,公司对项目经理的培养不够重视,对项目经理的选拔任命不是很规范,没有合理地进行人员选拔的测试与评估,选择了缺乏担任项目经理所需的足够的能力和经验的孙某来完成工作,这也是造成项目后面出现问题的主要原因。

其次,项目工作中的沟通没有建立在有效的机制和方式方法下进行,缺乏有效的项目绩效管理机制,并且对项目经理的工作缺乏指导和监督,导致没有及时发现项目执行过程中出现的问题。

赵某作为高级项目经理忽略了团队建设的重要性,对孙某的"传帮带"做得不够好;应在分配工作后明确孙某的工作职责,帮助其实现向项目经理角色的转变;积极参加孙某组织的例会,及时发现问题,并予以指导,尤其是在项目管理方面。

赵某要从整体项目层面对各子项目进行协调和计划,对子项目提出具体工作要求;项目经理要以身作则,加强对子项目的日常监督;并针对子项目中出现的问题,及时提出纠正和预防措施。这样一来就可以避免导入案例中最后出现的问题了。

1.2 项目团队建设

现代项目管理十分强调项目团队的组织建设和按照团队作业的方式去开展项目工作,这就使得项目团队及其建设成为项目组织管理中一项十分重要的内容。

1.2.1 项目团队的定义

项目团队是由一组个体成员,为实现一个具体项目的目标而组建的协同工作队伍。项目团队的根本使命是在项目经理的直接领导下,为实现具体项目的目标,完成具体项目所确定的各项任务,共同努力、协调一致和科学高效地工作。

项目团队是一种临时性的组织,一旦项目完成或者中止,项目团队的使命即告完成或终止,随之项目团队即告解散。

1.2.2 项目团队建设的五个阶段

任何项目团队的建设和发展都需要经历形成、磨合阶段、规范、成效和解散这五个阶段。这五个阶段依次展开形成了一个团队从创建到发展壮大和取得辉煌的过程。项目团队的建设阶段如图 1-2 所示。

图 1-2 项目团队的建设阶段

1. 形成阶段

项目团队的形成阶段是团队的初创和组建阶段,这是一组个体成员转变为项目团队成员的阶段。

综合案例分析

本章综合案例中,项目成立初期,有人情存在,当团队成员第一次碰面时形成阶段就开始了。在这一阶段中,项目团队的成员从不同的部门或组织抽调出来而构成一个统一的整体,全体团队人员开始相互认识到相互熟悉。整个项目团队也要努力去建立团队形象,并试图对要完成的工作进行分工和制订计划。

为使项目团队的成员能够明确目标、方向和人际关系,项目经理应向团队成员说明他们各自的角色、任务及与其他团队成员之间的关系,只有这样才能完成项目团队形成阶段的工作。

2. 磨合阶段

当团队开始一起工作时,他们就进入了"磨合"阶段。

综合案例分析

本章综合案例中,经过一段时间的沟通,在应该做什么和应该怎么做上,团队成员们都有不同的意见,这些都会在团队内部造成冲突。项目经理需要带领团队成员学会如何共同解决问题,既能独立地又能与团队一道发挥作用,并能找到各自在团队中的角色和应担负的责任。

3. 规范阶段

在经受了磨合阶段的考验后,项目团队就进入了正常发展的规范阶段。当团队进入"规范"阶段,项目团队成员之间、团队成员与项目管理人员和经理之间的关系已经理顺和确立,绝大部分个人之间的矛盾已得到了解决。团队成员开始作为整体更高效地工作,不再专注于个人目标,而是专注于建立一种合作的方式(过程和程序)。

在这个阶段中,项目经理不会过多卷入决策和解决问题之中。团队拥有一个更大的自身方向,能像一个整体来解决问题和冲突。项目经理必须总是确保团队成员能够相互合作,同时也能开始对团队成员起到教练的作用。

4. 成效阶段

成效阶段是项目团队发展的第四个阶段,也是项目团队不断取得成就的阶段。在这个阶段,重心在于作为一个整体来实现目标。不是所有的团队都能成长到这一阶段;某些团队在第三阶段(规范阶段)就止步不前。高度成熟的团队能在无监管的情况下正常运作,成员间相互依赖,积极完成工作。

在这个阶段,当决策需要组织高层时,团队领导起到纽带作用。即使在这个阶段,退回到其他阶段的可能性仍然是存在的。

综合案例分析

本章综合案例中,在这一阶段发现还需要技术人员作为项目的支持,不得不添加新的成员;并且在施工后期,发现技术处前期也没有参与合同签订,因此合同中没有写清楚项目需求、范围、验收标准、售后服务相关问题,作为重大变更造成工作不得不停顿,使得团队退回早期的阶段,直到他们能设法处理这个变更,才能保证项目继续进行。

5. 解散阶段

在"解散"阶段,项目走向终点,团队成员也开始转向不同的方向。这个阶段的视角在于团队的福利而不是像其他四个阶段那样在于团队成长。团队领导应确保团队有时间庆祝项目的成功,并为将来的项目总结实践经验;或者在项目不成功的情况下评估原因,并为将来的项目总结教训。

1.2.3 团队精神的内涵

所谓团队精神,简单来说就是大局意识、协作精神和服务精神的集中体现,是一种团结一致,互帮互助,为了一个共同的目标奋斗到底的精神。项目团队的团队精神是一个团队的思想支柱,是一个团队所拥有的精神的总和。

团队精神是组织文化的一部分,良好的管理可以通过合适的组织形态将每个人安排至合适的岗位,充分发挥集体的潜能。如果没有正确的管理文化,没有良好的从业心态和奉献精神,就不会有团队精神。团队精神来源于人与人之间的信任、尊重和理解,基础是尊重个人的兴趣和成就,核心是协同合作,最高境界是全体成员的向心力、凝聚力,反映的是个体利益和整体利益的统一,并进而保证组织的高效率运转。

1.2.4 团队精神与团队绩效的关系

要想使一群独立的个人发展成为一个成功而有效合作的项目团队,项目经理需要付出巨大的努力去建设项目团队的团队精神和提高团队的绩效,决定一个项目成败的因素有许多,但是团队精神和团队绩效是至关重要的。

项目团队并不是把一组人集合在一个项目组织中一起工作就能够建立的,没有团队精神的建设,它不可能形成一个真正的项目团队。一个项目团队的效率与它的团队精神紧密相关,而一个项目团队的团队精神是需要逐渐建立的。图 1-3 所示给出了项目团队在形成、磨合、规范和成效四个阶段的团队精神与绩效水平的关系。

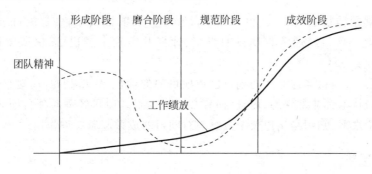

图 1-3 项目团队成长各阶段的团队精神与绩效水平的关系

1.2.5 项目管理办公室

美国项目管理协会有限公司 PMI(Project Management Institute)对项目管理办公室的定义是这样的:项目管理办公室就是为创造和监管整个企业或组织的全部项目的管理体系,这个管理体系是为项目和项目管理更为有效和最大程度达到组织目标而存在的。

项目管理办公室已经成为大部分企业和组织中不可缺少的职能部门,它是组织提高项目分析、设计、管理和检查等方面能力的部门。同时,项目管理办公室是集中管理和协调各个项目的机构,是组织提高项目管理成熟度的核心部门。

项目管理办公室负责收集和追踪项目信息,并负责维护和整理项目文档,为项目经理提供支持。项目管理办公室负责组织、协调多项目的管理,并协助对项目执行情况的监督和评审。

项目管理办公室有广义和狭义之分,狭义的项目管理办公室是临时性的管理团队,它是为管理一个特定的项目而设立的;广义的项目管理办公室是永久性的项目管理机构,它是为一个组织或企业的战略发展和集成实施组织的多项目而设立的。主要包括有:项目控制办公室(项目级);项目管理办公室(部门级);战略项目管理办公室(公司级)。图 1-4 所示为项目管理办公室的层级设计,也可以根据业务、项目、组织特点来确定项目办公室。

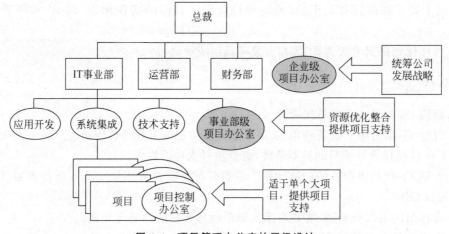

图 1-4 项目管理办公室的层级设计

1.3 项目经理的职责与能力

项目经理就是项目的负责人,也称为项目管理者或项目领导者,是项目组织的核心,是项目团队的灵魂。项目经理负责项目的组织、计划及实施全过程,以保证项目目标的成功实现。

在一个项目中,项目经理必须明确自己在项目中的地位、作用和职责,对整个项目开发的各个环节要求与技术都非常熟悉,而且,拥有必要的权限。项目经理对项目团队的管理能力、项目开发的经验水平、知识结构以及个人魅力对项目的成败起着关键作用。

综合案例分析

项目经理在团队磨合阶段中需要积极推动团队共同进步,确保团队成员学会互相倾听并尊重差异和不同的想法。项目经理必须要对项目团队每个成员的职责、团队成员相互间的关系、行为规范等进行明确的规定和分类,使每个成员准确地了解自己的职责、自己与他人的关系。另外,在各个阶段中,项目经理有必要邀请项目团队的成员积极参与解决问题和共同做出相关的决策。

1.3.1 项目经理的职责

项目管理的主要责任是由项目经理承担的,项目经理的根本职责是确保项目的全部工作在项目预算的范围内,按时、优质地完成,从而使项目业主/客户满意。

IT 项目经理的主要职责有以下几点。

1. 计划

(1) 确认项目范围、项目质量、项目时间与项目成本。确保项目目标实现,保证业主满意。这一项基本职责是检查和衡量项目经理管理成败、水平高低的基本标志。

(2) 标准化、规范化项目过程与活动。

(3) 根据项目范围、质量、时间与成本的综合因素的考虑,进行项目的总体规划与阶段计划。项目阶段性目标和项目总体控制计划项总目标一经确定,项目经理就要将总目标分解,划分出主要工作内容和工作量,确定项目阶段性目标的实现标志,例如,形象进度控制点等。

(4) 各项计划得到上级领导、客户方及项目组成员认可。

2. 组织

(1) 组织 IT 项目所需的各项资源。

(2) 设置 IT 项目组中的各种角色,并分配好各角色的责任与权限。组织精干的项目管理班子,这是项目经理管好项目的基本条件,也是项目成功的组织保证。

(3) 定制 IT 项目组内外的沟通计划。必要时可按配置管理要求填写项目策划目录中的"项目沟通计划"。

(4) 安排组内需求分析师、客户联系人等角色与客户的沟通与交流。

(5) 处理项目组与其他项目干系人之间的关系。

(6) 处理项目组内各角色之间的关系、处理项目组内各成员之间的关系。项目经理需亲自决策的问题包括实施方案、人事任免奖惩、重大技术措施、设备采购方案、资源调配、进度计划安排、合同及设计变更和索赔等。

(7) 安排客户培训工作。

3．领导

(1) 保证IT项目组目标明确且理解一致。

(2) 创建项目组的开发环境及氛围,在项目范围内保证项目组成员不受项目其他方面的影响。

(3) 提升项目组士气,加强项目组凝聚力。

(4) 合理安排IT项目组各成员的工作,使各成员工作都能达到一定的饱满度。

(5) 制订IT项目组需要的招聘或培训人员的计划。

(6) 定期组织IT项目组成员进行相关技术培训以及与项目相关的行业培训等。

(7) 及时发现项目组中出现的问题。

(8) 及时处理项目组中出现的问题。

4．控制

(1) 保证IT项目在预算成本范围内按规定的质量和进度达到项目目标。

(2) 在IT项目生命周期的各个阶段,跟踪、检查项目组成员的工作质量。

(3) 定期向领导汇报项目工作进度以及项目开发过程中的难题。

(4) 对项目进行配置管理与规划。

(5) 控制项目组各成员的工作进度,及时了解项目组成员的工作情况,并能快速解决项目组成员所碰到的难题。

(6) 不定期组织项目组成员进行项目以外的短期活动,以培养团队精神。

📖 **小贴士**

由于项目经理是在整个项目开发过程中项目组内对所有非技术性重要事情做出最终决定的人。因此,项目经理的个人能力在整个项目的开发过程中尤为重要。

1.3.2 项目经理的角色

项目经理是具体项目工作的管理者,同时该职业又是一个权利与责任并存的职业,他们主要对项目进行背景调查,收集整理项目相关资料,进行需求策划,制定项目可行性研究报告,协同配合制定和申报立项报告材料,组织项目团队完成项目任务,保证项目的完成时间和完成质量。

项目经理是项目团队的领导者和决策人,是项目的计划者和分析师,是项目的组织者和合作者,是项目的控制者和评价者,更是项目利益的协调人和促进者。

作为项目的组织者项目经理要组织项目团队,设计项目团队的组织结构,工作分配,同时,项目经理在整个项目的实现过程中还要扮演合作者的角色,要与项目团队的全体成员和所有的项目相关利益者进行合作,在项目进行中建立明确的共同目标。

作为项目的控制者,项目经理需要全面、及时地控制项目的全过程,要根据项目的目标和项目业主/客户的要求与期望制定出项目各项工作的管理控制标准,组织项目管理人员去对照标准度量项目的实际绩效,对照标准分析和确定项目实际工作中所出现的各种偏差,并决定采取何种措施去纠正已出现的各种偏差。

项目经理还需要扮演项目评价者的角色,他要从一个评价者的角度出发,客观地衡量和评价一个项目的工期进度、项目质量和项目成本与预算的实际完成情况,并及时评价和判断各种偏差的性质及其对于项目的影响,评价和判断项目实现过程中出现的各种问题。尤其值得说明的是,项目经理还担负着评价各种项目变更的责任,不管是项目设计的变更还是项目实施的变更。

在项目相关利益者之间项目经理还扮演着项目利益协调人和促进者的角色。作为项目利益的协调人,项目经理处于全体项目相关利益者的中心位置,项目经理与项目相关利益主体关系如图1-5所示。项目经理不但要协调项目业主和项目客户的利益,还要协调项目业主/客户与项目团队的利益,以及项目团队、项目业主/客户和项目其他利益相关者之间的各种利益关系。

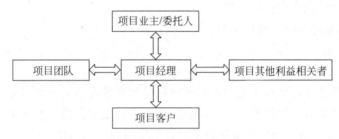

图1-5 项目经理与项目相关利益主体关系

1.3.3 项目经理的能力要求

信息化项目对企业而言,无疑是一项系统工程,既要符合企业发展战略,又要各部门协同配合,还要把握技术方向,因此作为企业信息化项目负责人的项目经理(往往由首席信息官CIO担当),在项目实施过程中起着关键作用,项目经理的能力是项目成功实施的基础。

1. 项目经理应具备组织能力

项目经理的组织能力具体表现在组建高效的项目小组、规范组织的工作范畴、明确项目成员的分工、协调各项工作的进度。拥有较高组织能力的项目经理,能够建立科学规范、分工合理、协调一致、高效精干的项目组织机构,作为项目成功的组织保障。

(1) 组建高效的项目小组。组建项目小组是项目开始的第一步,由于信息化项目往往牵扯的部门较多,因此项目小组的组建应考虑多个部门的共同参与,同时将各参与部门的人员分为实施人员和决策人员,并分别组成项目"领导小组"和"实施小组"的两层管理结构。

(2) 规范组织的工作范围。规范项目小组的工作范围,同时确定项目的实施内容,不仅可以有效保证项目组的工作目标明确,而且也是有效控制项目在实施过程中不断被扩展的有效途径。

(3) 明确项目成员的分工。责任清楚、分工明确是任何一项工作的基础,尤其是像信息化项目这种涉及部门多、业务流程复杂的项目,更需要项目经理对项目组的每一位成员进行明确分工。

(4) 协调各项工作的进度。信息化项目强调各部门之间的协调配合,每一个部门的项目进度出现问题,都会影响项目的总体进度,因此项目经理除关注项目的总体进度外,仍需协调各部门的项目进度,这样才能使各部门工作衔接流畅,从而步调一致,协同发展。

综合案例分析

综合案例中,如果项目经理及时公告项目的进程、表彰先进的团队成员,努力帮助项目团队完成项目计划,并在项目创建初期集中精力管理好项目的预算、控制好项目的进度计划和项目的各种变更,指导项目团队成员改进作业方法,努力提高工作绩效和项目质量水平,在成效阶段中,进一步积极放权,以使项目团队成员更多地进行自我管理和自我激励,也许就不会造成团队退回到早期状态的情况,可以按时实现项目的目标。

2. 项目经理应具备决策能力

项目经理不仅是IT部门的管理者,更是项目组的决策者,在错综复杂的信息化项目中,项目经理应探查项目相关的各种信息,对其进行筛选,并对各种解决方案进行优势分析,从相关技术、设备、服务和行情等信息出发,进行分析预测,优中选优,做出符合项目战略的项目决策。

3. 项目经理应具备沟通能力

项目经理在信息化项目中承担了企业(甲方)、实施方(乙方)、第三方咨询机构之间联系和协调的任务:企业通过项目经理将项目需求传递给实施方;实施方通过项目经理将项目方案提供给企业;第三方咨询机构对项目的诊断和建议也往往通过项目经理来传达。

因此一个好的项目经理,一定是一个好的沟通者,通过与项目任何一方以及项目组成员的沟通,才能全面了解用户、决策者、实施方乃至咨询机构对项目的真实评价,及时发现潜在问题,找到能够保障项目顺利进行的办法。

4. 项目经理应具备一定的业务能力

信息化项目对企业来讲是一个复杂的系统工程,他不仅仅是引进一项IT技术,更是对企业的管理、经营甚至生产流程进行的一次变革,其中IT技术只是企业实现这种变革的一种手段,信息化手段到底适不适合企业的业务需求,业务需求又是怎样与信息化结合,都是信息化项目经理亟须解决的问题。

因此项目经理除了面对IT技术之外,更重要的是要面对企业的核心业务,对业务的了解和熟悉程度直接影响着项目的质量和进度。IT技术最终是为企业的核心业务服务的。

5. 项目经理应具备一定的技术能力

项目经理应具备一定的技术能力,但项目经理不可能什么都懂。比如,做运营支撑系统,主要承担业务的受理、开通、客户管理、客户服务和计费等工作,所以要求对于通信专业知识,例如,固话、宽带、FTTH、2G、3G、4G、智能网、OCS和HLR等有所了解。

项目经理只需要知道怎么把这些包装成产品、服务、资费,卖给最终用户,并按次、按时长、按流量、按各种优惠给他们计费就行了。

项目经理很显著的特点是，做项目经理之前对某一块或两三块工作亲手做过，且非常熟悉。转岗为项目经理后，马上接触的是全局，要对这个行业、系统所涉及的方方面面都要了解。项目经理跨出最熟悉的领域后，能够在极短时间内了解另一个领域的客观规律，并成为团队的领导者。

6．项目经理应具备一定的IT能力

信息技术是个博大精深的学科，你做得越多会觉得自己懂得越少。一线生产人员需要对工具、方法、架构进行了解，而且又分不同的平台。项目管理者一般不承担直接编码、设计工作，即使他曾经是这方面的专家。对项目管理者的一般要求如下。

（1）对通用技术的掌握，如Java、C、数据库、中间件技术等。

（2）对云、大数据基本理论与应用场景的掌握；对Hadoop、HSF、MySQL、Tomcat等开源软件应用场景的掌握。

（3）具备系统分层、解耦设计能力。具备"抽象出技术平台、产品平台，并沿着正确的发展路径演进"的能力。

（4）对系统性能优化有一定的基础。

1.4　实训——Microsoft Project 2016 实验基础

1.4.1　Microsoft Project 2016 简介

Microsoft Project 2016 是 Microsoft 官方发布的一款通用的项目管理工具软件，项目管理者和工程设计者可利用该软件实现时间、资源、成本的计划与控制。Microsoft Project 2016可为用户提供高效便捷的管理方法，易于建立项目日程，包括活动规划、评估计划、数据管理、创建预算、挣值分析以及客户服务等。

使用该软件可以一致而高效地安排项目任务和资源，跟踪项目的工期、成本和资源需求，以标准、美观的格式形象具体地呈现项目计划，并可与其他应用程序（如 MS Excel）交换项目信息。

Project 2016中包含多种视图，可以在视图中编辑、分析和显示项目信息。该项目管理模板支持联网下载更多的模板，如图1-6所示。

Project 2016 以 Windows 10 操作系统为应用环境，为用户提供了良好的视觉体验。初次使用时，会出现图1-6所示的对话框，用户可以根据需求来选择服务类型和相应选项。

1.4.2　Microsoft Project 2016 操作界面

初学者通常直接选择单击"空白项目"，进入 Project 2016 操作界面，如图1-7所示，界面中会出现标题栏、菜单栏、状态栏、日程表、甘特图及时间刻度等功能区。

本节以服务器机房整体改造项目为例简单介绍软件管理的基本步骤。

（1）建立新项目并保存。单击"新建"，然后单击"空白项目"。空白项目另存为"服务器机房整体改造项目计划"，如图1-8所示。

第1章 项目组织与项目团队管理

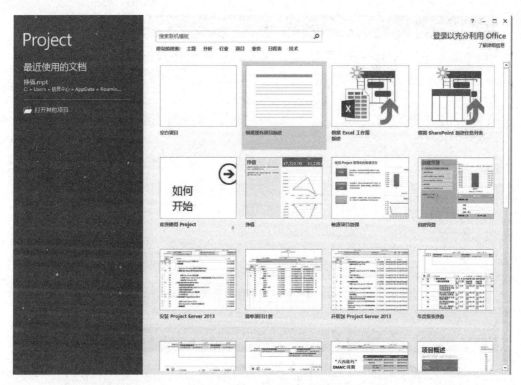

图 1-6 Project 2016 启动界面

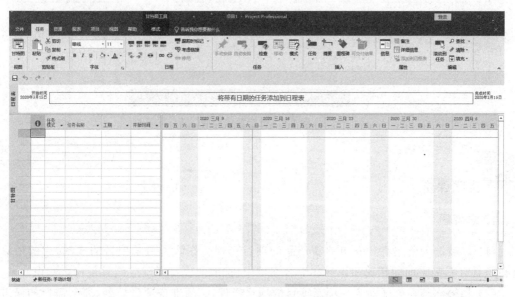

图 1-7 Project 2016 操作界面

（2）设定项目时间。单击"项目"→"项目信息"，可设立项目开始和完成时间。通常 Project 默认周六、周日为非工作时间。如果紧急工程中编制进度计划是不考虑周六、周日的。所以要将 Project 中的默认工作时间进行更改，单击"项目"→"更改工作时间"，如图 1-9 所示。

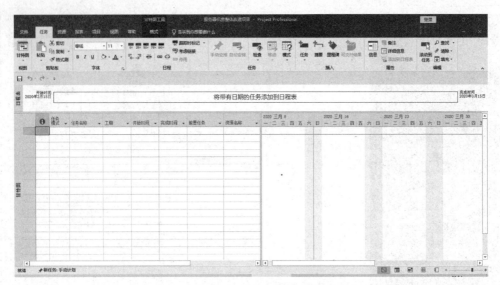

图 1-8　服务器机房整体改造项目计划

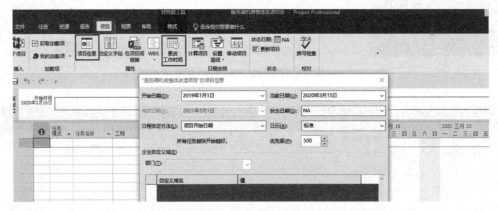

图 1-9　设定项目时间

 实践课堂

1．思考题

（1）你被选为公司将要发布的新产品的项目经理。你认为为了项目的成功，你的项目小组必须具有哪些方面的相关知识？在综合案例中，选取的项目经理应该具备什么知识？

（2）如果你已经被任命为一项新项目的项目经理，必须准备项目规划，那么需要如何进行项目的组织与分工？以综合案例为参考，制定项目的框架，描述项目组织与管理工作的过程。

2．拓展训练——组成项目团队活动

（1）成立项目团队总体的基本要求。

① 组成 5～6 人的项目团队；

② 明确团队的领导和人员分工；

③ 确定团队的名称；

④ 设计团队的 LOGO 和团队队歌；

⑤ 明确团队规则和纪律；

⑥ 初步确定项目方向。

(2) 组建团队要求。

① 组队人员 5～6 名,项目经理 1 名；

② 团队中有男,有女,合理搭配。

(3) 团队组建—团队名称。

① 3～4 个字组成的中文名称,并且有相应的英文名称；

② 不允许出现法律和道德上忌讳词语；

③ 不允许使用成语、名人姓名等常规性词语；

④ 有明确的解释和含义,响亮、顺口。

(4) 团队口号要求。

① 字数不宜多余 20 个；

② 不允许出现法律和道德上忌讳词语；

③ 有明确的解释和含义,响亮、顺口；

④ 口号和团队名称及项目内容有关联。

(5) 团队规则要求。

① 写出必要的行为规范；

② 规定大家的权利和义务；

③ 规定项目经理的权力；

④ 规范团队奖励和惩罚措施。

团队组成活动实训可以在课堂完成,准备必要的教学用具,如纸张、彩色笔、剪刀等,时间在 30～45 分钟。也可以作为课后作业,下节课由每个小组进行 5～8 分钟汇报。

第 2 章

项目集成管理概论

学习目标	1. 了解项目集成管理的含义和特征； 2. 领悟项目管理的知识体系和管理过程。
技能要求	1. 能够准确把握项目与项目管理的含义和特征； 2. 熟练运用项目管理的知识体系和管理过程； 3. 能够在 Project 2016 系统中新建项目，熟练使用软件的基本命令。

综合案例

第 1 章中的综合案例，项目进入实施阶段后，发现了新的问题。

案例中技术处前期没有参与合同签订，合同中没有写清楚项目需求、范围、验收标准、售后服务等相关问题，为后期埋下问题伏笔。在项目实施过程中甲公司需求不断更改，范围无法界定，乙公司进入了项目无底洞的状态。甲公司技术部领导害怕项目质量有问题无法得到售后服务，因此故意拖延，赢得测试和试用时间，甲公司技术部与实施方产生了严重的沟通问题和冲突事件，那么乙公司该如何安排进度和时间推动项目？

综合案例分析

综合案例中由于项目初期集成管理思路不清晰，没有制定合理的管理目标与方案，没有对时间、人力资源、沟通、风险评估、变更处理等多方面问题进行有效预测，造成项目后期一系列问题。本章将针对项目集成管理的方法与内容进行讲解。

导入案例

管理混乱　项目变化多

系统集成商 B 公司中标了某电子商务 A 企业的信息系统硬件扩容项目，项目内容为采购用户指定型号的多台服务器、交换设备、存储设备，并保证系统与原有设备对接，最后实现 A 企业的多个应用系统迁移，公司领导指定小周为该项目的项目经理。

小周担任过多个应用软件开发项目的项目经理，但没有负责过硬件集成项目，小周召开了项目启动会，对项目进行了分解，并给项目成员分配了任务，接下来，安排负责技术的小组长先编制项目技术方案，同时小周根据合同中规定的时间编制了项目的进度计划并发送给项目组成员，进度计划中确定了几个里程碑点：集成技术方案、设备到货、安装调试完成、应用系统迁移完成。由于该项目需要采购多种硬件设备，小周将进度计划发送给了采购部经理，并与采购部经理进行了电话沟通。

技术方案完成后通过了项目组的内部评审,随后项目组按照技术方案开始进行设备调试的准备工作,小周找到采购部经理确认设备的到货时间,结果得到的答复是:服务器可以按时到场,但存储设备由于运输的原因,要晚一周到货。

由于存储设备晚到,安装调试工作比计划延误了一周时间,在系统调试的过程中,项目组发现技术方案中存在一处错误,又重新改进了技术方案,造成实际进度比计划延误了两周,A企业得知系统迁移时间要延后,非常不满意,并到B公司高层领导投诉。

【问题】

(1) 分析该项目执行过程中存在哪些问题?

(2) 如果你是项目经理小周,应该采取哪些措施来保证采购设备按时到货?

(3) 从项目集成管理的角度思考一下,为了更好进行项目管理工作,提出意见和建议。

2.1 项目集成管理

项目管理历史源远流长,其发展大致经历了以下几个历史阶段。古代,其代表作如中国的长城、埃及的金字塔等修建管理。近代项目管理的萌芽,20世纪40年代,美国研制第一颗原子弹的任务"曼哈顿计划"。近代项目管理的成熟,20世纪50年代后代表"阿波罗"载人登月计划中应用。此时,项目管理才有了科学的系统方法。

现代项目管理的传播和推广,20世纪七八十年代项目管理迅速传遍世界各国。项目管理除了计划和协调外,对采购、合同、进度、费用、质量和风险等给予了更多重视,初步形成了现代项目管理的框架。也有一部分项目管理专家把项目管理划分为两个阶段:20世纪80年代之前为传统的项目管理阶段,80年代之后为现代项目管理阶段。

2.1.1 项目集成管理概述

项目集成管理即项目综合管理(project integration management),又叫项目整体管理,是指为保证项目各组成部分恰当协调而必须进行的过程。项目集成管理就是在各个相互冲突的目标与方案之间权衡取舍,以达到或超过项目干系人的要求与期望。项目经理对项目集成管理负责。

项目集成管理在项目整个生命周期内整合所有的其他项目管理过程和要素来引导项目走向成功。项目集成管理框架如图2-1所示。在项目的定义阶段,项目的集成管理需要综合考虑项目成本、工期、范围、风险等各方面的因素;在项目计划阶段,项目的集成管理需要开展项目主要要素的集成计划和安排;在项目实施阶段,项目的集成管理主要是开展对于项目变更的总体控制,这些都属于项目全面集成管理的范畴。

1. 项目集成管理的集成性

项目集成管理中的不同知识领域的活动项目相互关联和集成;项目工作和组织的日常工作相互关联和集成;项目管理活动和项目具体活动(例如和产品、技术相关的活动)相互关联和集成。

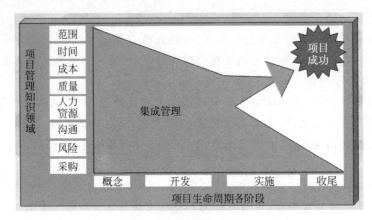

图 2-1　项目集成管理框架

2. 项目集成管理的目标

项目集成管理的目标是保障一个项目各方面的工作能够有机地协调与配合,它的内容包括为达到甚至超过项目相关利益者的期望去协调各方面的目标和要求,计划安排最佳(或满意)项目行动方案,以及集成控制项目的变更和协调项目各方面工作等内容。

3. 项目集成管理的本质

项目集成管理的本质是从全局观点出发,以项目整体利益最大化作为目标,以项目时间、成本、质量、范围、采购等各种项目专项管理的协调与整合为主要内容而开展的一种综合性管理活动。

2.1.2　项目集成管理的主要工作

项目集成管理是指为确保项目各项工作能够有机地协调和配合所开展的综合性和全局性的项目管理工作和过程。其作用是保证各种项目要素协调运作,对冲突目标进行权衡折中,最大限度满足项目相关人员的利益要求和期望。具体工作包括以下内容。

1. 制定项目章程——项目启动阶段

该阶段的主要任务是决策立项,涉及的领域首先是 IT 项目的范围。范围的核心问题是决定做什么,不做什么,这也是一个项目立项最基本的决策。

综合案例分析

案例在启动阶段,就没有考虑清楚做什么和不做什么的问题。做什么的决策取决于对项目效益的评估,这离不开与项目干系人的沟通协调,使他们的共同利益达到最大化。而不做什么的决策则取决于对项目风险的评估,一件事情尽管会产生效益,但是如果它的风险大于效益或超出项目干系人的承受能力,则宁愿放弃不做。因此,范围的取舍实际上是通过效益与风险的对比来决定的,而整个权衡利弊的综合分析过程,构成了集成管理的重要内容。

2. 项目集成计划的制订——项目计划开发过程

统一考虑项目各专项计划要求,通过全面的综合平衡编制出项目集成计划的管理工作。

将其他计划过程的结果,汇集成一个统一的计划文件。它是整个项目管理中最重要的环节。项目计划阶段最能体现集成管理的特点,体现为一个综合性指标,这需要站在一个宏观的立场上综合考虑问题,使各领域的独立计划相互衔接,最终集成为一个综合性的满意计划。

3. 项目集成计划的实施——项目计划执行过程

项目计划执行过程是指将项目集成计划付诸实施,将项目集成计划转变成项目产出物的管理工作,通过完成项目管理各领域的活动来执行计划。它具体体现为对团队成员的授权和激励,保障质量和保障供应,涉及人力资源管理、信息沟通管理、质量管理及采购供应管理四大领域。集成管理的作用是在实施过程中协调四者的关系。

4. 监控项目工作——项目工作的监控

控制如同计划的影子,只要有计划的地方,就会有控制的必要。与在计划领域扮演的角色一样,集成管理在控制阶段发挥非常关键的作用,任何局部的变更调整都会引起其他领域的连锁反应,因此其操作必须从宏观的角度去把握,使局部的调整服从整体目标,形成综合控制。

5. 实施项目综合变更控制——综合的变更控制

协调和控制整个项目实现过程中的各种项目变更,积极适应项目各种内外情况变化的管理工作,协调项目整个过程中的变更。

6. 结束项目或阶段——项目收尾或阶段收尾

项目收尾阶段主要体现在合同的收尾。项目的合同基本上分为两类,一类是与供应商和分包商之间的合同,收尾工作包括质量保证款的支付和合同纠纷的处理等,涉及采购供应管理;另一类是与项目客户之间的合同,涉及本项目的验收,属于集成管理。项目收尾还涉及一项重要内容,就是整理项目文档,建立检索系统,为今后的项目留下历史信息。

导入案例分析

本章的导入案例,其问题就是出现在项目集成管理上。小周缺乏硬件集成系统的经验。未制订全面有效的项目管理计划,并获得批准,对整个项目缺乏统筹的安排。技术方案和项目进度计划未经过论证、评审和批准就直接执行。

沟通方法不够高效和有效,对于采购干系人没有很好地参与和管理。缺乏风险意识,未识别风险和制定应对措施。与客户缺乏沟通,未及时向客户进行报告。缺乏质量管理,没有进行质量控制活动,对设备进行测试。未制订采购管理计划,缺乏对采购的控制,可以通过以下几个方式来完善项目。

(1) 改进项目的组织形式,明确项目团队和职能部门之间的协作关系和工作程序。
(2) 做好项目当前的经验教训收集、归纳工作。
(3) 明确项目工作的交付物,建立和实施项目的质量评审机制。
(4) 建立项目的变更管理机制,识别变更中的利益相关方并加强沟通。
(5) 加强对项目团队成员和相关人员的项目管理指导和培训。

2.1.3 项目集成管理的角色

项目集成管理是整合其他的项目管理过程和要素来确保项目成功的主要的项目知识领域。图 2-2 所示为项目集成管理的角色。主要包括有项目整合管理、范围管理、时间管理、成本管理、质量管理、人力资源管理、沟通管理、风险管理与采购管理等。这些不同方向的管理共同协作，构成了项目管理的整体。

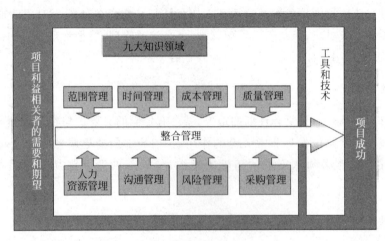

图 2-2 项目集成管理的角色

1. 整合管理

在项目管理中，由于项目各方对于项目的期望值不同，因此要达到满足各方的要求和期望并不是一件很容易的事。比如，在项目实施时，项目的客户可能期望质量高于一切，将质量作为首要目标，而项目实施组织可能会将成本作为首要目标。

面对这种差异项目经理不能只满足一方的要求而忽略另一方的要求。因此，项目经理需要在不同的目标之间进行协调，寻求一种平衡。整合管理的主要内容包括：项目集成计划的编制、项目集成计划的实施和项目总体变更的管理与控制。

2. 范围管理

做过项目的人可能都会有这样的经历：一个项目做了很久，感觉总是做不完，就像一个"无底洞"。用户总是有新的需求要项目开发方来做，就像用户在"漫天要价"，而开发方在"就地还钱"。实际上，这里涉及一个"范围管理"的概念。

项目中哪些该做？哪些不该做？做到什么程度？都是由"范围管理"来决定的。范围管理的主要内容包括：项目起始的确定和控制、项目范围的规划、项目范围的界定、项目范围的确认、项目范围变更的控制与项目范围的全面管理和控制。

3. 时间管理

"按时、保质地完成项目"大概是每一位项目经理最希望做到的。但工期拖延的情况却时常发生。因而合理地安排项目时间是项目管理中一项关键内容。它的目的是保证按时完成项目、合理分配资源、发挥最佳工作效率。它的主要工作包括定义项目活动、任务、活动排序、每项活动的合理工期估算、制订项目完整的进度计划、资源共享分配、监控项目进度等内容。

4. 成本管理

究竟如何进行项目成本管理呢？简单地说，就是通过开源和节流两条腿走路，使项目的净现金流（现金流入减去现金流出）最大化。开源是增大项目的现金流入，节流是控制项目的现金流出。这项管理的主要内容包括：项目资源的规划、项目成本的估算、项目成本的预算和项目成本的管理与控制。

5. 质量管理

提起如今的 IT 项目、软件工程备受关注。而软件的质量更是众人关注的焦点。目前还没有一套完善的评估标准。大量实践证明：软件工程项目的成败，通常取决于管理问题，协同工作的能力，而不是技术上的问题。质量管理的主要内容包括：项目产出物质量和项目工作质量的确定与控制，以及有关项目质量变更程序与活动的全面管理和控制。

6. 人力资源管理

天时、地利、人和一直被认为是成功的三大因素。其中，"人和"是主观因素就显得更为重要。如何充分发挥"人"的作用，对于项目的成败起着至关重要的作用。人力资源管理的主要内容包括：项目组织的规划、项目人员的获得与配备、项目团队的建设等内容。

7. 沟通管理

合理有效的沟通，将会提高项目实施效率。沟通管理的主要内容包括：项目沟通的规划、项目信息的传送、项目作业信息的报告和项目管理决策等方面的内容。

综合案例分析

综合案例中，项目实施过程中甲公司需求不断，范围无法界定，乙公司进入了项目无底洞的状态。甲公司技术部领导害怕项目质量有问题无法得到售后服务，因此故意拖延，这些都是项目初期没有很好地进行项目沟通造成的后续问题。

8. 风险管理

项目是为完成某一独特的产品或服务所做的一次性努力。项目的最终交付成果在项目开始时只是一个书面的规划，无论是项目的范围、时间还是费用都无法完全确定。同时，项目创造产品或服务是一个逐渐清晰的过程，这就意味着项目开始时有很多的不确定性。这一部分的主要内容包括：项目风险的识别、项目风险的定量分析、项目风险的对策设计和项目风险的应对与控制等内容。

9. 采购管理

公司的根本目标是追求利润最大化。增加利润的方法是增加销售额，以及节省采购费用。这一部分的主要内容包括：项目采购计划的管理、项目采购工作的管理、采购询价与采购合同的管理、资源供应来源选择的管理、招投标与合同管理和合同履行管理。

导入案例分析

在本章的导入案例中,为了更好地完成项目工作,保证按期按质完成,可从以下几个方面来进行改进:建立企业级的项目管理体系和工作规范;加强对项目工作记录的管理;加强项目质量和相应的评审制度;加强项目经验教训的收集、归纳、积累和分享工作;引入合适的项目管理工具平台,提升项目管理工作效率。

2.2 战略计划和项目启动

2.2.1 战略计划阶段

战略计划(strategic planning)包括通过分析组织的优势和劣势,研究在商业环境中的机会和威胁,预测未来的趋势,以及预测对新产品和服务的需求来确定长期的目标。信息技术规划各阶段,以及相对应的产生结果,如图 2-3 所示。

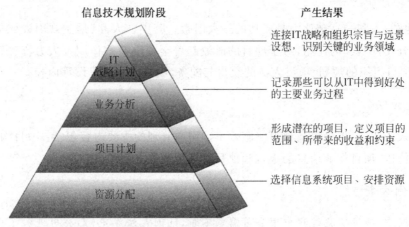

图 2-3 各阶段产生计划结果

2.2.2 建立 SWOT 表

SWOT(strengths weakness opportunity threats)分析法又称态势分析法或优劣势分析法,用于确定企业自身的竞争优势、竞争劣势、机会和风险,从而将公司的战略与公司内部资源、外部环境有机地结合起来。EMBA、MBA 等主流商管教育均将 SWOT 分析法作为一种常用的战略规划工具包含在内。

从整体上看,SWOT 可以分为两部分:第一部分为 SW,主要用来分析内部条件;第二部分为 OT,主要用于分析外部条件。利用这种方法可以从中找出对自己有利的、值得发扬的因素,以及对自己不利的、要避开的东西,发现存在的问题,找出解决办法,并明确以后的发展方向。然后用系统分析的所想,把各种因素相互匹配起来加以分析,从中得出一系列相应的结论,而结论通常带有一定的决策性,这有利于领导者和管理者做出较正确的决策和规划。

在建立 SWOT 表时,需要从优势、劣势、机会和风险四个方面去考虑不同问题,见表 2-1。

表 2-1 SWOT 问题分析

优 势	劣 势	机 会	风 险
① 擅长什么？ ② 组织有什么新技术？ ③ 能做什么别人做不到的？ ④ 和别人有什么不同的？ ⑤ 顾客为什么亲？ ⑥ 最近因何成功？	① 什么做不来？ ② 缺乏什么技术？ ③ 别人有什么比我们好？ ④ 不能够满足何种顾客？ ⑤ 最近因何失败？	① 市场中有什么适合我们的机会？ ② 可以学什么技术？ ③ 可以提供什么新的技术/服务？ ④ 可以吸引什么新的顾客？ ⑤ 怎样可以与众不同？ ⑥ 组织在 5～10 年的发展？	① 市场最近有什么改变？ ② 竞争者最近在做什么？ ③ 是否赶不上顾客需求的改变？ ④ 政治环境的改变是否会伤害组织？ ⑤ 是否有什么事可能会威胁到组织的生存？

案例分析

一个由 4 人组成的团队，准备在网络游戏领域开始一项新的业务，他们采用 SWOT 分析方式来进行项目的分析，见表 2-2。

表 2-2 案例 SWOT 分析

优 势	劣 势	机 会	风 险
① 有经验、有人脉； ② 团队中有人擅长网络游戏制作的新技术； ③ 团队中有人擅长人际交往； ④ 最近完成了一些令人深刻的项目	① 没有财务、会计经验； ② 对产品和服务没有清晰的市场战略； ③ 资金不足； ④ 没有公司网站，并缺少运营方面的技术应用	① 有一个客户提到一个大项目，希望我们竞标； ② 网络游戏业持续发展； ③ 今年有两个重大的会议，可以推动公司发展	① 其他公司提供类似的服务； ② 客户可能倾向更大更有经验的团队； ③ 游戏业存在较大的风险

通过 SWOT 分析，列出的有潜力的项目如下。
(1) 请一位外部会计师或公司协助业务运转。
(2) 雇用人员开发公司网站，集中展示我们的经验及做过的项目。
(3) 制订营销计划；制订一个有力的营销计划，从而获得前面提到的大项目。
(4) 为今年的两个重大会议制订公司推广计划。

2.2.3 识别有潜力的项目

组织必须创建一种使用信息技术的战略，以确定信息技术如何支持组织的目标。这个信息技术战略必须与组织的战略计划和战略相结合。实际上，研究显示，组织投资信息技术项目的第一个原因是支持公司的公开目标。

其他投资信息技术项目的标准，排在前面的还包括支持公司的隐含目标和提供财务上的支持，如良好的内部收益率（IRR）或净现值（NPV）。识别潜在项目之后，还必须进行筛选，筛选主要从四个方面考虑：整个组织的需求；对 IT 项目进行分类；进行财务分析；加权评分模型分析。

1. 整个组织的需求

项目越能符合整个组织的需求,其成功的概率就越大。基于整个组织的需求选择项目的方法是:判断它们是否符合"需求、资金和意愿"这三个重要的标准。

> **小贴士**
>
> 随着项目的推进,组织必须重新评估每个项目的这三个标准以决定项目是否继续或重新定义或是终止。

2. 对 IT 项目进行分类

以各种分类方法为基础进行项目筛选。
(1) 评价项目是否可以解决某个问题,或是抓住某种机会,或迎合某个指示要求。
(2) 基于时间的考虑筛选项目,可能是完成项目所需的工期时间,也可能是项目必须满足的截止日期。
(3) 将待选项目按高、中、低三个次序进行整体综合排序,先进行最重要的项目。

3. 进行财务分析

考虑财务经常是项目选择过程中的一个重要方面,尤其是在经济困难的时期。正如学者 Dennis Cohen 和 Robert Graham 所说的项目从来都不会自己结束。从财务的角度来讲,它们永远是达到一种目的的手段,那个目的就是获取现金。

4. 加权评分模型分析

一种基于多种标准进行项目选择的系统方法。典型的标准有如下七项:符合主要的商业目标;有极具实力的内部项目发起人;有较强的客户支持;运用符合实际的技术;可以在 1 年或更短的时间内得以实施;有正的净现值;能在较低的风险水平下实现范围、时间和成本等目标。

5. 公司投资 IT 项目需要考虑的因素

从项目整体价值角度考虑各因素的排列情况,见表 2-3。当面对实际的项目时,还需要根据当时当地的具体情况,做出灵活的判断与分析,再来确定 IT 项目的可行性。

表 2-3　公司投资 IT 项目原因排序

投资 IT 项目的原因	从项目整体价值角度考虑的排列	投资 IT 项目的原因	从项目整体价值角度考虑的排列
支持明确的商业目标	1	存在很大获益可能性	8
较好的内部收益率	2	较好的投资回收期	9
支持潜在的商业目标	3	项目成功可能性很大	10
较好的净现值(NPV)	4	满足技术和系统要求	11
合理的回收期	5	支持法律和政府要求	12
作为抗衡竞争对手类似系统的手段	6	较好的利润指标	13
支持管理决策	7	引入新技术	14

2.2.4 项目启动

项目启动(initiation)是项目正式的开始。项目启动要基于已经定义好的业务需求。对于项目来说,这个需求要在成本、风险、资源分配方面证明是合理的。IT 项目经理必须在整个项目中铭记业务需求。公司不会因为一项有趣的技术,或者是一项前沿的技术就启动一个项目,所有项目的启动都必须考虑盈利的因素。

好的项目离不开好的计划。作为该项目的团队,很多干系人都需要知道项目要走向哪里以及计划怎样使它到达那里。项目计划(planning)是一个反复迭代的项目过程组,它表达了项目经理的意图。项目计划显示了项目将要采用哪些过程,项目工作将要被如何执行,如何控制项目工作,以及如何在阶段和项目结束之时做好结束工作。项目启动阶段需要制定项目章程。

项目章程(project charter)是指一份正式确认项目存在的文件。它指明了项目的目标和管理的方向,授权项目经理利用组织的资源去完成项目。

项目章程的记录能反映项目利益相关人需要和期望的初步要求的过程。项目章程的批准标志着项目的正式启动过程,它在项目执行组织与发起组织(或客户,如果是外部项目的话)之间建立起伙伴关系。

案例分析

为××网购商城信息系统开发项目章程示例。

(1)项目名称:××网购商城信息系统开发项目。

(2)项目背景:网购成为时下的潮流,成为人们生活的重要部分。原有网上商城的经营流程为接单、到账和配送。不足之处主要表现为仓库信息没有与在线信息结合导致数据冗余,后台缺乏统计分析。为了提高员工效率,通过数据分析,灵活改进营销策略及调整货物的种类,更好地为客户服务,开发先进的网购信息系统。

(3)项目目标:本项目目标是通过信息系统平台进行商品销售,尽可能减少数据冗余、重复劳动,提高员工工作效率。

(4)项目内容:构建综合数据库,使在线信息与仓库信息保持同步,建立更完善的配送系统,数据统计分析以及硬件配置实施。

(5)项目的约束条件:时间约束:项目从 2019 年 5 月 10 日开始到 2019 年 9 月 20 日结束,并支付最终成果。质量约束:规范的文档管理,核心功能实现,系统顺利运行。费用预算:项目总费用 25 万元。

(6)项目的人员组成与职责分配(见表 2-4)。

表 2-4 人员组成与职责分配表

人员组成	姓名	职责
项目经理	李明	项目管理,统领整个项目管理工作
项目成员	赵伟	系统验收、辅助项目管理系统设计
	张玉	需求分析、辅助可行性研究
	曹艳艳	系统实施、辅助系统验收
	王强	可行性研究、系统设计、辅助需求分析和系统验收

（7）相关部门的支持：本次项目需要开发人员的共同努力，以及公司的财务支持，一起更好更快地完成任务。

（8）签发人和签发日期：由该项目的项目经理签发。签发日期：2019年5月10日。

2.3 指导和管理项目实施

2.3.1 指导和管理项目执行

对项目的执行进行统一协调的管理，把握项目实施的全局，正式指导和管理项目执行过程的任务。

综合案例分析

指导和管理项目执行过程要关注项目产品的完成情况，关注项目的进度，关注项目预算的执行情况，关注项目过程和可交付物的质量，管理项目的范围、进度、成本和质量等子目标之间的冲突与协调，以及管理项目各有关干系人之间的冲突与协调，综合案例中承接项目时就是缺少了这一部分内容，才导致了后续一连串问题的产生。

指导和管理项目执行过程是执行在项目管理计划中定义的工作以实现项目的要求的过程。这个过程要求项目经理和项目团队采取行动执行项目管理计划以实现项目的目标。这些行动包括(但不限于)：按列入计划的方法和标准执行项目活动完成项目要求；完成项目的交付物；配备、培训并管理分配到项目的团队成员；建立和管理项目团队内外部沟通渠道；产生项目实际数据以方便预测，例如成本、进度、技术、质量和状态等实际数据；将批准的变更落实到项目的范围、计划和环境；管理风险并实施风险应对活动；管理分包商和供应商；收集和记录经验教训，以及执行批准的过程改进活动；项目执行时还需收集工作绩效信息，并提交绩效报告过程。工作绩效信息说明可交付成果的完成情况以及哪些工作已经完成，工作绩效信息也是监控过程组的输入。

项目执行过程还要实施纠正措施、预防措施和缺陷补救。

图2-4所示为指导和管理项目执行过程的输入、工具与技术及输出。

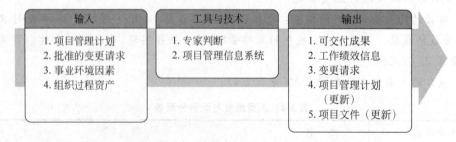

图2-4 指导和管理项目执行过程的输入、工具与技术及输出

2.3.2 指导和管理项目执行的方法

项目经理要在项目的执行过程中，综合运用领导艺术和管理艺术，带领项目团队执行项目管理计划以完成项目。

1. 项目管理方法论

项目管理方法论为指导和管理项目执行提供了方法。例如,管理项目时是关注整体综合平衡还是进度优先,还是质量优先,还是成本优先等。

2. 项目管理信息系统

项目管理信息系统作为一个工具软件,帮助项目管理团队来执行项目管理计划中所规划的活动。

2.3.3 指导和管理项目执行的输入

1. 项目管理计划

项目管理计划是指导和梳理项目执行的依据。

2. 批准的变更请求

在实施整体变更控制过程中,通过更新变更控制状态,来显示哪些变更已得到批准,哪些变更没有得到批准。批准的变更请求应列入计划,以便由项目团队加以实施。批准的变更请求书面记录了经过批准的变更,用来扩大或缩小项目范围。批准的变更请求也可用于修改政策、项目管理计划、程序、成本、预算或进度计划。批准的变更请求可能要求采取预防或纠正措施。

3. 事业环境因素

可能影响指导与管理项目执行过程的事业环境因素包括(但不限于):组织、公司或客户的文化与结构;基础设施(如现有的设施和固定资产);人事管理制度(如人员雇用与解聘指南、员工绩效评价与培训记录);干系人风险承受力;项目管理信息系统(如自动化工具,包括进度计划软件、配置管理系统、信息收集与发布系统或进入其他在线自动化系统的网络界面)。

4. 组织过程资产

可能影响指导与管理项目执行过程的组织过程资产包括(但不限于):标准化的指南和工作指示;组织对沟通的规定,如许可的沟通媒介、记录保存政策以及安全要求;问题与缺陷管理程序,包括对问题与缺陷的控制、识别与处理,以及对相关行动的跟踪;过程测量数据库,用于收集与提供过程和产品的测量数据;以往项目的项目档案(如范围、成本与进度基准,绩效测量基准,项目日历,项目进度计划,项目进度网络图,风险登记册,风险应对计划和风险影响评价);问题与缺陷管理数据库,包括历史问题与缺陷的状态、控制情况、解决方案以及相关行动的结果。

2.3.4 指导和管理项目执行的工具与技术

1. 专家判断

专家判断用于评估"指导与管理项目管理计划执行"所需的输入。在本过程中,可以使用专家判断和专业知识来处理各种技术和管理问题。专家判断由项目经理和项目管理团队依据其专业知识或培训经历做出,也可从其他渠道获得。

2. 项目管理信息系统

作为事业环境因素的一部分,项目管理信息系统(PMIS)为指导与管理项目执行提供自动化工具,如进度计划软件、配置管理系统、信息收集与发布系统,或进入其他在线自动化系统的网络界面。

2.3.5 指导和管理项目执行的输出

指导和管理项目执行的输出是项目经理带领项目团队依据项目计划、已批准的变更、已批准的纠正措施、已批准的预防与缺陷补救措施,执行项目而收到的结果。在这个执行过程中,也可能有新的变更请求,同时也有大量的工作绩效信息。

1. 可交付成果

可交付成果是指在项目管理计划文件中确定的、项目已完成的、独特的、可验证的产品、成果或提供服务。

2. 工作绩效信息

收集项目活动信息是项目进展过程中的一项常规工作。此类信息可涉及各种绩效情况,随着项目的进展,收集项目活动的各种数据。

3. 变更请求

如果在实施项目工作中发现问题,就需要提出变更请求,来修改项目政策或程序、项目范围、项目成本或预算、项目进度计划或项目质量。其他方面的变更请求包括必要的预防或纠正措施,用于预防未来的不利情况。变更请求可以是直接或间接的,可以由外部或内部提出,可以是自选的或由法律/合同强制的。变更请求可包括以下方面。

(1) 纠正措施:为使项目工作的未来期望绩效与项目管理计划保持一致,而对项目执行工作下达的书面指令。

(2) 预防措施:通过实施某项活动,降低项目风险消极后果发生概率的书面指令。

(3) 缺陷补救:识别项目组成部分的某一缺陷之后所形成的正式文件,用于就如何修补该缺陷或彻底替换该部分提出建议。

(4) 更新:对正规受控的文件或计划等的变更,以反映修改或增加的意见或内容。

4. 项目管理计划(更新)

项目管理计划中可能需要更新的内容包括(但不限于):需求管理计划;进度管理计划;成本管理计划;质量管理计划;人力资源计划;沟通管理计划;风险管理计划;采购管理计划;项目基准。

5. 项目文件(更新)

可能需要更新的项目文件包括(但不限于):需求文件;项目日志(用于记录问题、假设条件等);风险登记册;干系人登记册。

2.4 项目监控

监督和控制项目过程(简称监控过程)是全面地追踪、评审和调节项目的进展,以满足在项目管理计划中确定的绩效目标的过程。

综合案例分析

综合案例中同样缺少了对项目的整体监控机制。监控是贯穿整个项目始终的项目管理的一个方面。监控过程包括全面地收集、测量和分发绩效信息并且通过评估结果和过程以实现过程改进。控制包括制定纠正、预防措施或进行重新规划,并跟踪行动计划的实施过程,以确保它们能有效解决问题。连续监控可以使项目管理团队洞察项目的状况是否正常,并且找出要求特别注意的方面。图 2-5 所示为项目监控过程的输入、工具与技术及输出。

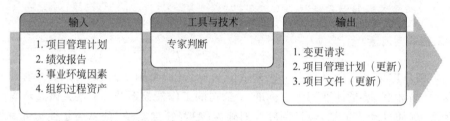

图 2-5　项目监控过程的输入、工具与技术及输出

2.4.1 监督和控制项目的方法

1. 项目管理方法论

项目管理方法论帮助项目管理团队监督和控制项目,使其按照项目管理计划来执行。

2. 项目管理信息系统

项目管理信息系统(PMIS)被项目管理团队用于监督和控制项目管理计划中活动的执行。必要时 PMIS 也可用于进行新的预测。

3. 挣值管理

挣值管理方法提供了一种基于过去的实际结果来预测未来绩效的手段。挣值管理方法测量项目从开始到结束的绩效。

4. 专家判断

专家判断是项目管理团队用来监督和控制项目的主要方法之一。

2.4.2 监督和控制项目的输入

1. 项目管理计划

经项目各有关干系人同意的项目管理计划就是项目的基准,为项目的执行、监控和变更提供了基础。

小贴士

基准也叫基线,英文为 baseline。简单地说基准就是被批准的项目管理计划。

2. 绩效报告

工作绩效信息是实际的绩效数据,用于与计划的绩效进行比较,通过绩效报告方式呈现。

综合案例分析

综合案例中缺少了由项目团队准备的绩效报告,包括完成的活动、成果、里程碑、发现的事件与问题。随时根据实际状态报告来报告当前的状态;报告期内完成的重要工作;计划的活动;预测与问题等关键信息。

3. 事业环境因素

可能影响监控项目工作过程的事业环境因素包括(但不限于):政府或行业标准(如监管机构条例、产品标准、质量标准和工艺标准);公司的工作授权系统;干系人风险承受力;项目管理信息系统(如自动化工具,包括进度计划软件、配置管理系统、信息收集与发布系统,或进入其他在线自动化系统的网络界面)。

4. 组织过程资产

可能影响监控项目工作过程的组织过程资产包括(但不限于):组织对沟通的规定;财务控制程序(如定期报告、会计编码、费用与支付审查,以及标准合同条款);问题与缺陷管理程序;风险控制程序,包括风险类别、概率的定义和风险的后果,以及概率影响矩阵;过程测量数据库,用来提供过程和产品的测量数据;经验教训数据库。

2.4.3 监督和控制项目的工具与技术

项目管理团队主要借助专家判断,来解读由各监控过程提供的信息。项目经理与项目管理团队一起制定所需措施,确保项目绩效达到预期要求。

2.4.4 监督和控制项目的输出

1. 变更请求

作为计划数据与实际数据比较的结果,可能因扩大、调整或减少项目范围而提出变更申请。变更可能影响到项目管理计划、项目文档、项目可交付物或者项目产品。变更可能包括(但不限于)以下方面。

(1) 纠正措施:为使项目工作的未来期望绩效与项目管理计划保持一致,而对项目执行工作下达的书面指令。

(2) 预防措施:通过实施某项活动,来降低项目风险消极后果发生概率的书面指令。

(3) 缺陷补救：识别项目组成部分的某一缺陷之后所形成的正式文件，用于就如何修补该缺陷或彻底替换该部分提出建议。

2. 项目管理计划（更新）

项目管理计划中可能需要更新的内容包括（但不限于）：进度管理计划；成本管理计划；质量管理计划；范围基准；进度基准；成本绩效基准。

3. 项目文件（更新）

可能需要更新的项目文件包括（但不限于）：预测；绩效报告；问题日志。

2.5 整体变更控制

在实际中，几乎没有一个项目能够百分之百按照原定计划进行，为应对变化，项目计划会需要进行许多"变更"。然而，每做一次计划变更，都会影响日后的成本估算、活动顺序、行程日期、资源需求及风险管控的决策，因此项目经理必须以整体的角度，对"变更"进行控制、确认与记录。同时对变更也要加以管理，因此变更控制就必不可少。

综合案例分析

综合案例中在不断发现问题，变更项目的同时，缺少了对项目范围说明书、项目管理计划和其他项目可交付物必须进行变更管理（或是拒绝变更或是批准变更），整体变更控制过程贯穿于整个项目过程的始终，没有将批准的变更并入一个修订后的项目基准。被批准的变更申请需要修改后的或新的成本估算、进度计划、资源需求或风险应对措施。

这些变更需要调整项目管理计划或者其他项目计划/文档，并贯穿项目始终。变更控制的实施程度依赖于本次变更本身、项目所在的领域、具体的项目的复杂程度、合同要求以及项目执行的背景和环境，而在综合案例中，这些都没有及时体现出来。

整体变更控制过程基于项目的执行情况在不同层次上包含以下变更管理活动（这些活动的细致程度取决于项目进展情况）：

(1) 对规避整体变更控制的因素施加影响，确保只有经批准的变更才能付诸执行。

(2) 迅速地审查、分析和批准变更请求。必须迅速，因为延误决策时机可能给时间、成本或变更的可行性带来不利影响。

(3) 管理已批准的变更。

(4) 仅允许经批准变更纳入项目管理计划和项目文件中，以此维护基准的严肃性。

(5) 审查已推荐的全部纠正措施和预防措施，并加以批准或否决。

(6) 协调整个项目中的各种变更（如建议的进度变更往往也会影响成本、风险、质量和人员配备）。

(7) 完整地记录变更请求的影响。

每个记录下来的变更申请，都可能被项目管理团队或者外部组织的责任者批准或者拒绝，例如，变更控制委员会（configuration control board，CCB）就是这样的一种责任者。

小贴士

项目变更控制委员会或更完整的配置控制委员会,或相关职能的类似组织,是项目的所有者权益代表,负责裁定接收哪些变更。CCB 由项目所涉及的多方人员共同组成,通常包括用户和实施方的决策人员。CCB 是决策机构,不是作业机构。通常,CCB 的工作是通过评审手段来决定项目是否变更,但不提出变更方案。

图 2-6 所示为整体变更控制过程的输入、工具与技术及输出。

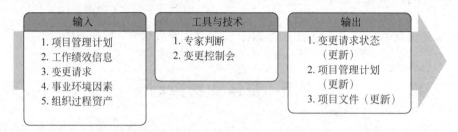

图 2-6 整体变更控制过程的输入、工具与技术及输出

2.5.1 整体变更控制的方法

1. 项目管理方法论

项目管理方法论可以帮助项目管理团队在项目中实施整体变更控制。

1) 局部变更与整体变更的关系

在项目的执行过程中,发生变更在所难免,重要的是要有一套处理变更的流程和接收或拒绝变更的变更控制委员会。在管理项目时,项目的范围、进度、预算和质量都可能发生变更,项目管理的其他方面,如团队管理、干系人管理、风险应对、风险监控和合同管理等控制过程的结果也可能引起变更,图 2-7 所示说明了这些变更与整体变更控制过程之间的关系。

2) 变更控制流程

实际上,变更申请往往首先是从项目的范围、进度、成本和质量等方面提出的,或由这些方面的控制过程的结果触发的,对这些方面变更,首先由这些方面的变更过程受理,变更控制过程是:受理变更申请→变更的整体影响分析→接收或拒绝变更→执行变更→变更结果追踪与审核。

项目的整体变更控制过程处理某一方面的变更对其他方面的影响,从项目的全局考虑和处理变更,负责变更的全过程管理,负责变更过程的全局、综合和平衡,负责变更的审核和收尾。

另外,项目管理是一个渐进明细的过程,在前后过程之间,在整体和部分之间是反复迭代、逐步求精的。项目的范围、进度、成本和质量等方面的计划过程也有可能触发项目整体变更控制过程。例如,制定 WBS 过程,如果在此过程中发现遗漏了一些项目工作,则可能引起工期、人力资源和质量等方面的变更,此时需要项目整体变更控制过程进行处理,包括更新项目管理计划。

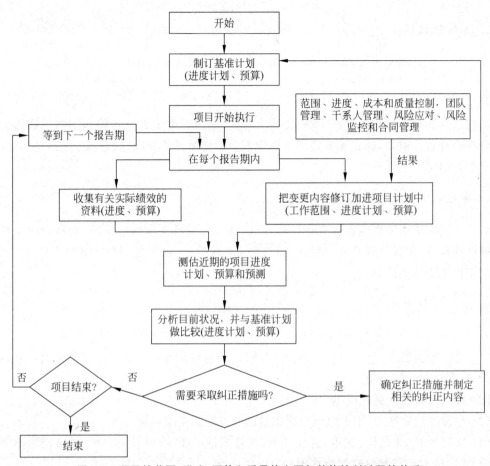

图 2-7 项目的范围、进度、预算和质量等变更与整体控制过程的关系

小贴士

如果接受变更,变更后新的进度基准可能要求增加成本、带来质量风险或要求增加人力资源,所有这些连带的变更,则需要项目整体变更控制过程进行全面的综合变更管理。

2. 项目管理信息系统

项目管理信息系统是一种项目管理工具软件,被项目管理团队用于实施项目整体变更控制,促进项目反馈,并且在项目中控制变更。

3. 专家判断

项目管理团队利用变更控制流程、变更会议以及变更控制委员会的专家来控制和批准对项目各方面提出的所有变更。

2.5.2 整体变更控制的输入

1. 项目管理计划

项目各有关干系人同意的项目管理计划就是项目的基准,为项目的执行、监控和变更提供了基础。

2. 工作绩效信息

工作绩效信息就是实际的绩效数据,用来与计划的绩效进行比较。

3. 变更请求

监控过程和执行过程都会产生"变更请求"这个输出。变更请求可以包括纠正措施、预防措施和缺陷补救。但是,纠正和预防措施通常不会影响项目基准,而只对基于基准的具体实施工作产生影响。

4. 事业环境因素

事业环境因素可能影响整体变更控制过程。例如,项目管理信息系统(如自动化工具,包括进度计划软件、配置管理系统、信息收集与发布系统等)。这不是一个完整的清单,但大部分项目都需要考虑这些因素。

5. 组织过程资产

可能影响实施整体变更控制过程的组织过程资产包括(但不限于)以下方面。

(1) 变更控制程序,包括修改公司标准、政策、计划和其他项目文件所需遵循的步骤,以及如何批准、确认和实施变更。

(2) 批准与签发变更的程序。

(3) 过程测量数据库,用来收集与提供过程和产品的测量数据。

(4) 项目档案(如范围、成本、进度基准,绩效测量基准,项目日历,项目进度网络图,风险登记册,风险应对计划和风险影响评价)。

(5) 配置管理知识库,包括公司标准、政策、程序和项目文件的各种版本以及基准。

2.5.3 整体变更控制的工具与技术

1. 专家判断

除了项目管理团队自己的专家判断外,也可以邀请干系人贡献专业知识和加入变更控制委员会。在本过程中,专家判断和专业知识可用于处理各种技术和管理问题,并可从各种渠道获得,例如:顾问、干系人(包括客户或发起人)、专业与技术协会、行业协会、主题专家、项目管理办公室(PMO),等等。

2. 变更控制委员会

变更控制委员会负责接收与审查变更请求,并批准或否决这些变更请求。应该明确规定这些委员会的角色和职责,并经相关干系人一致同意。变更控制委员会的所有决策都应记录在案,并传递给干系人,以便采取后续措施。

2.5.4 整体变更控制的输出

如果认为变更请求可行,但超出了项目范围,那么批准该项变更就需要进行相应的基准变更。如果认为变更请求不可行,则否决该项变更请求,并可将其退回请求方,以便请求方补充信息。

1. 变更请求状态

项目经理或指定的团队成员应该根据变更控制系统处理变更请求。批准的变更请求应由指导与管理项目执行过程加以实施。全部变更的状态，无论批准与否，都要在变更请求日志中更新。这种更新是项目文件更新的一部分。

2. 项目管理计划

项目管理计划中可能需要更新的内容包括（但不限于）：各个子管理计划；有待正式变更控制过程审查的基准。

对基准的变更，只能针对今后的情况，而不能变更以往的绩效。这有助于保护基准和历史绩效数据的严肃性。

3. 项目文件

作为实施整体变更控制过程的结果，可能需要更新的项目文件包括变更请求日志，以及受正式变更控制过程影响的其他文件。

2.6 结束项目或阶段

结束项目阶段是指完结所有项目管理过程组的所有活动以正式结束项目或阶段的过程。

2.6.1 项目结束

项目结束有两种情况：正常结束和非正常结束。

1. 项目成功与失败的标准

项目结束时，评定项目成败的标准主要有三个：是否有可交付的合格成果；是否实现了目标；是否达到客户的期望。

2. 项目结束条件

出现下列情况之一时，可以结束项目。
(1) 实现了项目计划中确定的可交付成果，或已经成功实现项目目标。
(2) 各种原因导致项目无限期拖长。
(3) 项目环境发生了变化，对项目的未来造成负面影响。
(4) 项目所有者的战略发生了变化，项目与项目所有者组织不再有战略的一致性。
(5) 项目已不具备实用价值，很难与其他更领先的项目竞争，难以生存。

3. 项目结束过程

(1) 范围确认。项目接收前，重新审核工作成果，确认项目的各项工作范围是否完成，或者完成到何种程度。确认工作完成后，参与确认工作的项目班子与接收人员应在事先准备好的文件上签字，表示接收方已正式认可并验收全部或阶段性成果或产品。
(2) 质量验收。为控制项目产品的质量，按照质量计划和相关的质量标准进行验收，不合格不予接收。

（3）费用决算。核算项目开始到项目结束全过程所支付的全部费用，编制项目决算表的过程。主要依据合同进行项目决算，将决算的结果形成项目决算书，由项目各参与方共同签字后作为项目验收的核心文件。

（4）合同终结。完成和终结一个项目或项目阶段的各种合同工作，包括项目的各种商品采购和劳务承包合同。同时还应包括相关项目遗留问题的解决方案和决策工作。整理并存档各种合同文件。

（5）项目资料检查和归档。确定项目检查过程中所有文件是否齐全，然后进行归档。项目资料是项目竣工验收和质量保证的基础，也是项目交接、维护和项目后评价的原始凭证。

（6）项目后评价。对已完成的项目目的、执行过程、效益、作用和影响所进行的系统的、客观的分析，通过分析评价找出成功或失败的原因，总结经验教训，为新项目的决策和提高、完善投资决策管理水平做参考。

2.6.2 项目验收

在项目正式移交之前，客户要对已经完成的工作成果和项目活动进行审核，即项目验收。项目验收是检查项目是否符合合同规定各项要求的重要环节，也是保证产品质量的最后关口。

软件项目的验收主要有四个方面的含义：开发方是否按合同要求完成了必需的工作内容；开发方是否按合同中的质量等条款要求进行了自检；项目的进度、质量、工期、费用是否均满足合同的要求；客户方是否按合同的有关条款对开发方交付的软件产品和服务进行确认。项目验收主要包括项目质量验收和项目文件验收。

1. 项目质量验收

项目质量验收主要检验可交付成果是否达到既定的目标、满足客户需求。合同可作为质量验收的重要依据，也可参照行业标准等进行验收。软件项目质量验收的主要方法有测试和评审，以核验软件项目是否按规定完成，需要对交付的设备和软件产品等进行测试和评审。

2. 项目文件验收

项目资料是项目验收和质量保证的重要依据。项目资料十分宝贵，它既为项目的维护和改正提供依据，又可以为后续项目提供参考和借鉴。

项目文件验收的主要程序：项目资料交验方按合同条款有关资料验收的范围及清单进行自检和预验收；项目资料验收的组织方按合同资料清单或国际、国家标准的要求分项——进行验收、立卷、归档；对验收未通过或者有缺陷的项目资料，通知相关单位采取补救措施；交接双方对项目资料验收报告进行确认和签证。

综合案例分析

在结束项目时，项目经理需要审查以前各阶段的收尾信息，确保所有项目工作都已完成，确保项目目标已经实现。由于项目范围是依据项目管理计划来考核的，项目经理需要审查该文件，确保在项目工作全部完成后才宣布项目结束。如果项目在完工前就提前终止，结束项目或阶段过程还需要制定程序，来调查和记录提前终止的原因。

项目验收涵盖正在进行的项目和阶段行动收尾所需的全部活动，应该逐步实施：

（1）为达到阶段或项目的完工或退出标准所必需的行动和活动。

（2）为向下一个阶段或生产/运营部门移交项目的产品、服务或成果，所必需的行动和活动。

（3）为收集项目或阶段记录、审核项目成败、收集经验教训和存档项目信息（供组织未来使用）所必需的活动。

图 2-8 所示为结束项目或阶段过程的输入、工具与技术及输出。

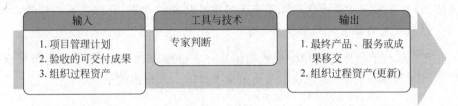

图 2-8　结束项目或阶段过程的输入、工具与技术及输出

2.6.3　结束项目或阶段的输入

1. 项目管理计划

项目管理计划为项目的收尾提供了依据和方法。

2. 验收的可交付成果

已在核实范围过程中通过验收的那些可交付成果。

3. 组织过程资产

影响项目或者阶段收尾的组织过程资产包括（但不限于）：项目收尾要求，例如，项目后审计、项目评估、产品确认以及验收标准等；历史信息和教训知识库，例如，项目记录和文档、项目收尾信息和文档、项目决策的结果信息和绩效信息以及风险管理信息等。

2.6.4　结束项目或阶段的工具与技术

主要通过专家判断来开展收尾活动。依靠专家来确保项目或阶段收尾符合适用标准。

2.6.5　结束项目或阶段的输出

1. 最终产品、服务或成果移交

移交项目所产出的最终产品、服务或成果（在阶段收尾中，则是移交该阶段所产出的中间产品、服务或成果）。提交项目被授权生产的最终产品、服务或成果，或者提交项目阶段的中间产品、服务或成果。与此同时，还应让客户正式地接受（如验收）。

2. 组织过程资产

作为结束项目或阶段过程的结果，需要更新的组织过程资产包括（但不限于）以下三个方面。

（1）项目档案。在项目活动中产生的各种文件，例如，项目管理计划、范围计划、成本计划、进度计划、项目日历、风险登记册、变更管理文件、风险应对计划和风险影响评价。

(2) 项目或阶段收尾文件。包括表明项目或阶段完工的正式文件,以及用来把完成的项目或阶段可交付成果移交给他人(如运营部门或下一阶段)的正式文件。

综合案例分析

在项目收尾期间,项目经理应该审查以往的阶段文件、范围核实过程所产生的客户验收文件以及合同(如果有的话),以确保在达到全部项目要求之后才正式结束项目。如果项目在完工前提前终止,则需要在正式的收尾文件中说明项目终止的原因,并规定正式程序,来把该项目的已完成和未完成的可交付成果移交给他人。

(3) 历史信息。把历史信息和经验教训信息存入经验教训知识库,供未来项目或阶段使用。可包括问题与风险的信息,以及适用于未来项目的有效技术的信息。

2.7 使用软件协助进行项目集成管理

对于大型项目管理,没有软件支撑,手工完成项目任务制定、跟踪项目进度、资源管理和成本预算的难度是相当大的,使用软件协助进行项目集成管理,可以预算及成本控制、制定日程表、兼容电子邮件、提高图表制作效率、转入/转出兼容多种数据格式、模块化处理项目、丰富资源管理方式与内容等优势,可以极大地提高项目管理与实施效率。

综合案例分析

可以通过软件为项目制定日程表,修改上、下班时间,按非工作时间输入公司假期,输入各种换班(白天、夜晚),包括节假日以及数量单位(小时、天、周)。可以根据每个单项资源按天、周或月打印出来,或者将整个项目的日程打印成一份全面的项目日程表。方便项目领导对项目进度进行合理的监督与控制。

2.7.1 项目软件常见功能

1. 预算及成本控制

大部分项目管理软件系统都可以用来获得项目中各项活动、资源的有关情况。人员的工资可以按小时、加班或一次性来计算,也可以具体明确到期支付日;对于原材料,可以确定一次性或持续成本;对各种材料,可以设立相应的会计和预算代码。

另外,还可以利用用户自定义公式来运行成本函数。大部分软件程序都应用这一信息来帮助计算项目成本,在项目过程中跟踪费用。项目过程中,随时可以就单个资源、团队资源或整个项目的实际成本与预算成本进行对比分析,在计划和汇报工作中都要用到这一信息。大多数软件程序可以随时显示并打印出每项任务、各种资源(人员、机器等)或整个项目的费用情况。

2. 制定日程表

日程表程序主要用来对项目中各个单项资源或一组资源确定工作时间。可以用这些日程表计算出项目的进度计划。例如,修改上、下班时间,按非工作时间输入公司假期,输入各种换班(白天、夜晚),包括节假日以及数量单位(小时、天、周)。汇报工作进程时要用到这些日程表,它通常可以根据每个单项资源按天、周或月打印出来,或者将整个项目的日程打印成一份全面的,可能有墙壁大的项目日程表。

3. 兼容电子邮件

一些项目管理软件程序的共同特征是可以通过电子邮件发送项目信息。这一功能使得用户不必通过打印机或屏幕显示,直接从电子邮件中获得信息。通过电子邮件,项目团队成员可以了解重大变化,比如,最新的项目计划或进度计划,可以掌握当前的项目工作情况,也可以发出各种业务表格。

4. 提高图表制作效率

对于有大量活动事项的项目工程,人工制出一份甘特图或网络图,或人工进行修改制图是一件极其乏味而又容易出错的工作。当前项目管理软件的一个最突出的特点是能在最新数据资料的基础上简便、迅速地制作各种图表,包括甘特图及网络图。有了基准计划后,任何修改都可以轻易地输入到系统中,图表自动会反映出这些改变。项目管理软件可以将甘特图中的任务连接起来,显示出工作流程。

5. 转入/转出兼容多种数据格式

许多项目管理软件包允许用户从其他应用程序,比如,文字处理、电子表格以及数据库程序中获得信息。为项目管理软件输入信息的过程叫作转入。例如,操作者只需在需要时转入某个电子表格的信息就可以了,无须将电子表格中有关人员或机器的成本信息重新键入项目管理软件程序。

6. 模块化处理项目

有些项目规模很大,需要分成较小的任务集合或子项目。经验丰富的项目经理同时管理好几个项目,而且,团队成员也同时为多个项目工作,在多个项目中分派工作时间。在这种情况下,大部分项目管理软件程序能提供帮助。它们通常可以将多个项目储存在不同文件里,这些文件相互连接。项目管理软件也能在同一个文件中储存多个项目,同时处理几百个甚至几千个项目,并绘制出甘特图和网络图。

7. 丰富资源管理方式与内容

目前的项目管理软件都有一份资源清单,列明各种资源的名称、资源可以利用时间的极限、资源标准及过时率、资源的收益方法和文本说明。每种资源都可以配以一个代码和一份成员个人的计划日程表。对每种资源加以约束,比如可被利用的时间数量。

用户可以按百分比分配任务配置资源,设定资源配置的优先标准,为同一任务分配各个资源,并保持对每项资源的备注和说明。系统能突出显示并帮助修正不合理配置,调整和修匀资源配置。大部分软件包可以为项目处理数以千计的资源。

2.7.2 企业常用软件

1. 微软 Project

Project Standard 2010 是 Microsoft 核心项目管理程序,可以从桌面上独立地管理项目。高效率的计划、管理和交流项目信息。形成针对企业项目管理(EPM)的解决方案。

2. 甲骨文 Primavera P6

Oracle Primavera P6 EPPM 采用最新的 IT 技术,在大型关系数据库 Oracle 和 MS SQL Server 上构架起企业级的、包涵现代项目管理知识体系的、具有高度灵活性和开放性的、以计划→协同→跟踪→控制→积累为主线的企业级工程项目管理软件。

3. 和谐万维 X-ONE 项目管理软件

和谐万维 X-ONE 项目管理软件是一款专为 100 个并发用户以内的中小型项目单位应用的项目管理软件。这款软件不仅包含了项目立项、合同管理、预算管理、任务分配、进度汇报、文档管理和问题管理等常规功能外,还提供了材料管理、费用管理、人事管理和财务管理等与项目管理有关的辅助功能。

4. 云计算 Appfarm

云计算和开源技术为主,功能丰富、定制灵活能满足行业额外需求,协作、集成开放、灵活扩展,API 接口开放,又能够方便地导入导出,按需定制、敏捷开发、所想即所得,开发过程完全可控并可见,合理控制风险。零硬件成本投入。高效管控公司项目进展、项目追踪、项目阶段、项目总结、人力资源安排情况。

5. Edraw Project

Edraw Project 是一款专业的项目管理软件。可以很轻松地创建甘特图来进行项目规划、资源分配和预算管理等,使用起来也十分的简单,容易上手。

2.8　实训——Project 2016 基本操作

若要有效的管理项目,必须熟练掌握 Project 2016 的基本操作。本节将介绍 Project 2016 基本的操作和设置。

2.8.1　设定 Project 2016 项目基本信息

为了项目经理和其他成员可以快速获取当前项目信息,应在 Project 2016 中设置并填写项目的基本信息,如主要负责人、任务起始时间和相关部门等。本节将介绍如何设置这些项目的基本信息。

设置项目日程排定方法:在规划项目日程前应先确定项目的日程排定方法,再规划项目日程,以便准确排定任务日程。日程排定方法有两种。

(1) 从项目开始之日开始。使用该日程排定方法,可以设置项目的"开始日期";这样规划项目任务时从该日期开始规划。例如,对某项目要求其开始日期为"2019 年 1 月 1 日",那么排定任务时就从该日期开始排下去。

(2) 从项目完成之日开始。使用该日程排定方法,可以设置项目的"完成日期";这样规划项目任务时从该日期往回规划项目任务。例如,对某项目要求其完成日期为"2021 年 3 月 1 日",那么排定任务时就以该日期为最后时间点往回规划任务。以"服务器机房改造"项目为例,设置项目日程如图 2-9 所示。

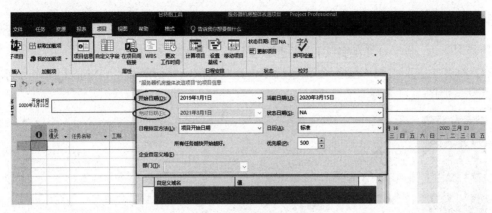

图 2-9 设置项目日程

需要初学者注意日程排定方法中的时间限制,如果按"项目开始之日开始"排定,则最早的任务开始日期不可以比"项目开始日期"早。如果按"项目结束之日开始"排定,则最后的任务完成日期不可以比"项目结束日期"迟。初学者可以尝试为项目选择排定日程方法为"从项目完成之日开始",并设定项目完成的日期。

2.8.2 查找任务

对于规模较大,任务或资源较多的项目,为方便项目经理对该项目进行及时管理,可通过 Project 2016 提供的"查找"功能,快速搜索所需的任务或资源。

例如,需要在"服务器机房改造"项目任务列表中,查找带有"机房"字符的任务。操作步骤如下。

(1) 打开需要查找特定信息的项目文件。在菜单栏中选择"任务"→"查找"命令,弹出"查找"对话框。

(2) 在"查找"对话框的"查找内容"中输入"机房"。单击"查找域"(指在哪个域查找当前输入的内容)右侧的下三角按钮,从弹出的下拉列表框中选择"名称"(任务名称)选项。单击"条件"右侧的下三角按钮,从弹出的下拉列表框中选择"包含"选项(指查找包含当前输入内容的域),如图 2-10 所示。

(3) 最后,单击"查找下一个"按钮,即可进行查找,当 Project 2016 查找到包含该关键的任务时,则以黑色背景显示该任务文字。

图 2-10 查找任务

2.8.3 查看 Project 2016 项目

通过 Project 菜单打开项目文件，并查看项目信息是项目管理的基本操作。

（1）打开 Project 2016 程序，在菜单栏中选择"文件"→"打开"命令，Project 2016 显示"打开"对话框，如图 2-11 所示。

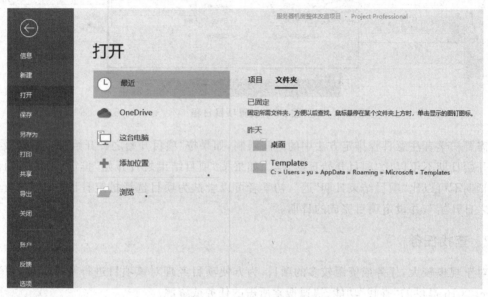

图 2-11 "打开"对话框

（2）单击"这台电脑"选择所需要的文档，或者单击"浏览"按钮，浏览项目文件所在路径，单击"打开"按钮，可在路径下选择需要打开的项目文件，如图 2-12 所示。

图 2-12 选择项目

打开所选项目后，项目经理可查看项目的主要信息。同时，在菜单栏中选择"项目"→"项目信息"命令，打开"项目信息"对话框，可以查看当前项目日程排定方法。

2.8.4 新建任务

项目经理使用 Project 2016 规划项目通常从创建任务开始。项目经理需要在"甘特图工具"中新建任务列表。并在任务列表中，添加任务"员工培训"，开始时间为"2020 年 3 月 1 日"，工期为"30 个工作日"，具体操作步骤如下。

（1）打开项目文件。在菜单栏中选择"任务"命令，出现"甘特图"视图。在任务列表中，双击"任务名称"域所在的行单元格，弹出"任务信息"对话框，如图 2-13 所示。

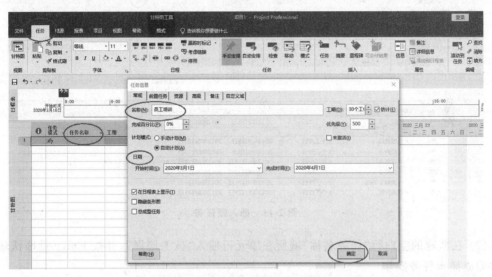

图 2-13 "任务信息"对话框

（2）在"任务信息"对话框的"名称"选项中，输入任务"员工培训"。在"工期"域所在行单元格中输入"30 个工作日"。在"开始时间"域所在的行单元格中输入"2020 年 3 月 1 日"。完成的效果图，如图 2-14 所示。

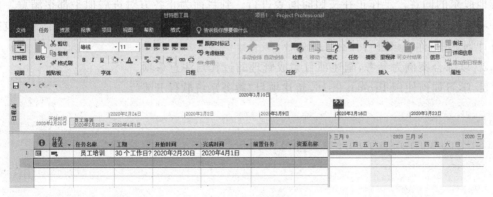

图 2-14 新建任务

2.8.5 插入任务

如果在项目规划过程中，由于一些原因，没有考虑到某任务，现在需要在两个任务之间插入一个新任务。此时可以使用"插入任务"命令完成此操作。例如，在"项目规划"任务前插入

"员工培训"的任务。其操作步骤如下。

（1）打开项目文件，选中"项目规划"任务单元，在菜单栏中选择"任务"→"插入"→"任务"，如图 2-15 所示的椭圆形标记。此时，在甘特图中，"项目规划"任务上方出现空白行"新任务"。

图 2-15　插入新任务

（2）在新建的空白行"任务名称"域所在单元行输入"员工培训"，并按 Enter 键确认输入，此时完成插入任务操作。

实践课堂

1. 你正在进行一个通信项目。有关产品和系统的要求已经确定并得到了客户、管理阶层和其他股东的同意。工作正在按照时间表进行。到目前为止各方对进展似乎都很满意。你得知一项新的政府管理方面的要求将会引起项目的一个绩效指标的变更。为使这个变更包括在项目计划之中，你应该进行什么工作？

2. 以综合案例为参考，阐述项目集成管理的过程与注意事项。

3. 学习如何使用 Project 2016，新建项目"教务系统软件开发"。

第 3 章

项目范围管理

Chapter 3

学习目标	1. 如何制定项目的范围说明书； 2. 了解如何分解工作、熟悉制定工作分解结构的方法； 3. 了解项目范围变更的原因及控制方法。
技能要求	1. 能准确地对项目目标和项目可交付成果进行描述； 2. 能够进行项目的 WBS 分解，并对最低层的工作单元 WBS 字典划分； 3. 熟练运用 SWOT 分析对项目进行选择； 4. 能够在 Project 2016 中准备添加项目里程碑事件。

导入案例

项目进入无底洞

某软件公司 A 与某大企业 B 签订了一份新合同。合同的主要内容是处理以前为 B 企业开发的信息系统的升级工作。升级后的系统可以更好地满足新的业务流程和范围。这是一个涉及原有系统的升级工作，软件公司决定由原来的项目经理乔工负责，并要求原系统的需求调研人员赵工担任现在该项目的需求调研负责人。

在赵工的指导下，很快地完成了需求开发的工作并进入设计与编码阶段。B 企业由于出现了业务问题，企业业务代表没有足够的时间投入到项目中，导致确认需求的工作一拖再拖。这时，项目经理乔工认为，双方已经建立了密切的合作关系，而且赵工也曾参加原系统的需求开发，对业务系统比较熟悉，定义的需求分析是清晰的，因此，没有催促 B 企业业务代表在需求说明书上签字。

进入编码阶段后，赵工因故调离公司，需要离开项目组。此时项目经理乔工考虑到系统需求已经定义，项目已经进入编码阶段，赵工的离职对项目可能影响不大，因此很快为赵工办理好了离职手续。

系统设计完成后，在交付时，B 企业业务代表认为已经提出的需求很多没有实现，实现的需求也有很多不能满足新业务的要求，必须全部实现后才能验收。因为赵工已经不在项目组，没有人能够清晰地解释需求说明书，最终系统需求发生重大变更，项目延期超过 50%，不但影响了 A 软件公司的工作，B 企业也表示了强烈的不满。

【问题】
（1）分析此案例，此案例的问题出现在哪里？应该怎么做？
（2）如果你是 A 公司项目经理，面对本案例中出现的混乱局面，应该如何解决问题？

（3）分析这个项目为什么会延期？
（4）简述需求开发、需求管理和范围管理的区别与联系。

3.1 项目范围管理概述

在项目管理九大知识领域中，项目范围管理是最为重要的。在实践中，"需求蔓延"是IT项目失败最常见的原因之一。范围管理包括所有工作及生产项目产品的所有过程。项目干系人必须在项目要产生什么样的产品方面达成共识。包括完成项目计划、实现项目目标、获得项目产出物所"必需"的全部工作内容。

项目的工作范围既不应超出生成既定项目产出物，实现既定项目目标的需要，提交项目阶段性可交付成果，也不能少于这种需要。

3.1.1 项目及项目选择

1. 项目的定义

一个组织为实现既定的目标，在一定的时间、人员和其他资源的约束条件下，所开展的一种有一定独特性的、一次性的工作，需要一定人力、财力、物力和时间的全面投入，因此项目的特征具有目的性、阶段性、约束性、独特性等。

项目范围是指一个项目的最终成果和产生该成果需要做的工作，它规定和控制了哪些方面是项目应该做的，哪些是不该做的，也就是定义了项目的范畴，既不欠缺也不能多余。目的在于确保项目已经涵盖了"成功达成目标所需的全部流程"，而且没有一个流程是不必要存在的。

2. 项目选择的基本原则

为了正确地选择项目，避免失误，在项目选择过程中一般应遵循下列基本原则。

1) 符合发展战略

战略是通过项目来实施的，每一个项目都应和组织的发展战略有明确的联系，将所有项目和组织的发展战略方向联系起来是组织成功的关键，项目的选择必须围绕企业发展战略开展，每个项目都应对企业的发展战略做出贡献。

2) 考虑资源约束

项目建议来源于各种需求的变化和解决世界现存问题的动机，很多组织都有超过可利用资源所允许数量的项目建议，日常运作对资源的需求及可用资源的改变、项目依时间的资源消耗等资源约束因素。

3) 优化项目组合

项目选择是对一个复杂的系统进行综合分析与判断的决策过程，其影响因素很多，在选择项目时，应综合考虑各项目（建议）的收益与风险、项目间的联系、组织的战略目标和可利用资源等多种因素，选择最适合的项目组合，使项目组合的整体绩效和价值最大化。

项目可行性研究的主要内容

顾名思义，项目可行性研究也就是对项目是不是可行做出一番研究和论证，见表3-1。

表 3-1 项目可行性要研究的问题

序号	需要回答的问题
1	有没有必要开展项目?
2	项目需要多长时间才能完成?
3	需要投入多少人力、物力? 项目产出必须大于项目投入,如果产出不能大于投入,这个项目就不具备价值。
4	在财务上是不是有价值?
5	在技术和经济上是不是合理、可行? 项目可行性研究还包括更广泛的经济评价,包括一些隐性的效果、无形的效果。
6	项目的组织能力如何? 因为项目需要有人来实施,实施人的能力和组织能力对项目是否成功具有非常重要的作用,需要对组织能力做一个评价。
7	实施项目有哪些制约因素?
8	项目是不是支持公司的战略?
9	能不能给企业带来竞争优势,带来多少效益?
10	细节方面是不是比较清楚,有没有一些替代方案,项目有没有存在技术风险或者财务风险?

项目研究就是对以上问题做一个回答,把它写成书面报告,得出项目的可行性研究报告。项目可行性报告是进行项目审批、论证的一个重要途径。

3.1.2 项目范围的概念

项目范围是指项目的"产品范围"(项目业主/客户所要的项目产出物)和项目的"工作范围"(项目组织为提交项目最终产品所必须完成的各项工作)的总和。项目范围管理是指对于项目"产品范围"和"工作范围"的全面管理,其中最主要的是对于项目"工作范围"的管理。

一个项目的"产品范围"既包括项目产品或服务的主体部分,也包括项目产品或服务的辅助部分。这些产品或服务的主体与辅助部分之间有着彼此独立却又相互依赖的关系,在项目范围管理中,它们必须作为一个整体去管理。

项目的工作范围既包括完成项目产出物主体的工作,也包括完成项目产出物的辅助部分的工作,所以项目范围管理的内容既包括对于项目主体部分工作范围的管理,也包括对于项目辅助部分工作范围的管理。例如,一个信息系统项目通常会包括四个部分:硬件、软件、人员和软硬件的辅助部分。这四个部分既是彼此独立,又是相互依存的,所以这四个部分都是项目范围管理的对象。

任何一个项目都需要对项目范围进行严格的管理,都需要将项目产出物范围和项目工作范围很好地结合在一起进行认真的管理,从而确保项目组织能够提供项目业主/客户满意的项目工作成果。

范围管理要防止两方面失误。

(1)该做的工作没有完成,或者没有按照预定的要求完成,可以概括为"漏做"和"少做",其中也应包含"错做"的情况。

(2)不该做的工作进入了项目范畴,可以概括为"多做"。

所以,范围管理要求项目包含所有必要的工作,而且只包含必要的工作。

> **小贴士**
> 产品范围和项目范围的区别如下。
> 产品范围：包括产品或服务中所包含的特征或功能。
> 项目范围：包括为交付具有规定特征和功能的产品或服务所必须完成的工作。

3.1.3 项目范围管理的主要内容

项目范围管理是对项目应该包括什么和不应该包括什么的定义和控制。它包括保证项目能按要求的范围完成所涉及的所有过程。

1. 项目启动工作

项目启动工作是指项目的业主/客户向某个内部或外部组织授权，委托其开始一个新项目的筹备工作，或者委托其分析与决策是否可以开始一个项目阶段的工作。项目范围管理中的项目启动工作的主要内容包括：拟定项目（或项目阶段）说明书，分析和决策项目（或项目阶段）是否继续开展，选派合格的项目经理等工作，项目启动工作主要输出是项目的可行性分析报告。

2. 项目范围计划编制

项目范围计划编制是指根据项目产出物的要求与描述和项目的目标，全面界定一个项目的工作和任务的项目范围管理工作。通过项目范围计划编制可以将一个项目的任务范围予以明确，并将一个项目的任务进一步细分为更为具体和更便于管理的部分和活动，从而确定项目产品定义和项目工作范围说明书，并初步确定项目范围管理计划，它是未来项目各阶段起始工作的决策基础和依据。

为了能做完项目，需要一个比较清晰的项目范围基准文件——《范围说明书》。《范围说明书》的作用是详细记录项目可交付的成果，以及为提交这些可交付的成果所必须开展的工作。有了《范围说明书》，项目团队才能展开更详细的计划，才能评估变更请求是否为额外工作。

《范围说明书》中主要的内容之一是活动分解（work breakdown structure，WBS），WBS将项目的"交付物"自顶向下逐层分解成易于管理的若干元素（这些元素组成一个树形图），结构化地定义了项目的工作范围也称为工作分解结构。WBS每细分一层都是对项目元素更细致的描述，细分的元素称为工作细目，其中最底层的工作细目（树形图的叶节点）叫工作包。为了方便分层统计和识别，WBS中的每个元素都被指定一个唯一的标识符，并分层表示。

除了WBS外，《范围说明书》还包括以下内容：前言、项目概述、工作范围、双方的职责、交付成果和变更流程等。范围说明书如图3-1所示。

3. 项目范围定义

项目范围定义是指由项目的业主/客户或者其他项目决策者，确认并接受通过"项目范围界定"工作而给出的项目范围和任务，以及将这种对于项目范围的确认编制成正式文件的项目范围管理工作。通过项目范围的确认可以使项目的任务范围获得正式的认定，项目范围定义的输出是工作分解结构。

图 3-1　范围说明书

4．项目范围审核

项目范围审核是项目干系人（发起人、客户和顾客等）最终认可和接受项目范围的过程。在项目范围审核工作中，要对范围定义过程的工作结果——工作分解结构进行审查，确保所有的、必需的工作都在工作分解结构中，而一切与项目目标无关的工作均不包括在项目范围中，以保证项目范围的准确性。

5．项目范围变更控制

项目范围变更控制是指对于那些由项目业主/客户、项目组织或团队等项目相关利益者提出的项目范围变更或者是对项目范围计划进行修改，甚至是重新规划，范围变更管理就是对项目中存在或者是潜在的变化，采用正确的策略所进行的控制与管理方法。这是一项贯穿于整个项目实施过程中的项目范围管理活动。

项目范围管理的主要过程如图 3-2 所示。

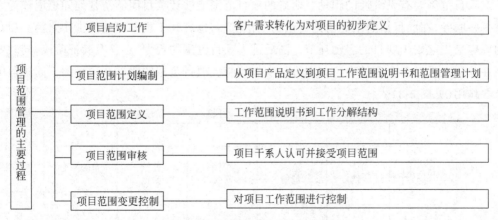

图 3-2　项目范围管理的主要过程

一般情况下，在项目的不同阶段都需要开展项目范围管理。总之，项目范围管理是在项目可行性分析的基础上，对项目应该包括和不应该包括的工作进行相应的定义和管理。

导入案例分析

本章的导入案例属于失败的项目管理案例,范围管理目标内容界定不清,导致出现一系列问题。此案例是一个涉及原有系统的升级工作。

在实施过程中,系统需求总是无法确定下来,由于是升级工作,很快完成了需求开发,进入设计与编码阶段。B企业由于出现业务问题,企业业务代表没有足够的时间投入到项目中,导致确认需求的工作一拖再拖。赵工也曾参加原系统的需求开发,认为定义的需求分析是清晰的,因此没有催促B企业业务代表在需求说明书上签字。项目负责人没有认识到项目范围控制的重要性,项目范围不明确。

此案例中企业业务代表没有足够的时间投入到项目中,这不是项目失败的原因,其责任在项目开发人员,项目范围不是由客户提供的,是要由项目开发方根据开发的项目目标和项目需求去自主分析出来的,需要在此案例中明确项目范围,并进行书面确认。当需求调研员离开项目后,没有人能清晰地解释需求说明书,最终系统需求发生重大变更,因此也无法控制任务的工作量,在出现需求变更或变更冲突的时候,也没有相应的变更制度来约束,因此,使得开发人员一直在增加修改功能需求,导致最终项目延期。

最初应该由A公司需求调查员深入B公司与其业务代表沟通,明确业务流程和范围,从B公司的业务中分析确定出项目的需求,定义规划项目的范围,并与B公司双方认同认可项目范围,作为合同附件以文本方式双方签字后再进入项目实施阶段。

3.2 项目范围的确定

项目范围的确定一般包括项目启动、项目范围计划、项目范围说明书、项目范围管理计划部分,其中项目启动是正式授权项目组开始一个项目,项目范围计划确定项目的范围,并编写项目范围说明书,而项目范围定义主要包括工作分解结构和责任矩阵。

对项目范围要有系统性的预见。明确的项目范围能够让项目团队清楚地知道应该为客户提供哪些服务,在项目搭建中更清楚自己的工作范畴,也有利于规划团队的工作路径。项目范围的确定最先起始于项目的启动环节。随后进入项目范围的规划、定义及验证阶段,同时要考虑到在验证之后对不合理的项目范围进行变更控制。项目范围的明确在项目的不同阶段中起着重要作用(见图3-3)。

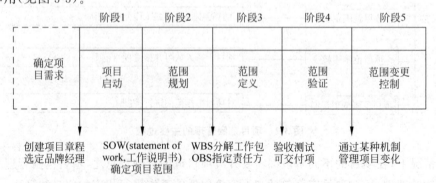

图3-3 项目范围确定流程

项目范围是为了完成具有特定性能和特征,需要交付的产品、服务或其他交付形式而必须进行的一系列活动。项目范围的不合理通常有两种表现形式:一是对范围描述不完整,对项目涉及的所有要求只进行部分描述,势必会造成部分应交付项的缺漏;二是对范围描述超过了要求部分,会出现一些不在计划和预算内的应交付项,势必会造成组织成本的浪费,存在工期延迟的风险。

由图3-4可知,项目范围说明书对项目范围、项目的验收标准、可交付成果、项目之外的责任及项目过程中的制约因素等进行了详细的规定和描述。项目团队与客户方在确定项目范围时要注意核实好项目团队应该承担的工作,对项目范围说明书中不明确的任务要及时进行澄清或记录,对于无法控制的外部环境及政策的变化,要在项目制约因素中明确举例说明。总之,在核实的过程中,不仅要明确项目团队应该承担的工作,还要与客户在双方应该各自承担的责任与分工方面达成共识。

图3-4 项目范围说明书的内容

3.2.1 项目启动

项目启动是正式授权或认可一个新项目的存在,或者是对一个已经存在的项目让其继续进行下一阶段工作的过程。在一些组织中,一个项目计划的正式启动,是在必要的学习、初步的计划和其他相当于划分项目开始阶段的工作完成后才进行的。在有些组织中,需要先完成可行性分析或者需求评估,有时还需要一个初步的计划,项目才能启动。需要注意的是,按照PMI的观点,可行性分析一般不包括在项目内,一些比较复杂的可行性分析甚至可以看作独立的项目。

项目启动阶段的范围管理包括以下内容。

(1) 分阶段实施的实施策略。

(2) 组建包括用户经理和用户业务经理、关键用户在内的项目组织结构。

(3) 充分的需求分析调研,在此基础上编制用户需求说明书。

不排除不必要流程,工作就做不完

《我懂了!项目管理》一书指出,范围管理是项目管理最基础的工作,在了解所有利害关系人的需求之后,清楚地界定项目应执行的范围(工作内容),是完成项目的关键。

界定项目范围之所以如此重要,主要是因为:在必须达成项目目标的前提之下,如果无法决定哪些工作该做、哪些工作应该排除,将会造成工作内容无止境地延伸。诚如山东大学项目管理研究所所长丁荣贵在《项目思维与管理关键》所说:"在进行项目管理范围定义时,确定项目'不做什么',比确定项目'做什么'更为重要。"

哈佛大学教授理查德·哈克曼(Richard Hackman)在《高效团队》(*Leading Teams*)一书中强调:"方向不明确或极度抽象,都会浪费成员的时间。此外,成员对实际上应该做的事,如果难以达成共识,将会令他们陷入冲突。"

> 导入案例分析

本章节的导入案例中 A 公司如果要求实施人员根据项目背景以及其他项目实施的经验做好需求调查准备,认证编制需求分析问询表,并能比较详细地列出调研问题的提纲,这个提纲可以避免在调研过程中遗漏未明确的相关内容。

有了这些准备之后,A 公司在调研过程中对用户进行启发和诱导,使用户能有条理、系统地描述需求,并在调研中详细记录调研问题的答案。在此基础上编制用户需求说明书。做好项目启动工作能在很大程度上避免项目范围的蔓延。

项目启动的主要内容见表 3-2。

表 3-2 项目启动的主要内容

输入（或依据）	工具与方法	输出（或结果）
产品说明	项目选择的方法	项目章程
企业战略	专家评审	指派项目经理
项目选择标准		项目制约因素
历史资料		项目假设条件

1. 项目启动的依据

主要包括产品说明、企业战略、项目选择标准和项目历史资料。

1）产品说明

产品说明应该能阐明项目工作完成后,所生产出的产品或服务的特征。产品说明通常在项目工作的早期阐述少,而在项目工作的后期阐述的多,这是因为产品的特征是逐步显现出来的。产品说明应该包括已生产出的产品或服务,同购买方的需要或别的影响因素间的关系,它会对项目产生积极的影响。尽管产品说明的形式和内容是多种多样的,但是,它应能对以后的项目规划提供详细的、充分的资料。

2）企业战略

所有的项目都应该服从于企业的整体战略目标,在项目决策的选择中,执行组织的战略计划应该作为一个考虑的因素。目前中国国家的战略是——中国梦!

3）项目选择标准

项目的资源是有限的,而需要进行的项目是无限的。项目选择标准通常是通过项目产品界定的,它涉及管理可能包含的全部范围,包括经济效益、社会效益、市场份额和项目环境等。

4）项目历史资料

项目历史资料包括以前项目选择决策的结果和以前项目执行的结果,在可获得的范围内对它们加以考虑。在项目启动阶段,就包含了对项目下一阶段工作的认可时,有关前阶段结果的信息通常是非常重要的。

2. 项目启动阶段的工具和技术

1）项目选择方法

项目选择方法通常是下列两类模型之一。

(1) 利润测量法：包括比较研究法、评分模型、利润贡献或经济模型。

(2) 制约最优化法：包括数学模型,用线性的、非线性的、动态的、完整的及混合目标项目规则系统。

2) 专家评审

专家评审通常是要对这个项目的投入进行评估,这种专家评价,可以通过一个组织或拥有特殊知识和受了专门培训的个人来进行,也可以通过许多途径获得,例如,这个执行组织中的其他单位、顾问、专家和技术联合会、企业集团等。一些影响较大的项目,需要在项目启动时召开一个专家评审会。

3. 项目启动的输出

项目启动的主要输出成果是项目章程,项目章程是用来正式确认项目存在并指明项目目标和管理人员的一种文件。主要的项目干系人要在项目章程上手写签字,以表示认可项目需求和目标。项目章程应当包括以下几点。

(1) 项目名称和授权日期。

(2) 项目经理姓名和联系信息。

(3) 简要项目目标。

(4) 使用组织资源的授权。

(5) 签名部分,主要项目干系人在此手写签名。

(6) 评述部分,项目干系人在此可以记录与项目有关的一些重要内容,并确定项目发起人。

项目章程应当相对简短,通常长度为一页。或是来自上级管理人员的备忘录,概括地描述了项目内容,并列出项目经理和干系人的职责权力。项目章程也可以很长,由项目性质决定,有时合同也会起到项目章程的作用。

项目团队参照下面项目章程内容,完成模拟项目章程的编写工作,项目章程案例见表3-3。

表3-3 项目章程案例

项目名称：建筑设计院 CRM 软件开发项目
项目启动时间：2019 年 3 月 1 日
项目结束时间：2020 年 8 月 31 日
项目经理及对其授权： 　　张强,电话分机：123456654321,E-mail：zhangqiang@126.com 　　项目经理计划并执行整个项目,项目经理有权为了实现项目目标,调用公司的办公设备和人力资源,并拥有在项目预算范围内动用不超过 5 万元资金的审批权
项目目标： 　　以标准的客户关系管理理论为指导,结合公司的营销经验,在 5 个月时间内开发完成 CRM 客户管理软件。预算 5 个月投入资金为 90 万元人民币
产品描述： 　　一个具备客户管理、市场管理、销售管理、服务管理、统计分析和 Call Center 六大功能的 CRM 客户管理管理软件
项目管理方法论： 　　1. 项目管理方法采用公司标准的项目管理和 CMMI 规程。 　　2. 软件开发过程和方法采用 RUP 统一过程方法论

续表

主要责任人：

姓　名	职　务	职　责
唐英	项目发起人	作为项目负责人，对应用软件开发的进度、资源等进行控制；协调各个开发组；作为与客户进行合作的接口，负责进行双方的沟通
李铭	项目经理	负责计划，监控项目，对项目质量负责
王一鸣	IT部门经理	负责为项目提供适当资源和培训

签名：（所有上述项目干系人的签名）

评述：

——该项目关系我公司的发展战略，各个部门必须积极配合完成好该项目。

项目发起人：唐英

——我将确保项目所需人员及时到位。

人力资源经理：崔××

批准人：×××（签名）

（2019年2月25日）

项目章程最主要的任务是从总体上对项目的目标、范围做一个界定，即所有项目的初步计划和相应计划都是根据项目章程的要求确定的。一般来说，项目章程是由企业的高层领导或者项目的委托人、发起人确定的。

项目章程要求发给所有关键的项目干系人，这样便于大家沟通，对目标有一致的了解，以便在项目工作中齐心协力做好工作，避免产生偏差。

项目章程非常重要，它是项目能否成功进行的一个重要因素，编写项目章程不是难事，难的是让那些具有项目需要的知识并具有一定权力的人员来参与并在项目章程上签字。即使上级主管已经口头同意了这个项目，但是形成一个正式的、书面的章程来明确要求和期望还是非常重要的。

3.2.2　项目范围计划

制订项目范围计划就是编写一个书面的项目范围综述文件。这个项目范围综述文件将作为未来项目阶段性决策的基础和依据。在项目范围计划中应该包括有用来度量项目或项目阶段是否成功的标准和要求。

对一个项目而言，一份书面的项目范围计划是必需的。例如，一个承发包的工程项目必须有相应的承发包合同，这种合同中必须有项目范围计划或项目范围综述文件，这种综述文件明确界定了该项目的任务范围和工作边界。项目范围计划（或项目范围综述）构成了项目实施组织与项目业主/客户之间达成协议或合同的基础，其内容包括对于项目目标、项目产出物和项目工作范围等内容的全面说明和描述。

如果项目范围计划中的全部要素都已经具备或明确了，那么制订项目范围计划的过程就相当于编制一份书面文件了。例如，如果在项目建议书中已经全面地描述了项目产出物，而在项目说明书中已经明确定义了项目的目标，那么将这两部分文件的相关内容进行汇编，再增加其他内容就可以编制出一份项目范围计划了。

在制订项目范围计划中需要使用各种方法和工具。这些方法与工具主要包括下述几类。

1. 项目产出物分析方法

通过对于项目产出物的分析,可以使项目业主/客户与项目组织形成对项目产出物的准确和共同的理解,从而指导人们编制项目范围计划。项目产出物分析方法包括:系统分析方法、价值工程方法、价值分析方法、功能分析方法和质量功能配置技术等一系列的方法和技术。

只有使用这些不同的方法和技术,从不同的角度对项目产出物进行全面的分析和界定,才能更好地指导项目范围计划的制订。

2. 收益/成本分析方法

收益/成本分析方法是指对不同的项目备选方案进行各种成本和收益的识别与确认、对项目方案的成本(费用)与收益(回报)的全面评估的方法。其中最主要的是从项目业主/客户的角度出发的项目财务评价方法,它使用项目投资回报率、项目回收期等财务评估指标去确定备选项目方案的经济性。

使用这种方法可以确定出哪个项目备选方案更为经济合理,这对编制项目范围计划有很重要的指导意义,所以它是项目范围计划编制中必要的方法。

3. 提出项目备选方案的方法

在项目范围计划的编制中,首先需要提出各种各样的项目备选方案。有许多管理技术和方法可以用于提出不同的项目备选方案,其中最常用的管理方法和技术是"头脑风暴法"和"横向思维法"。

1) 头脑风暴法

头脑风暴法又称智力激励法或自由思考法(畅谈法,畅谈会,集思法),它是由美国创造学家 A.F.奥斯本于 1939 年首次提出,1953 年正式发表的一种激发性思维的方法。头脑风暴法是一种有利于创造性思维的集体思辨和讨论的会议方法。

在典型的头脑风暴法讨论会中,一般是 6~12 人围坐在桌旁,一个主持人用简单明了的方式把问题提出,让每个人都了解了问题之后,在给定时间内,通过大家自由发言,尽可能多地想出各种解决问题的方案。

在这种会议过程中,任何人都不得对发言者加以评价,无论是受到别人启发而提出的观点,还是自己提出的稀奇古怪的观点,任何人不允许进行批评。所有提出的方案都需要记录在案,直到最后,大家再来一起分析和评价这些建议和方案,从而找出可行的项目备选方案。

2) 横向思维法

传统的思维方法多数是纵向思维的方法。纵向思维方法是高度理性化的,是一个逐步深化的思维过程,每一步与前一步都是不可分割的关联环节。在这一过程中,每一步都必须正确有序。横向思维方法则没有这种限制,它不要求人们按照一种模式或程序去思维,而要求人们打破原有的框框,重构一种思维模式。它要求在处理问题时人们也可以不从初始状态入手(从分析问题入手),而从解决问题的办法入手。

例如,一个管理者可以根据项目的工作任务去考虑项目的备选方案,然后再倒推出要实施这一项目备选方案所需的资源和前提条件等。

3.2.3 项目范围说明书

项目范围说明书是一份文档,用来对此项目范围达成共同的理解并确认这样的理解。项目范围说明书包括以下内容。

(1) 项目概述。

(2) 项目团队与分工。

(3) 责任分配矩阵,项目目标。

(4) 项目可交付成果,以及其他说明。

项目范围说明书要随项目的不同而不同,规模大、内容复杂的项目,其范围说明书可以长达上百页。

3.2.4 项目范围管理计划

项目范围管理计划是描述项目范围如何进行管理,项目范围怎样变化才能与项目要求相一致等问题的。它也应该包括一个对项目范围预期的稳定而进行的评估,比如,项目怎样变化、变化频率如何及变化了多少。

根据具体项目工作的需要,一项项目范围管理计划可以是正式的或非正式的、很详细的或粗略的。项目管理计划是全部项目计划的一个重要分支部分文档。

项目范围管理计划应当包括以下内容。

(1) 应当如何管理范围以及预期的稳定性。

① 预期的变更频率。

② 预期的变更幅度。

(2) 如何将范围变更与项目整合。

① 关于如何(以及由谁)识别范围变更的描述。

② 关于如何对范围变更进行分类的描述。

③ 变更过程的描述以及确定项目范围变更决策方法。

④ 由于范围变更引起的项目过程调整的描述。

3.3 项目的目标和可交付成果

3.3.1 项目的目标

项目的目标是指完成项目所必须达到的标准和指标。项目的目标必须包括:项目成本、项目进度和项目质量等。任何一个项目目标都应该包括其属性(如成本)、计量单位(如人民币元)和绝对或相对的指标值(如少于 150 万元)。项目目标中那些不可量化的目标(如项目业主/客户满意度等)往往会导致一定的项目风险。

一个项目的目标主要包括:项目产出物的各种属性指标、项目的工期指标与项目阶段性里程碑、项目产出物的质量标准和项目的成本(造价)控制目标等。在一些专业应用领域中,项目产出物本身就被称作项目目标,而项目工期、成本、质量等被叫作项目的关键成功因素。在这种情况下,需要特别注意概念的转换,以使项目的范围计划意义明确。

为了使项目目标有效,项目业主/客户和项目组织以及所有的项目风险承担者,都必须正式地认可和同意既定的项目目标。通常,由项目经理创建的项目目标文档应该成为项目最重要的项目文件。在这一文件中,项目目标的界定必须明确,项目目标的指标值必须明确规定,而且必须可行、具体和可以度量。

不可度量的项目目标会给项目带来各种各样的风险,所以一定要避免模糊不清的项目目标。例如,"建成一所房屋"这类项目目标就太模糊了,因为人们在"建成"的意义上可能会存在不同的理解,究竟是指完成了房子的土建工程,还是包括完成项目的安装工程,还是进一步连房子的装修工程也一起完成。

较好的项目目标描述应该是:"用 150 万元,根据第 16 种型号的楼面布置图和说明书,在 6 个月之内建成这所房子的土建和安装部分,不包括室内装修。"这样,项目业主/客户与项目组织就不会在项目目标问题上产生争议了。

项目的目标需要回答下列问题。

(1) 将做什么(What)?
(2) 为什么要做它(Why)?
(3) 什么时候完成(When)?
(4) 由谁执行(Who)?
(5) 如何评价(How)?
(6) 在哪里进行(Where)?

上面六个问题简要为 5W1H,即用不多于 200 字定量描述项目的成本、进度和质量标准,见表 3-4。

表 3-4　一个软件项目目标

项目目标:2018 年 8 月 1 日—12 月 1 日为 A 公司完成办公管理系统开发工作。该系统将满足 A 公司对办公自动化的需求。需要 1 000 人时和 80 000 元。利润目标是合同额的 20%

3.3.2　项目的可交付成果

项目的可交付成果就是一种可见的、能够验证的工作结果,有时也叫项目产出物。例如,一个工程建设项目通常需要划分成项目的定义阶段、设计计划阶段、工程施工阶段和交付使用阶段,而项目可行性研究报告、项目设计方案、项目实施结果和项目竣工验收报告等都属于项目阶段的可交付成果。

任何为完成一个项目或项目的某一部分而产生的可测量的、有形的、可验证的成果或结果、生产出的物品必须根据项目目标确定项目的最终结果和阶段性结果。

项目可交付成果要符合 SMART 原则,具体就是:

(1) 明确性(specific)——最终目标是否明确?应该做到哪一步以及何时完成?
(2) 可度量性(measurable)——能在多大程度上测量最终目标的完成情况?
(3) 可完成性(achievable)——在规定时间内,最终目标是否合理,能够实现?
(4) 相关性(relevant)——最终目标是否很重要、很有价值,是否值得进行下去?
(5) 可跟踪性(traceable)——能够对整个项目进程进行跟踪检查吗?

因此,上面项目目标的可交付成果见表 3-5。

表 3-5 项目的可交付成果

最终可交付成果：
（1）提交一个完成测试并被客户接受的办公管理系统（12/1/2018）。
（2）提交一套系统使用手册（12/1/2018）。
阶段性结果：
（1）完成需求分析报告（9/1/2018）。
（2）确定系统设计方案（10/1/2018）。
（3）完成系统实现与系统测试（11/15/2018）。

简而言之，可交付成果＝动词＋名词＋时间限制。

3.4 项目的工作分解结构

项目的工作分解结构（work breakdown structure，WBS）是项目范围定义的有效工具。项目范围定义指的是把项目产出物进一步分解为更小的、更便于管理的许多组成部分，项目范围定义的目的在于：提高对项目成本估算、项目工期和项目资源需求估算的准确性；为项目的绩效度量和控制确定一个基准；便于明确和分配项目任务与责任。合理恰当的范围定义对于项目的成功至关重要。

当项目范围定义不清或项目范围管理的很糟糕时，项目的最终成本会比预期的总成本高。因为，会有许多难以想象的项目变更，这些变更会干扰项目运行的节奏，导致实施工作的返工，增加项目实施时间，降低劳动生产率和项目团队的士气。

3.4.1 工作分解结构的定义

工作分解结构是一种以结果为导向的分析方法，用于分析项目所涉及的工作，所有这些工作构成了项目的整个范围，而未列入工作分解结构的工作是不应该做的，工作分解结构是项目管理中非常重要的文件，因为它几乎是项目管理所有知识领域和管理过程的基础，项目范围管理的核心是不做"镀金工程"。

工作分解结构明确了完成项目所需进行的工作，也可使项目组成员产生紧迫感和责任感，为项目的如期完成而努力。WBS 同时也能防止项目范围的盲目扩大，当甲方打算向已存在的项目增加新内容时，WBS 能避免这种事的发生。

工作分解结构通常用列表形式或树状图形式两种方式表示。树状图形式的 WBS 是一个以任务为导向的活动家族图，与项目的组织结构图类试，人们可以通过它看到整个项目的概貌以及每一个主要的组成部分。

以树状图形式表示的 WBS 的最顶层即第 0 层，代表整个项目，紧接着的一层面是第 1 层，用来表示主要的项目产品或主要的项目阶段，第 2 层则包含了第 1 层所含的主要子项，每下降一层代表对项目的更详细定义。如果 WBS 包含的内容很多，一张总表不好表现，可以用分层次图表示。图 3-5 所示为××大学教学网站开发系统总 WBS 图。

工作分解结构也可以用列表形式表示，通常在大型项目（如 2008 年北京奥运会、上海世博会）中，用树状图表示非常形象、直观，但当 WBS 分解到第 4 层、第 5 层以后，任务列表可多达几百甚至上千项，此时，用树状图形式就不容易描述清楚，一般的项目管理软件，如 Microsoft Project 2016 通常以列表形式表示，软件开发项目中 WBS 列表形式见表 3-6。

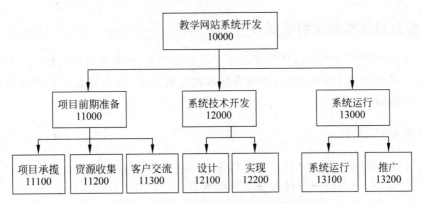

图 3-5 ××大学教学网站开发系统总 WBS 图

表 3-6 软件开发项目中 WBS 列表形式

唯一的标识号	WBS	产品名称
0	0	软件开发
1	1	项目范围规划
2	1.1	确定项目范围
3	1.2	获得项目所需资金
4	1.3	定义预备资源
5	1.4	获得核心资源
6	1.5	完成项目范围规划
7	2	分析/软件需求
8	2.1	行为需求分析
9	2.2	起草初步的软件规范
10	2.3	制定初步预算
11	2.4	工作组共同审阅软件规范/预算
12	2.5	根据反馈修改软件规范
13	2.6	制定交付期限
14	2.7	获得开展后续工作的批准（概念、期限和预算）
15	2.8	获得所需资源
16	2.9	完成分析工作
17	3	设计
18	3.1	审阅初步的软件规范
19	3.2	制定功能规范
20	3.3	根据功能规范开发原型
21	3.4	审阅功能规范
22	3.5	根据反馈修改功能规范
23	3.6	获得开展后续工作的批准
24	3.7	完成设计工作
25	4	开发
32	5	测试
48	6	培训
57	7	文档
67	8	试生产
68	8.1	确定测试群体
69	8.2	确定软件分发机制

3.4.2 工作分解结构制定的原则

工作分解结构将所做的项目分解成若干个具体的任务,任务的分解可以是多样的,不同的团队分解的结果可以是不同的,而且并没有标准的分解方法,但在制定工作分解结构时,应该遵循以下工作原则。

1. "逐层分解"原则

(1) 大项目→项目→阶段→任务→子任务→工作单元(活动)。
(2) 项目(范围)→阶段→子任务→工作单元。
(3) 单位工程→分部→子分部→分项→检验批。

2. "两周工作包"原则

"两周工作包"原则指的是在任务分解过程中,最小级别的任务的工期最好控制在10~14个工作日,目的是为了在项目执行期内更好地检查和控制。通过这一手段可以把项目的问题暴露在两周之内或更短的时间。

制订项目计划的目的是为了更好地控制项目,任务分解的结果便是项目执行、检查、控制的依据,如果项目任务分解过于粗放,就难以进行细致的跟踪。如果某一任务的工期较长,建议对任务进行细化分解,以便符合两周原则。

3. "责任到人"原则

在任务分解过程中,最小级别的任务最好是能够分配到某一个具体的资源,一项任务只能在工作分解结构中出现一次,每项任务只能有一个负责人。如果某一项任务的资源由若干个资源一起完成(如砌体1~12层,是由三个班组完成的,可以将砌体分解成3个工作单元),将该任务再次分解,否则如果某一项任务出现问题,很难将责任定位到某一个人。

4. "风险分解"原则

在任务分解过程中,如果遇到风险较大的任务,为了更好地化解风险,应该将任务再次细分,必须能够更好、更早地暴露风险,为风险的解决和缓解提供帮助。

5. "逐步求精"原则

高质量的任务分解需要花费时间,而在项目前期不可能考虑到后期非常具体的任务,因此即将开始的任务需要非常精细的分解,未来的任务可以分解粗放一些。等到执行时再进行细化分解。

6. "团队工作"原则

项目计划的制订的主要责任人是项目经理,但不应该是项目经理一个人的工作。项目经理在制订项目计划过程中,尤其是在任务分解、工期估计等关键过程中一定要与项目成员一起进行。任务的执行和分解必须征得大家的同意和确认,从而可以避免项目执行过程中的任务分解方面的意见分歧。

在根据项目范围说明书进行工作分解时,还要使工作分解结构有一定的灵活性,以适应项目范围变更的需要。

3.4.3 划分工作分解结构的方法

WBS 的分解可以采用多种方式进行,包括按产品的物理结构分解;按产品或项目的功能分解;按照实施过程分解;按照项目的地域分布分解;按照项目的各个目标分解;按部门分解;按职能分解;等等。

3.4.4 工作分解结构的创建过程

创建 WBS 的过程非常重要,因为在项目分解过程中,项目经理、项目成员和所有参与项目的职能经理都必须考虑该项目的所有方面。制定 WBS 的过程主要有以下内容。

(1) 得到范围说明书或工作说明书。
(2) 召集有关人员,集体讨论所有主要项目工作,确定项目工作分解的方式。
(3) 分解项目工作。如果有现成的模板,应该尽量利用。
(4) 画出 WBS 的层次结构图。WBS 较高层次上的一些工作可以定义为子项目或子生命周期阶段。
(5) 将主要项目可交付成果细分为更小的、易于管理的组分或工作包。工作包必须详细到可以对该工作包进行估算(成本和历时)、安排进度、做出预算、分配负责人员或组织单位。
(6) 验证上述分解的正确性。如果发现较低层次的项没有必要,则修改组成成分。
(7) 如果有必要,建立一个唯一的编号系统。
(8) 随着其他计划活动的进行,不断地对 WBS 更新或修正,直到覆盖所有工作。
(9) 检验 WBS 是否定义完全、项目的所有任务是否都被完全分解可以参考以下标准。
(10) 每个任务的状态和完成情况是可以量化的。
(11) 明确定义了每个任务的开始和结束。
(12) 每个任务都有一个可交付成果。
(13) 工期易于估算且在可接受期限内。
(14) 容易估算成本。
(15) 各项任务是独立的。

3.4.5 确定工作分解结构 WBS 字典

所谓 WBS 字典相当于对某一 WBS 元素的规范,即 WBS 元素必须完成的工作以及对工作的详细描述,工作成果的描述和相应规范标准,元素上下级关系以及元素成果输入输出关系等。同时 WBS 字典对于清晰的定义项目范围也有着巨大的规范作用,它使得 WBS 易于理解和被组织以外的参与者(如承包商)接受。

项目团队通过组内讨论,对于项目工作分解结构的内容逐条说明和进行描述形成 WBS 字典,完成以下 WBS 字典编写工作,见表 3-7。

表 3-7 WBS 字典

记账码	工作包	活动	资源	可交付成果	完成标准及质量要求	负责人
1	项目管理	编写项目计划,项目开工会	项目经理和团队	项目目标、项目计划、开工报告	符合项目标准	项目经理

续表

记账码	工作包	活动	资源	可交付成果	完成标准及质量要求	负责人
2.1	设计	机房、布线和网络设计	系统工程师	机房设计图、布线图和网络设计图	客户认可	系统工程师
2.2	采购	机房装修、软硬件产品采购	采购经理	分包合同和采购合同	项目经理认可	采购经理
2.3	安装	装修、布线、软硬件产品安装、系统集成	分包商、程序员	机房、布线、运行系统报告	客户认可	系统工程师
3.1	需求	面谈、撰写需求报告	程序员3	需求分析报告	客户认可、符合设计要求	程序员3
……	……	……	……	……	……	……

导入案例

魏工接手了一个老客户的项目,担任项目经理。客户要对原教务系统进行大范围功能开发,需要新加入很多扩展业务,魏工深入调查分析客户需求,并详细分析分解项目,制定了详尽的项目工作分解结构(WBS)。并请原教务系统项目人员加入项目组,计划要6个月时间由4个人共同进行开发。并与客户主管进行深入沟通、确认并签字需求范围。

但项目才实施不久,魏工的公司领导要求缩短工期至4个月完成,准备接另一个项目,并可以加派2个人进入项目实施。但是魏工分析本项目工期是经过严格计算的,没有这么强的伸缩空间,即使加派人员的话,新人要有熟悉业务的时间,在关键路径上任务很难缩短时间,人多也不能解决更多的问题,如果原4个人加班完成,会影响质量,最终降低客户满意度,项目组人员工作热情也会受到影响。

最终魏工决定重新规划项目范围,人员不变,把项目分为二期完成,第一期工期为3个月,第二期工期为3个半月,并分别设定验收标准和可交付成果。这样通过对项目范围的修改既满足了公司领导的需求,工作人员也能按照计划完成。项目最终圆满完成。即使工期延缓半个月但客户也能尽早看到部分预期结果。

导入案例分析

此项目是个成功的案例,项目经理很好地应用了范围管理。魏工最开始就详细地进行了范围的定义并做了详细的工作分解结构(WBS),能够清楚工作任务,对整个项目有很好地把握。当领导要求工期缩短,项目目标发生变化时,魏工选择将一个项目分成二期实现,并得到自己领导和客户方的确认。

因此工作人员能够轻松圆满地完成任务,客户方也能在不影响大局的情况下达到目的。这一对项目范围调整的方法满足领导要求。魏工很好地与各个层面的人员进行沟通和协商,最终顺利完成项目。

3.5 实训——Project 2016 项目规划

项目经理在 Project 2016 中录入任务之前,需要明确任务之间的关系以及执行顺序。分解任务后,要设置项目信息及属性。上一章中,我们已经详细介绍了操作流程。本节将继续介绍任务分解的 Project 操作。

3.5.1 添加里程碑

在 Project 2016 中可以把某个重要任务设为里程碑事件,以方便管理者注意到特殊标记的任务或者时间节点。里程碑事件是具有零天工期的任务。

(1) 以校务通软件开发系统为例,在任务列表中添加信息的里程碑任务,此时,在校务通软件开发系统中,选中需要添加的里程碑事件的位置。在菜单栏中单击"任务"按钮,选择"插入"→"里程碑"按钮,在选中位置的上方会出现"新里程碑"单元格,如图 3-6 所示。

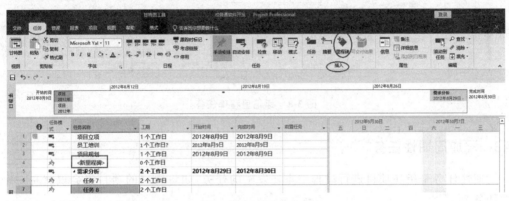

图 3-6 添加里程碑事件

(2) 在"新里程碑"单元格中可以添加任务名称,此时在"甘特图"视图中该任务显示为菱形的里程碑符号,如图 3-7 所示。

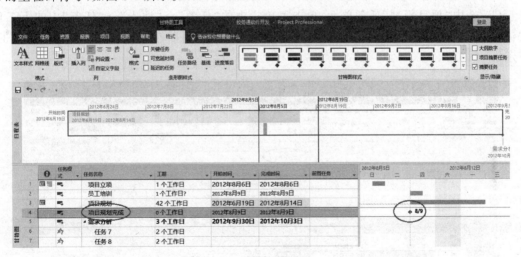

图 3-7 新里程碑任务

3.5.2 标记里程碑任务

若项目经理需要改变项目计划,将某任务升级为里程碑任务,可双击该任务,弹出"任务信息"对话框,在"高级"选项卡中,选中"标记为里程碑"复选框,如图 3-8 所示。最后单击"确定"按钮关闭该对话框,完成操作。

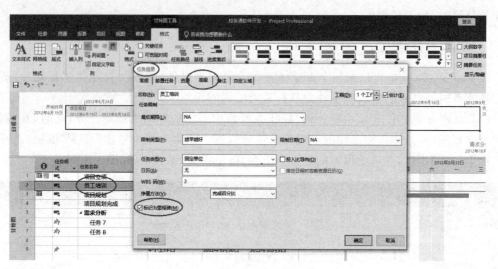

图 3-8 标记里程碑任务

3.5.3 添加周期性任务

周期性任务是指在项目进行过程中重复发生的任务,如每周一的项目组会议就是一个周期性任务。

在校务通软件开发系统中,选中需要建立一个周期性任务,名称为"收集反馈信息并整理"。同时把该任务插入到"员工培训"任务的下方。该任务发生日期是 2012 年 8 月 9 日到 2012 年 10 月 3 日,每次要消耗 1 个工作日。添加该周期性任务的操作步骤如下。

(1) 选中"项目规划"任务单元,单击菜单栏中的"任务"→"插入"→"任务"中的下三角按钮,从下拉列表中选择"任务周期"选项。单击后出现"周期性任务信息"对话框,如图 3-9 所示。

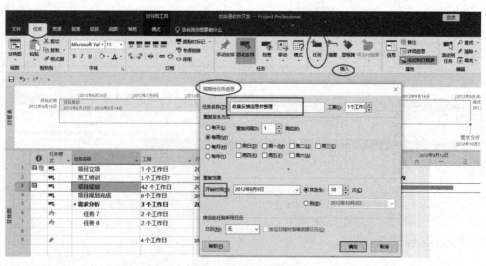

图 3-9 设置周期性任务

(2) 在"周期性任务信息"对话框中的"任务名称"文本框中输入"收集反馈信息并整理",在"工期"文本框中选择"1 个工作日"。

(3) 在"重复发生方式"域,选中"每周"单选按钮。单击"重复间隔为"上三角按钮,从下拉列表中选择"1"选项(每周展开一次收集信息并整理)。选中"周一"复选框完成选择(每周星期一发生该任务)。

(4) 在"重复范围"域,单击"开始时间"右侧的下三角按钮,然后从下拉日期列表中选择日期为"2012年8月9日"到"2012年10月3日"。

(5) 单击"确定"按钮,关闭"周期性任务信息"对话框,此时 Project 2016 会自动创建周期性任务列表,单击"收集反馈信息并整理"单元格左方的三角符号,展开"周期性任务"列表,可以看到 Project 2016 已经自动创建该时间段内的所有周期性任务,最终效果,如图 3-10 所示。

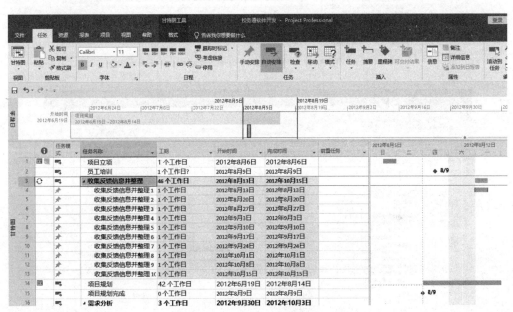

图 3-10 周期性任务效果

3.5.4 新建项目日历

项目日历是指排定任务日程,即项目使用何种工作日执行任务。当 Project 2016 提供的基准日历不能满足项目实际需要时,用户可以对现有日历进行新建或修改,制定可满足当前项目工作需求的日历。方便日后对项目的成本、工期、进度进行分析。

在校务通软件开发系统中,需要新建一个日历,日历名称为"开发日历",其操作步骤如下:

(1) 在菜单栏中选择"项目"→"更改工作时间"命令,弹出"更改工作时间"对话框。单击"新建日历"按钮,打开"新建基准日历"窗口,如图 3-11 所示。

(2) 在"新建基准日历"→"名称"文本框中输入"开发日历"。单击"复制"单选按钮选择该选项。单击"日历"左侧的下三角按钮,从"日历"列表框中选择"标注"选项,如图 3-12 所示。

(3) 单击"确定"按钮,返回"更改工作时间"对话框。此时"日历"列表框中已经有"开发日历"日历名称,如图 3-13 所示。

(4) 单击"确定"按钮保存设置,完成新建日历。

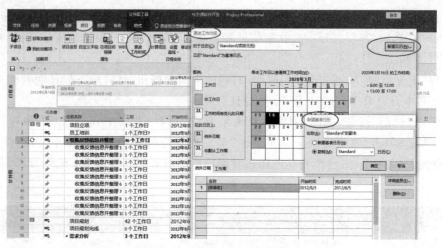

图 3-11 "更改工作时间"对话框

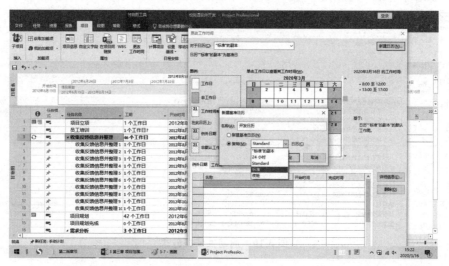

图 3-12 设置日历

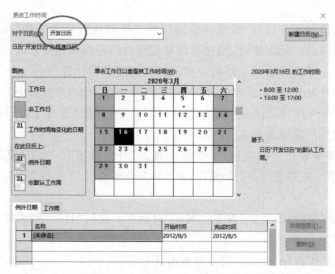

图 3-13 "更改工作时间"对话框

3.5.5 为任务分配日历

在项目规划过程中,还可以根据实际需要为任务设置特定的日历。本小节将介绍如何为任务分配日历。例如,在校务通软件开发系统中,"软件设计"任务使用的日历不是项目的日历,而是使用新建的"开发日历",具体操作步骤如下。

(1) 打开"校务通软件开发系统"项目文件。在任务列表中双击"软件设计"任务单元,弹出"任务信息"对话框,如图 3-14 所示。

(2) 单击"高级"标签,显示"高级"选项卡。单击"日历"右侧的下三角按钮,从"日历"下拉列表框中选择"开发日历"选项,如图 3-14 所示。

(3) 最后单击"确定"按钮,关闭对话框,完成任务分配日历操作。

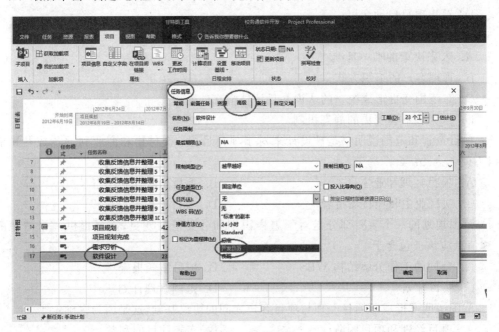

图 3-14 选择日历

实践课堂

1. 由于前任项目经理辞职离开,因此,你正在检查你将要承担的项目的范围变更请求,但未判断项目范围将有多大程度的变更,你需要将变更请求与以下( )项目文件进行比较。

  A. 项目范围说明   B. 工作分解包
  C. 项目计划(规划)   D. 项目范围管理计划

2. 你是一个系统集成项目的经理,该项目将使人们能在各地书报零售店购买到彩票。你的公司开发适用的软件,但需要向其他公司购买硬件设备。外包管理员告知你要准备一份产品描述,该文件应被称为( )。

  A. 工作说明   B. 合同范围说明   C. 项目章程   D. 合同

3. 你已经被任命为组织的一项新项目的项目经理,必须准备项目规划。为帮助制定项目的框架,你决定准备工作分解包以描述工作的规模和复杂程度。没有现成的工作分解包模板可供利用。为了准备工作分解包,首先必须(　　)。

　　A. 估计每个项目可交付成果的成本和使用寿命

　　B. 确定项目的主要可交付成果

　　C. 确定项目的每个可交付成果的组成成分

　　D. 明确主要任务

4. 你为新项目组建的小组包括三名全职工作人员和五名兼职辅助人员。所有成员相互认识并曾一起工作过。为了保证项目启动成功,第一步将是(　　)。

　　A. 与每位成员单独会谈任务分配

　　B. 制定责任分配矩阵并向每位成员分配任务

　　C. 向成员分派项目计划和工作分解包

　　D. 召集项目启动会议

5. 范围说明书一旦被确定和批准,要被用于(　　)。

　　A. 未来决策的唯一基准

　　B. 管理客户的组织方式

　　C. 对范围变更形成统一的认识并且评估潜在的变更

　　D. 作为决不会变更的静态机制

6. 项目章程和范围说明书是被设计来对于项目目标,交付物和商业利益达成共识的文件,以方便(　　)。

　　A. 项目经理和业主　　　　　　　B. 项目团队计划小组

　　C. 项目业主和项目支持者　　　　D. 项目干系人

7. 范围规划的一个重要部分是对于怎样识别和分类范围变更,需要提供一个清楚的描述。这信息应该被包含于(　　)。

　　A. 合同的工作分解结构 WBS　　　B. 项目绩效报告

　　C. 项目计划　　　　　　　　　　D. 范围管理计划

8. 范围说明书形成了项目经理与项目客户之间的协议基础,这是因为它确定了(　　)。

　　A. 项目经理和项目团队　　　　　B. 实施项目的利益

　　C. 项目目标和交付物　　　　　　D. 详细的产品特性

9. 范围核实应该在(　　)进行。

　　A. 项目结束时　　　　　　　　　B. 项目开始时

　　C. 在项目的每个阶段　　　　　　D. 规划时进行一次

第 4 章

项目进度管理

Chapter 4

学习目标	1. 了解项目进度管理的基本过程所包括的活动； 2. 理解进度管理的主要三种重要图表表示方法。
技能要求	1. 能准确地绘制项目的甘特图（横道图）； 2. 能准确绘制项目里程碑图； 3. 能熟练绘制项目的单代号网络图； 4. 能够在 Project 2016 进行基准日历的任务类型设置。

导入案例

A 公司 2018 年 3 月中标某市公安局的人口管理系统开发项目，因该市要在 2018 年 11 月举办某大型国际会议，因此公安局要求人口管理系统一定要在 2018 年 7 月 1 日之前投入使用。强某是负责这个项目的项目经理，虽然他进公司不到 3 年，但他已成功地管理过两个类似的项目，被大家称为"救火队长"，强某也对自己信心十足。但这次和以往不同的是强某还同时管理着另外两个项目，这个人口管理系统项目的工期要求紧，他能调用的人手少，该人口管理系统项目属于升级项目。

原来的系统为 J 公司开发，是 C/S 结构，只能管理本地城区常住人口。新的人口管理系统要求是 B/S 结构，要既能管理城区常住人口又能管理郊区常住人口、市辖县常住人口和流动人口，公安局要求该新系统首先把流动人口管理起来。该项目从技术角度可分为网络改造和软件开发，而软件又分界面、业务流程和数据库三个子系统。

他们团队有 6 人，其中有人做过类似的 C/S 结构的项目，公司刚结束的一个网络项目与本次承担的网络改造项目在技术架构方面几近相同，只是规模不同。公安局要求新系统能够支持移动接入，而项目团队中没有一人接触过移动接入技术。强某凭直觉知道依现有的人员在 2018 年 7 月 1 日之前完成项目是不可能的。

【问题 1】 请说明强某可以用什么方法和技术来估算项目的工期？

【问题 1 分析】

（1）明确定义项目的工作分解结构。

（2）由于是升级项目，所以部分工作的工期估算方法可以采用类比估算法。

（3）对于新增的移动接入模块，可以联系业内专家，采用专家判断或者德尔菲法进行估算。

（4）对于 WBS 进行足够的细化后，可以依据历史数据采用"参数估算"或"三点估算"进行进一步历时估算。

【问题2】 请说明强某可以采取哪些方法来压缩工期,以使项目能够在 2018 年 7 月 1 日之前交付?

【问题2分析】
(1) 与客户沟通,梳理业务中的关键需求,与客户协商能否在期限前完成关键需求即可,其他部分分期交付。
(2) 制定出合理可靠的技术方案,对其中不熟悉的部分采用外包方式。
(3) 清晰定义各功能模块之间的接口,然后加大并行工作的程度。
(4) 明确目标、责任和奖励机制,提高员工工作效率。
(5) 必要时进行赶工。

【问题3】 请说明强某可以采用哪些方法来跟踪项目的进度,以确保项目能够按进度计划完成?

【问题3分析】
(1) 基于 WBS 和工时估算制定活动网络图,制订项目进度计划。
(2) 建立对项目工作的监督和测量机制。依据项目进度基线和日常项目进展报告,比较进度偏差(SV)和进度效率指数(SPI),进行偏差分析。
(3) 确定项目里程碑,并建立有效的评审机制。
(4) 对项目中发现的问题,及时采取纠正措施,并进行有效的变更管理。
(5) 使用有效的项目管理工具,提升项目管理的工作效率。

项目进度管理又称为时间管理,或工期管理,它是指在项目的实施过程中,为了确保项目的各项工作及总任务能在规定时间内完成所进行的一系列管理工作过程。项目进度管理是项目管理的重要组成部分之一。

项目进度控制是依据项目进度计划对项目的实际进展情况进行控制,使项目能够按时完成。有效项目进度控制的关键是监控项目的实际进度,及时、定期地将它与计划进度进行比较,并立即采取必要的纠正措施。进度控制的内容包括:确定当前进度的状况;对造成进度变化的因素施加影响,以保证这种变化朝着有利的方向发展;确定进度是否已发生变化;在变化实际发生和正在发生时,对这种变化实施管理。

小贴士

(1) 进度延误是项目的最主要问题。
(2) 项目进度计划是项目最基本的控制工具。
(3) 项目进度是最主要的成本依据。

4.1 项目活动的定义

"活动"指的是项目执行过程中,一项工作的构成要素;至于定义活动,则是为了厘清要做哪些事,才能如期交付出成果。

项目活动定义是一个过程,涉及确认和描述为完成工作分解结构(WBS)所规定的项目可交付成果与子可交付成果所必须进行的具体活动,并将其形成文字记载。活动定义的过程要求所定义的活动应确保能实现项目目标。

4.1.1 项目活动定义过程的输入

项目活动定义过程主要包括以下六个方面的内容。
(1) 工作分解结构(WBS)。
(2) 项目范围描述。
(3) 项目历史资料。
(4) 约束条件。
(5) 假设条件。
(6) 专家建议。

4.1.2 项目活动定义的方法和工具

对于小项目来说,可以组织项目团队成员利用"头脑风暴法"等方法集思广益,通过座谈等方式生成项目活动清单。对于较大、较复杂的项目,则需要通过以下方法定义项目活动。

1. 项目活动分解

对于较大、较复杂的项目,为了避免项目活动的重叠和遗漏,需要对项目活动进行结构化的层次分解,通常以工作分解结构作为基础,经过对相关信息的分析,将较为粗略的工作分解结构做分解,即把项目的组成要素细分为可管理的、更小的部分,以便更好地管理和控制。

工作分解结构和活动清单通常按先后顺序制定,工作分解结构是最终活动清单制定的基础。但在某些应用领域,WBS和活动清单是同时编制的。这种方法的优点是强调自上而下的整体性,对于活动的定义比较完整准确;缺点是过程比较复杂,所用时间较长,成本较高。

2. 参考样板,也叫原型法(prototyping)

利用先前类似项目的活动清单或活动清单的一部分作为新项目活动清单的参考样板,如当前项目的WBS结构中的要素目录可作为今后其他类似项目WBS结构要素的参考样板。样板所列的活动可以包含技能资源以及所需时间的清单、风险的识别、预期的可交付成果以及其他描述性资料。这种方法的优点是简洁高效,缺点是可能漏掉或增加一些项目活动。

4.1.3 项目活动定义的输出

(1) 项目工作分解结构 WBS(见表 4-1)。
(2) 主要活动描述。
(3) 工作分解结构的更新。

表 4-1 项目工作分解结构

项目名称:		项目负责人:	
单位名称:		制表日期:	
工作分解结构			
任务编码	任务名称	主要活动描述	负责人
1000			
1100			

续表

任务编码	任务名称	主要活动描述	负责人
1200			
1×00			
1×10			
1×11			
1×12			

项目负责人审核意见：

签名：　　　　日期：

为什么要制订一份项目计划

（1）通过制订计划，使得项目组和有关管理人员对项目有关事项，如资源配备、风险化解、人员安排、时间进度、内外接口等形成共识，形成事先约定，避免事后争吵不清。

（2）通过制订计划，可以使得一些支持性工作以及并行工作及时得到安排，避免因计划不周造成各子流程之间的相互牵掣。比如，测试工具的研发，人员的培训都是需要及早计划和安排的。

（3）通过制订计划，可以使项目实施人员明确自己的职责，便于自我管理和自我激励；可以使注意力专心于解决问题。

（4）计划可以有效地支持管理，作为项目经理、业务经理、技术经理、QA经理、测试经理、配置经理们对开发工作跟踪和检查的依据。

（5）计划是项目总结的依据之一，项目总结就是把实际运行情况与项目计划不断比较以提炼经验教训的过程。

4.2　项目活动的排序

活动排序时应绘制项目进度网络图（标示出各项项目活动之间的关系，并以图形表现出来，又称"箭号图"），并以进度控制方法，如期完成项目目标。无论活动的顺序如何安排，重点在于让活动执行的先后顺序能够符合项目实际执行的需求。

活动排序可由计算机执行（利用计算机软件如Project），也可以手工操作。由于手工排序比较简易方便，因此适用于小型项目。在大型项目的早期（此时对项目详细资料了解不多）用手工排序往往更为有效，手工排序可和计算机排序应结合使用。

4.2.1　项目活动排序过程的输入

1. 项目工作分解活动清单

项目工作分解活动清单是指项目活动定义输出的项目活动清单。项目活动清单必须开列出一个项目所需开展的全部活动，不多也不少。

2. 产品说明

产品说明的主要目的是阐明项目工作完成后所产生出的产品或服务的特征。在项目实施的早期产品说明内容通常较少,在项目实施的后期说明内容较多,因为产品特征是逐步显现的。不同的产品特征对于项目活动排序的影响非常明显(这些影响经常明显地反映在活动清单上。如建设中某工厂的平面布局,一个软件项目子系统的接口等),对产品的描述要严格核对、审查以确保活动排序的正确性。

3. 活动的四种依赖关系

项目活动主要有四种依赖关系,如下所示。

(1) 结束→开始(finish-to-start,FS),某一活动必须结束,另一活动才能开始。如只有软件安装完毕才能开始用户培训。这是最为常见的活动依赖关系,约有90%以上的活动关系是结束和开始依赖关系,如图 4-1(a)所示。

(2) 结束→结束(finish-to-finish,FF),某一活动结束前,另一活动必须结束。如质量控制工作不可能在生产完成之前完成,如图 4-1(b)所示。

(3) 开始→开始(start-to-start,SS),某一活动必须在另一活动开始前开始。如某一项目启动时,许多前期任务(如调研等)一定会同时发生,如图 4-1(c)所示。

(4) 开始→结束(start-to-finish,SF),某一活动结束前另一活动必须开始。这种依赖关系很少使用,如图 4-1(d)所示。

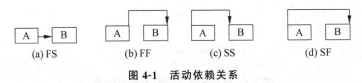

图 4-1 活动依赖关系

在上述四种关系中,开始→开始和结束→结束是比较自然的依赖关系,可以在某种程度上允许活动同时进行。

4. 活动的三种逻辑关系

项目活动排序确定活动之间的三种关系。产生依赖关系的原因有三种:第一,基于工作性质产生的,活动之间的关系是强制性的;第二,基于项目团队的经验产生的,活动之间的关系是任意的,又称为软逻辑关系或自由逻辑关系;第三,基于非项目活动产生的,活动之间的关系是外部的。

4.2.2 项目活动排序的工具和方法

1. 单代号网络图

单代号网络图也叫前驱图法(precedence diagramming method,PDM),它是编制项目网络图的一种方法。

这种图利用一种方框(也叫节点)图代表活动,而用方框间的箭头连线表示活动的依赖关系。如图 4-2 所示,表示用 PDM 法编制的简单网络图。这种方法也叫活动的节点表示法(activity-on-node,AON),对于加强特定类型时间关系的可视性很有意义。PDM 法可用手工计算也可用计算机实现,PDM 包含四种依赖关系。

如图 4-3 所示,是一个单代号网络图,其含义为 A 开始 3 个单位时间后 B 才能开始,A 结束 6 个单位时间后 C 才能开始,B 结束后 D 才能开始,C 结束 2 个单位时间后 D 才能开始。

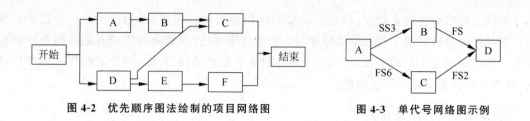

图 4-2 优先顺序图法绘制的项目网络图　　图 4-3 单代号网络图示例

2. 双代号网络图

双代号网络图也称箭线图方法(arrow diagramming method,ADM),这也是一种描述项目活动顺序的网络图方法。这一方法用箭线代表活动,用节点代表活动之间的联系和相互依赖关系。这种方法也叫箭线活动表示法(activity-on-arrow,AOA)。ADM 法仅利用结束→开始依赖关系,而且用虚工作线表示活动间逻辑关系。

虚工作是指实际上并不存在的工作,它并不占用时间、人力、物力和财力,只是用来说明活动之间的逻辑关系,在图中用虚线表示,时间估算时可以记为零。ADM 法可手工处理也可在计算机上实现。图 4-4 所示为箭线图法绘制的项目网络图。

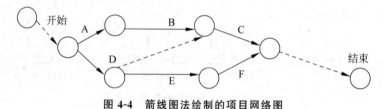

图 4-4 箭线图法绘制的项目网络图

图中字母 A、B、C、D、E、F 代表完成项目所需的带有依赖关系的活动,这些活动通常来自活动定义过程。

3. 甘特图

甘特图(Gantt char,也叫横道图)是美国学者甘特发明的一种使用条形图编制项目工期计划的方法,这是一种比较简便的工期计划和进度安排工具,它通过日历形式列出项目活动的工期以及开始和结束时间,为反映项目进度提供了一种非常简单、直观、易懂的图形表达方式。其缺点是不能全面反映各项活动之间的关系和相互影响,也不便进行时间参数计算。建筑房屋甘特图例如图 4-5 所示。

> **小贴士**
>
> 从网络图工作时间转化成甘特图需注意节假日及加班时间,Project 软件生成的甘特图如图 4-6 所示。

4. 里程碑图

通常里程碑事件应成为活动排序的一部分,以保证满足里程碑事件按期完成。项目管理团队为了便于控制项目进度,通常会将一些标志性活动定义为里程碑,目的是要求在特定时间之前必须完成某项工作。如计划好了电梯的安装时间,那么电梯的到货时间就必须满足安装时间的要求。里程碑示意图如图 4-7 所示。

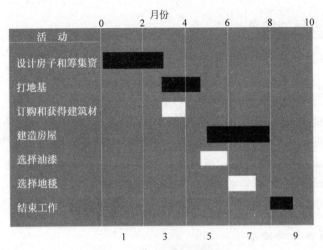

图 4-5 建筑房屋甘特图例

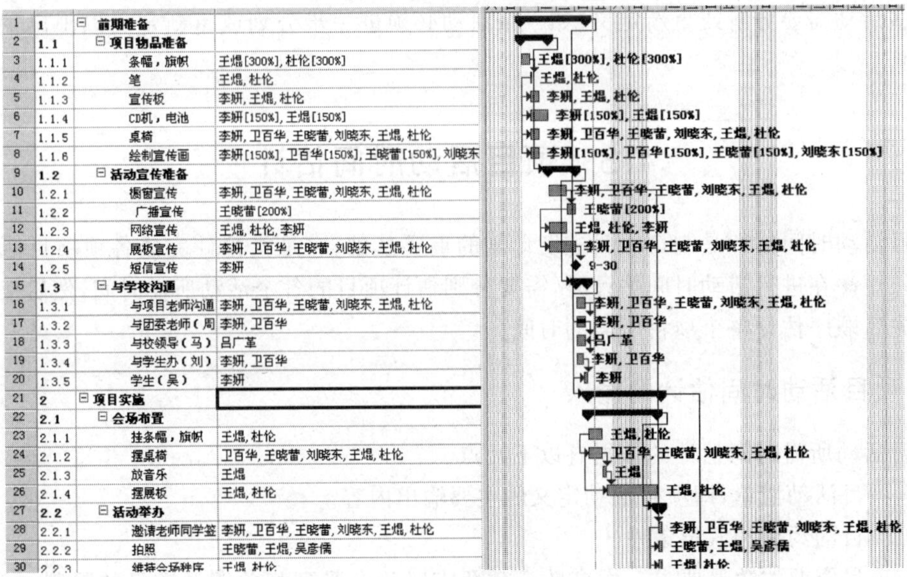

图 4-6 Project 软件生成的甘特图

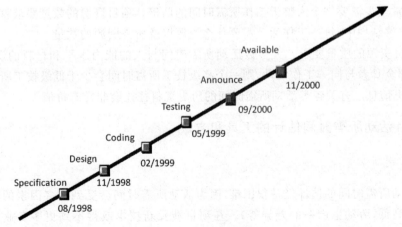

图 4-7 里程碑示意图

4.2.3 活动排序过程的结果

项目活动排序过程的结果包括项目网络图和更新后的项目活动清单。

1. 项目网络图

项目网络图是指项目所有活动以及它们之间逻辑关系（相关性），以图形的形式展现。项目网络图可以手工编制也可以用计算机实现。它可以包括项目的全部细节，也可以只有一项或若干项简短的活动。项目网络图应该附有简要说明，描述活动的基本排序方法。对于活动的非正常排序均应做详细说明。

根据项目的大小，一个项目网络图至少包括甘特图、里程碑图、单代号网络图。

2. 更新后的项目活动清单

如同项目活动定义的过程可能需要对工作分解结构做修改一样，编制项目网络图时也会发现某些活动需要分解或重新定义（如一个活动必须进一步分划或重新定义以画出正确的逻辑关系）。

4.3 项目活动时间估计

项目活动时间估计是制订项目进度计划的重要基础，它是指预计完成各项项目活动所需时间的长短。在进行活动时间估计时，需要分别估计项目的各个活动所需时间，然后根据项目活动的先后顺序估计整个项目所需的时间。

4.3.1 项目活动时间估计的输入

项目活动所需时间估计的依据有以下几点。

（1）项目活动清单，即项目活动定义的主要输出内容。

（2）项目的约束和假设条件。

（3）项目资源的数量要求。大多数活动所需时间会受到相关资源数量的限制。例如，两个人一起完成某工作活动只需要一人单独工作所需时间的一半，但是如果一个每天只能工作半天的人通常至少需要一个人整天工作所需时间的两倍。项目资源的数量要求就是要描述清楚，对工作分解结构中，每一工作活动需要什么资源以及所需资源的数量。

（4）项目资源的质量要求。大多数活动所需时间与人的能力水平和材料的质量有关，例如，两个人都全日参与同一工作活动，则一个高级技工所需时间会少于低级技工所需时间。

（5）历史信息。有关各类活动所需时间的历史资料往往会非常有价值。

4.3.2 项目活动所需时间估计的工具和方法

1. 专家判断

项目活动所需时间的估计经常很困难，因为活动所需时间会受到许多因素的影响（例如，资源质量的高低，劳动生产率的差异等）。在项目涉及新技术或得不到更多专业信息的情况下，专家判断法是编制项目计划最常用的方法。只要有可能，专家会借助过去的相关资料信息进行判断。最好能得到多位专家的意见,并以此为基础采用一定方法来获得更为可靠的结果。

任何具有专门知识或经过专门训练的组织或个人,都可以作为专家提供专业知识,包括项目实施组织内部的其他单位、咨询顾问、职业和技术协会、行业集团等。普通工作人员往往不具备估计项目活动时间所需的专业专业技能和知识,如果找不到合适的专家,活动时间的估计结果往往是不可靠或具有较大风险的。

2. 类比估计

类比估计也称自上而下估计,就是以过去类似项目活动的实际活动时间作为基础来估计新项目的活动时间。当关于新项目的资料和信息有限时,对于有经验的工作人员来讲,往往可以采用这种方法,借助以往类似项目的经验估计活动所需时间。

当然完全相同的项目比较少见,所以通常还需附加一定的推测。类比估计是专家判断的一种形式。当过去类似的活动和当前新项目活动不仅是表面相似而是本质上类似,并且进行估算的专家具备必需的专业知识时,类比估计的结果较为可靠。

3. 工作量估算法

由工程或设计部门确定各类、各项具体工作所需完成的工程量,以实物度量单位表示(如图纸张数、电缆米数、钢材吨数等),除上单位生产率(每小时生成多少张图纸、每小时铺多少米电缆等)后,就可用来估算活动所需时间。

4. 三时估计法

项目活动时间是一个随机变量,在某种活动重复进行时,实际所需时间通常表现为随机分布的形式,而这种随机分布可能比较分散,也可能集中在一个特定值的周围。三时估计法的基本思想是根据过去的经验,确定完成活动的三种可能时间,应用概率论和统计学原理来估计活动时间值。

活动可能时间包括以下三种。

(1) 最短活动时间 T_a(也称为乐观时间),即在所有事件都处于最有利的条件下(包括合适的天气、没有任何意外故障、人员都全力工作等),完成该工作活动所需的时间。

(2) 最长活动时间 T_b(也称为悲观时间),即在各个环节总是遇到最不利因素的条件下(包括项目各个阶段因各种原因造成的进度拖延和时间浪费等,但不包括非常事故造成的停工时间),完成工作所需的时间。

(3) 正常活动时间 T_m(也称为最可能活动时间),即在正常工作条件下完成该工作活动所需时间,相当于活动时间随机分布的均值。假设这三种时间服从 β 分布,即可运用概率的方法得出各项活动的期望时间,即

$$T = (T_a + 4T_m + T_b)/6$$

例:某项目由 X、Y 两项活动组成,在正常情况下活动 X、Y 所需时间为 16、30 天,在最有利的条件下活动 X、Y 所需时间为 14、25 天,在最不利的条件下活动 X、Y 所需时间为 18、35 天,项目网络图,如图 4-8 所示。则该项目活动的各项活动以及整个项目的期望(估计)时间是多少?

解:活动 X 的期望时间 $T = (14 + 4 \times 16 + 18)/6 = 16$(天)。

活动 Y 的期望时间 $T = (25 + 4 \times 30 + 35)/6 = 30$(天)。

所以,整个项目的期望时间为 X + Y = 16 + 30 = 46(天)。

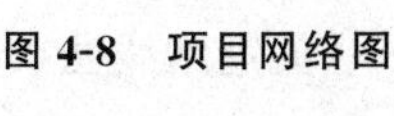

图 4-8 项目网络图

4.3.3 项目活动所需时间估计的结果

1. 活动所需时间估计

活动所需时间估计是完成某项活动所需多少单位工时数量的估计。活动所需时间估计值应当用包含变动范围的方式表示,例如,3 周±2 天,表示该活动至少需 13 个工作日,最多不超过 17 个工作日(以每周五天工作日计)。

超过 3 周的概率为 20%,表示该活动将用 3 周或更短时间的概率为 80%。

2. 估计的基础

在进行估计时所依据的假设必须确保合理可信并记录在案。

3. 更新后的项目活动清单

估计项目活动所需时间也可能造成对项目活动清单的修改。

4.4 项目进度计划的编制

项目进度计划的编制是根据项目活动界定、项目活动顺序、各项活动工期和所需资源所进行的分析和项目计划的编制。编制项目进度计划要确定项目的开始和结束日期以及具体实施措施。如果开始和结束日期不切合实际,项目就不可能按计划完成。项目进度编制、活动时间估计、项目成本估计等过程是交织在一起的,在项目进度确定之前,这些过程往往需要反复多次进行,最后才能确定项目进度。

4.4.1 项目时间进度计划编制的输入

(1) 项目网络图,即项目活动排序的工作结果之一。

(2) 活动所需时间估计,即项目活动所需时间估计的结果之一。

(3) 项目资源的数量要求,即项目活动所需时间估计的输入内容之一。

(4) 资源库描述,在编制项目进度时,必须知道在什么时候、以何种方法、有什么资源可供利用。在资源库描述中,对各种资源描述的详细程度要求是不同的。

(5) 日历表,包括项目日历表和资源日历表,二者确定了具体工作日期。

(6) 项目的约束和假设条件,即项目活动定义和项目活动时间估计的输入内容之一。

4.4.2 项目进度计划编制的工具和方法

在项目进度计划编制过程中,用得较多的是数学分析一类的方法,即在不考虑任何资源限制的情况下,从理论上计算所有项目活动各自的最早和最迟开始和完成日期。这样算出的日期并不是实际进度,而只是表示在已知活动的资源限制和其他约束条件的情况下,该活动可以进行安排的时段和所需的时间长短。常用数学方法有关键路线法、网络计划技术的计算方法、图形评审技术和计划评审技术。下面对关键路线法进行详述。

关键路线法(critical path method,CPM)是借助网络图和各项目活动所需时间(估计值),

计算每一活动的最早或最迟开始和结束时间。CPM 法的关键是通过最早和最迟时间的差额分析每一工作的相对时间紧迫程度及工作的重要程度,这种最早和最迟时间的差额称为机动时间,机动时间为零的工作通常称为关键工作,也就是开始和结束时间没有任何机动余地的工作。而关键路线指的是从项目开始到结束占用时间最长的路线。

在关键路线上,各项工作的总时差均为零,反之也成立,即由工作总时差为零的工作连接而成的从起始点到终点的路线即是关键路线。关键路线法的主要目的就是确定项目中的关键工作,以保证实施过程中能重点关照,保证项目按期完成。CPM 算法也在其他类型的数学分析中得到应用。

关键路线有几个特点:项目网络图中的关键路线可能不止一条;项目的总工期是由关键路线决定的;由于关键路线上各项工作的总时差均为零,所以任何一项关键路线上的工作不能按时完成都会使整个项目的完成时间向后推迟同样的时间;同样道理,如果想缩短项目的总工期,应当想办法缩短某个或某些关键工作的占用时间。因此,对于项目时间进度的管理,应当把重点放在对关键工作的管理和控制上。

这里先介绍几个概念。

最早开始时间(earliest start time,ES):指某项活动能够开始的最早时间。

最早结束时间(earliest finish time,EF):指某项活动能够完成的最早时间。EF=ES+工期估计。需要注意的是:某项活动的最早开始时间必须等于或晚于直接指向这项活动的最早结束时间中的最晚时间。

最迟结束时间(latest finish time,LF):指为了使项目在要求完工时间内完成,某项活动必须完成的最迟时间。

最迟开始时间(latest start time,LS):指为了使项目在要求完工时间内完成,某项活动必须开始的最迟时间。LS=LF-工期估计(LS 和 LF 通过反向推出)。需要注意的是:某项活动的最迟结束时间必须相同或早于该活动直接指向的所有活动最迟开始时间的最早时间。

时差(slack):指在不影响项目最后完成时间的前提下,某活动可以推迟开始的最大时间量。

总时差(total slack,TS):指在不影响项目最后完成时间的前提下,项目可以推迟开始的最大时间量。TS=LF-EF 或 LS-ES。

浮动时间(float)是一个活动的机动性,它是一个活动在不影响其他活动或者项目完成的情况下可以延迟的时间量。

浮动时间又有自由浮动(free float)和总浮动(total float)两种类型,其中:

自由浮动在不影响后置任务最早开始时间本活动可以延迟的时间。

总浮动是指在不影响项目最早完成时间本活动可以延迟的时间。

任务滞后(lag)是指 A 任务完成后,滞后一段时间开始 B 任务,如浇灌水泥后,要等 6 天后再打地基。A 完成之后 3 天 B 开始的活动,如图 4-9 所示。

任务超前(lead)是指 A 任务完成之前,提前某时间 B 任务开始。A 完成之前 3 天 B 开始的活动,如图 4-10 所示。

图 4-9　任务滞后　　　　　　　　图 4-10　任务超前

任务超前的作用是解决任务的搭接、对任务可以进行合理的拆分以及缩短项目工期。

 小贴士

关键路径的表述

（1）关键路径是决定项目完成的最短时间的一系列的活动。
（2）关键路径是项目整个网络图中最长的路径。
（3）关键路径上的任何活动延迟，都会导致整个项目完成时间的延迟。
（4）一般通过单代号网络图中图穷法找出关键路径。
（5）关键路径上的任何任务都是关键任务。
（6）关键路径是时间浮动为零（float＝0）的路径。
（7）如果关键路径上的一个活动比计划的时间长，整个项目的进度将会拖延，除非采取纠正措施。
（8）并不是所有的关键任务都在关键路径上，明确关键路径后，可以合理安排进度。
（9）关键路径可能不止一条。
（10）在项目的进行过程中，关键路径是可能改变的。

4.4.3 项目进度计划编制的结果

1. 项目进度计划

项目进度计划至少要包括每项具体活动的计划开始日期和期望完成日期。但是这里的项目进度计划仍然是初步的，直到确定资源分配是可行的，项目进度计划才算编制完成。资源分配可行性的确认应在项目计划编制完成前做好。

2. 详细说明

项目进度计划的详细说明要包括对所有假设和约束条件的文字叙述，另外，还应包括各种应用方面的详细说明，其他的内容因应用领域而异。例如，对于建筑项目来说，多数情况下应该包括各种资源的直方图、费用流预测、订货和交货计划等。对于电子项目通常主要包括资源直方图。

3. 项目进度管理计划

项目进度管理计划是指对进度的变更应如何加以管理。根据实际需要，进度管理计划可以做得非常详细也可以较为粗糙，可用正规形式也可用非正规形式表示。它是整个项目计划的一部分。

4. 资源需求的修改

资源调整和项目活动清单的修改同样可能对资源的初始估计产生很大的影响。

导入案例

许日海加入华为已10年之久。刚进入华为时，他还是通信业务的一名新员工，经过主导参与多个大型项目的开发和设计,他逐渐成长为经验丰富的项目经理。回顾和项目团队一起交付的项目、一起在失败后总结的经验,他感慨万千。

2010年,许日海开始了东南亚地区的项目交付之旅。他担任东南亚地区的项目管理部长,主要负责处理日常业务和平台上的工作。他开始奔走于多个国家之间,参与各个区域不同类型的项目,曾经完成了多个国家的项目投标,同时还参与了许多重大项目的资源分配,积累了不同类别、不同等级的项目经验。这段多项目管理的工作经历,开阔了他的管理视野,尤其提高了他安排项目时间和进度方面的能力,这些能力在日后的实际交付中都发挥出重要的作用。

2012年年底,泰国开始发布3G牌照,泰国业务量呈井喷式增长。具有丰富项目经验的许日海被派往泰国AIS系统部担任3G项目的产品经理。在项目进展的关键时刻,泰国突然宣布3G牌照要延期,这一消息打乱了整个项目团队的计划,团队成员开始陷入低落、迷茫的情绪中。许日海做了大量工作,带领团队走出低迷氛围,组织团队成员利用这段时间,排查每个关键环节的技术细节,并对端到端的业务流程进行了模拟演练。经过一段时间的排查,提高了各个业务流程的工作效率,疏通了端到端之间的货品供应,分包资源的流通速率也明显提高,整个项目能够全流程顺畅高效地运作。

3G牌照发布之后,许日海又带领团队安排项目后期的计划进度,最终如期完成交付任务。在2015年7月28日的GTSISDP全球发布会上,许日海团队参与的泰国AIS项目实践系统面世。

可见,项目团队进行端到端的细节梳理,明确项目中所有活动流程的时间安排,有助于推动项目的顺利实施。在明确了项目中各项任务的工作分解结构、进行任务委派和指定责任人之后,还需要一套清晰的进度计划来明确项目各个环节的排程。项目进度计划是将分解后的任务反映到具体的时间安排上,对项目整体的起止时间进行了明确规定,同时项目中涉及的所有活动的开始时间、持续时间、结束时间都会清晰地反映在进度计划中。项目进度计划的作用见表4-2。

表4-2 项目进度计划的作用

进度计划的作用	作用的具体延伸
明确进度计划依据	为计划的进一步修改
	为监控系统
提高团队对项目的理解	通过公开成员的想法
	通过为完成目标创造条件
强调进度风险	便于进行团队的风险分析
	便于控制项目干系人的预期工期
确定并监控项目的计划工期	与客户共同监控项目实施
	与主要利益相关者共同监督项目实施
	与项目发起人一起监督项目工期

资料来源:项目管理:基于团队的方法.

2013年9月,华为与丹麦运营商T达成了合作。项目团队意识到这个客户的网络市场存在严重的架构布局问题,T网络的年轻用户量已经开始流失,要想与客户达成长期合作,就必须抓住第一次网络站点重建的机会,帮助客户稳定市场。项目小组根据与客户达成的交付目标,开发设计网络架构图,一些先进的技术方案和路径也都在项目中有所体现。

然而,项目团队立刻就面临着一个艰巨的任务。为了保证项目整体的进度和时间安排,必须在80天左右完成小规模的站点搬迁实验,搬迁之前要完成几百项测试和160多项入网检查,在此过程中还要保证测试和对接都顺利进行。对于如此紧张的时间安排,客户也表示质疑,客户方曾经实践过小规模的站点搬迁实验,正常完成通常需要3个月,要在80天完成,似乎不太可能实现。

项目小组成员迅速进入了筹备和工作状态。搬迁方案既要考虑到项目网络的使用性能,也不能忽略客户的经营目标,整个团队对交付方案从数百套筛选到几十套,这几十套技术方案降低了项目操作的复杂性,同时也降低了项目成本。搬迁实验开始前,项目团队还准备了多套应急方案,并对方案提前进行了模拟和预演。搬迁期间,整个团队成员被分配到各个不同的站点,以保证每个站点搬迁的顺利完成。终于第一个站点在2013年11月搬迁成功,项目团队继续按照这种进度排程,顺利完成了整体项目的网络搬迁,如期完成交付成果。

在安排进度计划时,要重点考虑以下因素。首先,对于较为复杂、时间波动较大的活动,不一定越早开始越好,要科学确定开始时间。其次,要关注分配到各个活动上的资源是否合理,是否存在资源重叠配置或资源与活动不匹配的情况。以华为的T客户考察公司项目的前两个阶段为例,设置了项目进度计划表,见表4-3。

表4-3 项目进度计划表

周(week)			1						2				责任人	关键里程碑
开始(start)	9	10	11	12	13	14	15	16	17	18	19			
开工会(kick-off meeting)														7.8 成立项目组
阶段1:邀请客户														7.11 递交邀请函给
1-1 给客户递交邀请函													AA	CTO等人
1-2 安排行程													BB	7.14 确认考察人员
1-3 确认来访人员行程													AA	行程安排
阶段2:落实资源														
2-1 安排接待资源													BB	7.16 前与公司沟通
2-2 安排部门座谈人员													CC	确认考察安排及资
2-3 确定可参观场所													CC	源协调

资料来源:华为项目管理——T客户考察公司项目进度计划表。

一个完善的进度计划加上项目团队的充分重视,能够有效避免工期延误等事件的发生,小组成员基于对进度计划的理解,对例外事件的处理也会陷入混乱。项目的进度计划可以内容详尽,也可以简洁,计划的详细程度取决于项目的复杂程度和实际情况。

一般而言,制订项目进度计划的常用的工具是甘特图和网络分析图。甘特图的横轴是时间,纵轴表示活动,项目中每项活动的起止时间通过一个横向条状图来表示。然而,传统的甘特图难以直观地反映各项活动之间的相互联系,时间表配合网络图则能够清晰反映项目的时间排程和进度计划。图4-11反映了设置进度计划的网络图节点。

图4-11 网络图节点

资料来源:IT项目经理成长手记。

4.5　项目进度控制

项目进度控制是对项目进度计划的实施与项目进度计划变更所进行的管理控制工作。包括调控某些因素使项目进度朝有利方向改变，确定原有的进度是否已经发生改变，当确认实际进度发生改变时对其实施控制。

项目进度应该是 WBS、项目的所有工作包和每个任务资源分配的反映。创建项目计划时，项目经理不应该围绕着具体的日期工作，最初应该围绕着时间单元开展工作。

4.5.1　项目进度控制的输入

1. 项目进度表

项目进度表必须严格审查并经批准，确保其可行性。它是项目总计划的一部分，提供了绩效度量和报告项目进度执行情况的基础。

2. 执行情况报告

执行情况报告提供了项目进展方面的信息，如哪些活动如期完成了，哪些活动未如期完成等。同时报告中还会提醒项目团队注意可能带来问题的隐患。

3. 变更请求

项目进度的变更请求形式可以有多种，口头或书面，直接或间接，由外部或内部因素导致的、法律强制规定的或有多种自行选择余地的，等等。这些具体的变更请求可能要求加快进度，也可能要求延长进度。

4. 项目进度管理计划

项目进度管理计划即项目进度管理的措施和安排，图 4-12 所示为项目进度计划表。

项目进度计划表

一、项目基本情况			
项目名称:		项目编号:	
制作人:		审核人:	
项目经理:		制作日期:	

二、项目进度表						
周	0	1	2	3	责任人	关键里程碑
开始						
开工会						
阶段1：邀请客户						
1-1 递交邀请函						
1-2 安排行程						
1-3 确保来访人员行程						
阶段2：落实资源						
2-1 安排我公司高层接待资源						
2-2 安排各部门座谈人员						
2-3 确定总部可参观场所						
阶段3：预订后勤资源						

图 4-12　项目进度计划表

4.5.2 项目进度控制的工具和方法

1. 项目进度变更控制系统

项目进度变更控制系统是指规定的一系列特定流程和手续,通过这些流程和手续可以变更项目进度。该系统包括书面申请、追踪系统、核准变更的审批级别以及允许的进度偏差等。进度变更控制应当和综合变更控制系统紧密结合起来。

2. 项目进度执行情况的度量技术和方法

项目执行情况的绩效报告组织与归纳了搜集到的相关信息,并展示所有分析结果,可用来评估项目实际执行情况与计划时间进度间差异的大小。控制进度的一个重要部分是决定对于项目进度出现的偏差是否需要采取纠正措施。例如,一个非关键活动的重大时间延误也许只对项目产生很小的影响,而在关键活动的一个较小延误也许就需要马上采取纠正措施。

3. 补充规划

极少有项目能够精确地按照计划进度执行,可预期的变更可能需要重新对项目活动所需时间进行分析和估算、重新修改项目活动排序,或者对多种可供选择的进度计划进行对比分析。

4. 项目管理软件

项目管理软件能够追踪并比较计划日期和实际日期,并能预测进度变更所造成的影响。该类软件是进度控制的一个有力工具。

4.5.3 项目进度控制的结果

1. 项目进度的更新

项目进度的更新是指根据项目进度执行情况对进度计划进行修改调整。如有必要,必须把进度计划更新结果通知项目的利益相关者。进度更新有时需要对项目的其他计划进行调整。项目进度修改是进度更新的一项特殊范畴,它指进度变更申请经批准后项目进度的开始与完成日期。

2. 纠正措施

纠正措施是指采取纠正措施使实际进度与项目计划进度保持一致。在进度管理领域中,纠正措施是指加速活动以确保活动能按时完成或尽可能减少延迟时间,即赶进度。项目进度产生偏差的原因,采取纠正措施的理由以及其他方面的经验教训都应当被记录下来,成为项目团队在本项目和今后其他项目中的历史数据与资料。

3. 时间压缩法

时间压缩法是在不改变项目范围的前提下缩短项目工期的方法,主要有赶工和快速跟进两种时间压缩法。赶工(crash)也称为时间-成本平衡方法,是在不改变活动的前提下,通过压缩某一个或者多个活动的时间来达到缩短整个项目工期的目的,它是在最小相关成本增加的条件下压缩关键路径上的关键活动历时的方法。赶工时间与赶工成本的关系如图 4-13 所示。快速跟进(fast tracking)法是改变活动间的逻辑关系,并行开展某些活动。快速跟进法会增加项目的风险。

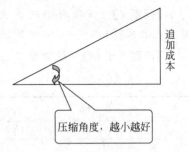

图 4-13 赶工时间与赶工成本的关系

网络计划技术基本概念见表 4-4。

表 4-4 网络计划技术基本概念

主要内容	细化内容	知识要点
网络图	网络图	由节点和箭线组成,表示工作流程的有向、有序网状图形
		分为双代号和单代号两种
	虚工作	虚工作既不消耗时间,也不消耗资源
		双代号网络图中,虚箭线表示虚工作
		单代号网络图中,虚工作只能出现在起点或终点节点处
逻辑关系	工艺关系	生产性工作之间由工艺过程决定
		非生产性工作之间由工作程序决定
	组织关系	因组织安排或(劳动力、原材料、施工机具等)调配需要
	具体表现	紧前工作、紧后工作、平行工作、先行工作、后续工作
线路、关键线路和关键工作	线路	定义及表示方法
	关键线路	总持续时间最长的线路;不只一条
		执行过程中会发生转移
	关键工作	关键线路上的工作称为关键工作

信管信息技术有限公司(CNITPM)承担一项信息网络工程项目的实施,公司员工小丁担任该项目的项目经理,在接到任务后,小丁分析了项目的任务,开始进行活动手工排序。

其中完成任务 A 所需时间为 5 天,完成任务 B 所需时间为 6 天,完成任务 C 所需时间为 5 天,完成任务 D 所需时间为 4 天,任务 C、D 必须在任务 A 完成后才能开工,完成任务 E 所需时间为 5 天,须在任务 B、C 完成后开工,任务 F 在任务 E 之后才能开始,所需完成时间为 8 天,当任务 B、C、D 完成后,才能开始任务 G、H,它们所需完成时间分别为 12 天、6 天。任务 F、H 完成后,才能开始任务 I、K,它们所需完成时间分别为 2 天、5 天。任务 J 所需时间为 4 天,只有当任务 G 和 I 完成后才能进行。项目经理据此画出了如图 4-14 所示的项目网络图。

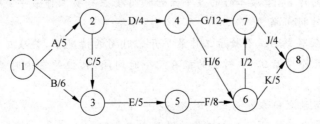

图 4-14 项目网络图

【问题1】 该项目经理在制订进度计划中有哪些错误?同时,请计算相关任务时间的6个基本参数?

【问题1分析】 根据案例描述对任务进行定义,工作分解结构见表4-5。

表4-5 工作分解结构

任务名称	时间	前置任务
A	5	
B	6	
C	5	A
D	4	A
E	5	B、C
F	8	E
G	12	B、C、D
H	6	B、C、D
I	2	F、H
J	4	G、I
K	5	F、H

据此,画出进度计划的项目网络图,如图4-15所示。

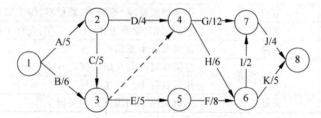

图4-15 项目网络图(更改)

而本案例中,并没有表现出来任务G的进行的前提条件是任务B、C、D的完成。相关任务时间的六个基本参数可分为两组。

第一组参数为以下三个:①最早开始时间ES。②最早完成时间EF。③自由时差FF。

第一组参数的基本计算原则:①从网络图左侧向右侧计算。②将起始节点设定为0点坐标。③某项工作有多项紧前工作时,其最早开始时间取多项紧前工作最早完成时间的最大值。

第二组参数为以下三个:①最迟开始时间FS。②最迟完成时间FF。③总时差TF。

第二组参数的基本计算原则如下:①从网络图右侧向左侧计算。②保持工期不变的倒计时排序。③某项工作有多项紧后工作时,其最迟完成时间取多项紧后工作最迟开始时间的最小值。

关于时间间隔的计算,紧后工作的最早开始时间减去本项工作最早完成时间就是本工作与紧后工作之间的时间间隔。

自由时差是指在不影响所有紧后工作最早开始时间的情况下,某项工作可以利用的机动时间。某项工作有几个紧后工作,对应的就有几个时间间隔,但是自由时差只有一个,即所有时间间隔的最小值。

可以采用以下方法之一求得TF总时差。

(1) 本工作的最迟完成时间—本工作的最早完成时间。

(2) 本工作的最迟开始时间—本工作的最早开始时间。

总时差的一个简单算法是计算工期减去从网络图的起始节点至终点节点经过本项工作最长的时间。

根据以上规则,计算最早开始时间和最早完成时间,见表4-6。

表 4-6 工作分解结构(1)　　　　　　　　　　　　　单位:天

任务		任务时间	最早开始时间	最早完成时间	备注
A	1—2	5	0	5	
B	1—3	6	0	6	
C	2—3	5	5	10	任务A后才能开始
D	2—4	4	5	9	任务A后才能开始
E	3—5	5	10	15	任务B、C后才能开始
F	5—6	8	15	23	任务E后才能开始
G	4—7	12	10	22	任务B、C、D中的最迟完成时间
H	4—6	6	10	16	任务B、C、D中的最迟完成时间
I	6—7	2	23	25	任务F、H中的最迟完成时间
J	7—8	4	25	29	任务G、I中的最迟完成时间
K	6—8	5	23	28	任务F、H中的最迟完成时间

根据表4-6,得出完成任务的时间为29。根据网络图,从后往前推可以得到最迟开始时间和最迟完成时间,见表4-7。

表 4-7 工作分解结构(2)　　　　　　　　　　　　　单位:天

任务		任务时间	最迟开始时间	最迟完成时间	备注
K	6—8	5	24	29	
J	7—8	4	25	29	
I	6—7	2	23	25	最迟完成时间是J的最迟开始时间
H	4—6	6	17	23	最迟完成时间是I、K的最迟开始时间中最早的一个
G	4—7	12	13	25	
F	5—6	8	15	23	
E	3—5	5	10	15	
D	2—4	4	9	13	
C	2—3	5	5	10	
B	1—3	6	4	10	
A	1—2	5	0	5	

【问题2】 项目经理于第12天检查时,任务D完成一半的工作任务,E完成2天的工作任务,以最早时间参数为准判断D、E的进度是否正常?

【问题2分析】 可根据问题1中的表得出,任务D最早完成时间应为9,任务E最早完成时间应为15,因此,任务D已经延期,此时任务D已经完成一半,即2天,还需2天时间才能完成任务,即12+2=14(天)。

【问题3】 由于D、E、I使用同一台设备施工,以最早时间参数为准,计算设备在现场的闲置时间。

【问题3分析】 D、E、I的任务跨度见表4-8(以最早时间参数为准,根据表4-6得出)。

表 4-8　工作分解结构(3)　　　　　　　　　　　　单位：天

任　务	任务时间	最早开始时间	最早完成时间
D	2—4	4	5	9
E	3—5	5	10	15
I	6—7	2	23	25

由于 D、E、I 使用同一台设备施工，所以，完成任务时间为三个任务时间累加，为 4＋5＋2＝11。而三个任务最早开始于 5(任务 D)，最早完成为 25(任务 I)，任务时间跨度为 20，因此，设备空闲时间为 20－11＝9(天)。

【问题 4】　H 工作由于工程师的变更指令，持续时间延长为 14 天，计算工期延迟天数。

【问题 4 分析】　根据表 4-2 得出表 4-9。

表 4-9　工作分解结构(4)　　　　　　　　　　　　单位：天

任　务	任务时间	最早开始时间	最早完成时间	备　注
F	5—6	8	15	23	任务 E 后才能开始
H	4—6	6	10	16	任务 B、C、D 中的最迟完成时间
I	6—7	2	23	25	任务 F、H 中的最迟完成时间
J	7—8	4	25	29	任务 G、I 中的最迟完成时间
K	6—8	5	23	28	任务 F、H 中的最迟完成时间

H 任务原定时间为 6 天，现延长至 14 天，则 H 的最早完成时间为 24(见表 4-10)。

表 4-10　工作分解结构(5)　　　　　　　　　　　单位：天

任　务	任务时间	最早开始时间	最早完成时间	备　注
G	4—7	12	10	22	任务 B、C、D 中最迟完成时间
F	5—6	8	15	23	任务 E 后才能开始
H	4—6	6	10	16	任务 B、C、D 中的最迟完成时间

与其相关的任务做调整，见表 4-11。

表 4-11　工作分解结构(6)　　　　　　　　　　　单位：天

任　务	任务时间	最早开始时间	最早完成时间	备　注
I	6—7	2	23→24	25→26	任务 F、H 中的最迟完成时间
J	7—8	4	25→26	29→30	任务 G、I 中的最迟完成时间
K	6—8	5	23→24	28→29	任务 F、H 中的最迟完成时间

4.6　实训——Project 2016 任务管理

通过设置任务的日历，类型和投入比导向可以准确反映项目实际的执行时间，工作量以及易于跟踪成本状况等。本节将进一步介绍基准日历的任务类型设置。

Project 2016 默认提供了"标准日历""24 小时日历"和"夜班日历"三项基准日历。当在创建项目时，根据需要可以直接使用这些基准日历，而不需再新建日历。如不能满足项目的需要,Project 2016 允许自定义基准日历。创建的基准日历,都可以用于项目、任务和资源日历上。"标准日历"已在上一章中简单介绍过,本节只介绍"24 小时日历"和"夜班日历"。

4.6.1 24 小时日历

24 小时日历指定了一组资源的工作时间为 24 小时/日,无非工作时间的日程。不要求每个工时资源连续不停地工作 24 小时,而是可用于为一昼夜内不同的班次安排资源和任务日程,或者连续安排设备资源的日程。查看 24 小时日历操作步骤如下。

(1)打开"Project 2016"操作界面,在菜单栏中选择"项目"→"更改工作时间"命令,打开"更改工作时间"对话框,单击"对于日历"右侧的下三角按钮,从"对于日历"下拉列表中选择"24 小时"选项。单击"工作周"标签,打开"工作周"选项卡,在名称域中选中"默认"单元,如图 4-16 所示。

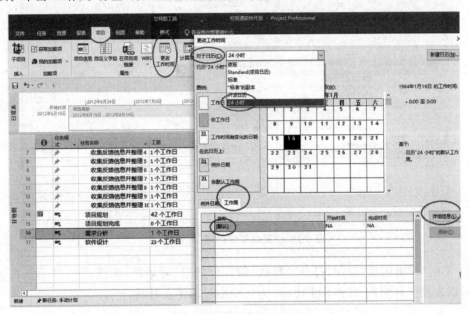

图 4-16 "更改工作时间"对话框(1)

(2)单击"详细信息"按钮,打开"'默认'的详细信息"对话框,如图 4-17 所示。

图 4-17 "'默认'的详细信息"对话框(1)

在"'默认'的详细信息"对话框中,可以看到开始时间为 0:00 和结束时间为 0:00,其为工作时间,表示从星期一到星期日的 24 小时内都为该项目的工作时间。

4.6.2 夜班日历

夜班日历指定了星期一晚上到星期六早上的夜班日程，工作时间为每晚23:00到早晨8:00，期间休息一个小时。查看夜班日历操作步骤如下。

（1）打开"Project 2016"操作界面，在菜单栏中选择"项目"→"更改工作时间"命令，打开"更改工作时间"对话框，单击"对于日历"右侧的下三角按钮，从"对于日历"下拉列表中选择"夜班"选项。单击"工作周"标签，打开"工作周"选项卡，在名称域中选中"默认"单元，如图4-18所示。

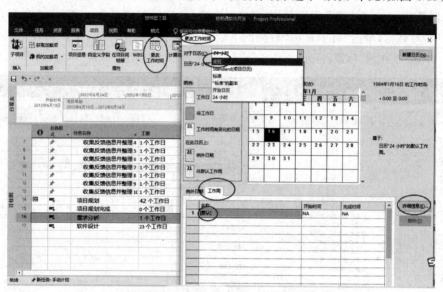

图4-18 "更改工作时间"对话框（2）

（2）单击"详细信息"按钮，打开"'默认'的详细信息"对话框，如图4-19所示。在该对话框中，可以发现工作时间12:00到13:00为一个小时的休息时间。

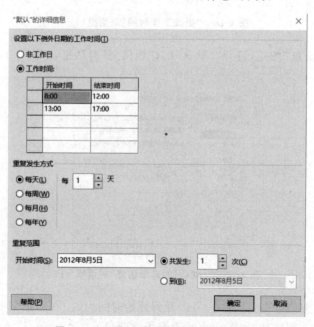

图4-19 "'默认'的详细信息"对话框（2）

 **实践课堂**

1. 简述项目进度管理过程。
2. 简述对于活动定义的输入和输出。
3. 简述活动定义所采用的主要方法和技术。
4. 简述活动排序所采用的主要方法和技术。
5. 简述活动资源估算所采用的主要方法和技术。
6. 简述建立 24 小时日历的步骤。

第 5 章 项目成本管理

Chapter 5

学习目标	1. 理解项目成本管理的重要性和必要性； 2. 理解项目成本管理准则、概念和术语； 3. 了解 IT 项目成本管理流程。
技能要求	1. 准确按照一定的工作对象，计算项目实施过程中的各项成本，并确定各个工作对象的单位成本和总成本，进行项目成本核算； 2. 准确将估算的总成本分配到各个工作包，以此建立衡量项目执行绩效的基准成本； 3. 明确挣值分析法在项目成本控制的作用； 4. 能够在 Project 2016 中熟练设置摘要任务的固定成本。

综合案例

第 1 章中的综合案例中技术处前期没有参与合同签订，合同中没有写清楚项目需求、范围、验收标准和售后服务等相关问题，为后期埋下问题伏笔。在项目实施过程中甲公司需求不断更改，范围无法界定，乙公司进入了项目无底洞的状态。甲公司技术部领导害怕项目质量有问题无法得到售后服务，因此故意拖延，甲公司技术部与实施方产生了严重的沟通问题和冲突事件。

【问题】
(1) 分析综合案例中成本不断增加的根本原因出现在哪里？在最初应该怎么做？
(2) 分析项目成本管理与需求分析、范围管理和进度管理之间的关联。

5.1 项目成本管理准则

项目成本管理的目标是确保项目在批准的预算内完工。项目成本涉及企业的资源投入，因此项目的成本管理是企业和项目两个层面都很关注的内容。

成本指标可以综合反映项目任务的工作量、复杂度、资源能力和风险等各种因素。

项目管理三角形关系，也就是项目范围、项目时间和项目成本的相互制约的关系，而项目的质量是受这 3 个因素的平衡关系所决定的，项目管理三角形关系，如图 5-1 所示。

项目的管理，就是要在有限的时间、空间、预算范围内，将大量的人力、物力组织在一起，有条不紊地实现项目目标。因此，公

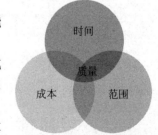

图 5-1 项目管理三角形关系

司对项目管理的主要目标是通过恰当的计划和控制,使项目的各项实施活动达到最好的绩效,从而实现对质量、进度、费用的预期要求,圆满完成项目任务,并使公司取得市场上的有利位置。其中,进度和费用控制是项目控制的主要目标,质量控制是达到费用/进度最佳控制的基础。

5.1.1 项目成本管理相关概念

IT项目通常以预算超支著称,成本管理经常为项目经理造成困扰。因此,为了确保在既定预算内完成项目目标,需要对项目实施进行有效的成本管理活动。项目成本管理可以及时发现和处理项目执行过程中出现的费用支出方面的问题,达到有效节约经费、减少损失的目的。

项目成本(project cost)是指项目执行过程中所产生的各种费用的总和。项目成本管理是指为保障项目实际发生的成本不超过项目预算,使项目在批准的预算内完成既定目标而开展的一系列管理活动。项目成本管理包括项目资源规划、项目成本估算、项目成本预算和项目成本控制等方面的管理过程和活动。

1. 项目资源规划

通过分析和识别进行确定项目所需资源类别(人力资源、设备材料、资金等)和项目周期等一系列的管理活动。

2. 项目成本估算

根据项目资源规划,估算完成项目活动各阶段所需资源的总费用。

3. 项目成本预算

确定项目总预算或为项目各项活动进行费用预算,以建立费用基准。

4. 项目成本控制

监控造成费用超支的因素和项目预算的变更,将实际成本控制在预算之内。

项目成本管理过程,如图5-2所示。

在项目成本管理过程中,不但要关注完成项目活动所需资源的成本,也应考虑以下因素对项目成本的影响。

(1) 项目成本管理首先考虑的是完成项目活动所需资源的经费预算,这也是成本管理的主要内容。

(2) 项目成本管理要考虑各种需求变更对项目最终产品费用的影响程度。如引例中客户要求对流媒体服务器定期升级,而升级会增加该过程的成本费用,但是这样会减少项目客户的运营费用。在决策时,要比较增加的成本费用和减少的运营费用的大小关系,如果增加的测试费用小于减少的运营费用,则应该通过此次需求变更。

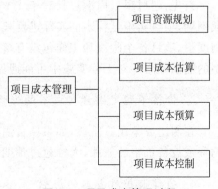

图 5-2 项目成本管理过程

(3) 项目成本管理还要考虑到干系人对项目费用的信息需求,不同是项目干系人会在不同的时间以不同的方式了解项目成本使用的信息,例如,在项目采购过程中,客户可能在订单、发货和收货等阶段详细或核算费用支出信息。

> 📖 **小贴士**
>
> **项目背景**:D集团是一家大型民营制造企业,在电气制造业被评为全国十大领军企业。自2010年以来,整个电气制造行业竞争越趋激烈,利润下滑,企业经营形势严峻。在此背景下,企业开展成本管理活动,寻求利润提升途径。
>
> **成本管理思路**:电气行业在成本管理上有诸多难点:产品的非标性特点明显,成本控制标准很难制定;非流水线式的生产过程,生产不均衡性明显,增加了过程控制难度;行业竞争不规范,特别是在报价管理等方面困扰着企业。
>
> 针对企业的特殊性,重点从三个方面进行解决:一是建立责任成本控制体系,通过细化责任成本核算,解决成本控制标准难制定问题;二是将成本管理与业务改善结合,特别是针对报价环节、设计环节以及生产环节的行业难点进行改善,解决业务过程难控制问题;三是从预算管理入手,解决支出控制的规范性问题。
>
> **成本管成效果**:项目实施后,成效明显,第一年企业利润率上升一个百分点,实际收益超亿元。

5.1.2 影响项目成本超支的主要因素

项目各阶段的任何活动几乎都与费用密切相关,影响项目费用的因素有很多,但主要因素有四个。

1. 对项目质量认识的不足

项目完成的质量越低,出现故障的概率越大,导致处理质量故障的费用越高,反之质量故障费用越低。而花费在保障和提高质量上的费用越高,质量保证就越可靠,反之可能质量越差。因此,成本管理的一个方面就是要权衡产品质量和费用的关系。

2. 项目规划不合理

首先,超过项目周期过长对于成本会造成很大影响。每个项目都会有一个计划的最佳完成周期,项目实施过程中的实际进度长于或短于计划周期,都有可能增加费用。另外,在组织制度上,项目各个阶段和工作包没有落实具体,会导致成员缺乏成本控制的责任感和对投资控制的监控不力。对工程实施中可能遇见的风险估计不足,也会导致实施成本大量增加。

3. 价格不稳定因素对成本的影响

在制定成本预算阶段,如果项目周期较长,应考虑通货膨胀等因素。若在项目执行期间,物资或设备价格的上涨,大幅超过预期的浮动范围,还应做好风险评估和解决方案。

4. 项目监控对成本的影响

若缺乏科学、严格、明确且完整的成本控制方法和工作制度,在项目进展不同阶段对成本控制任务的要求不明确,不能及时提供各阶段的状态报告,以及缺乏项目投资控制所需要的有关数据、缺乏对计划值与实际值进行动态的比较分析等监控过程,都会对成本造成负面影响。

除上述四个因素会极大影响一个项目的总成本外,项目的规划设计、技术方案、管理水平、组织制度等也会对项目的总成本产生影响。

 小贴士

隐形成本浪费

(1) 设计成本浪费:设计人员在设计的时候,更多的关心功能,而忽略成本。而项目管理者缺乏引导,导致项目成本浪费严重。

(2) 人力成本浪费:研发的人员成本会占到很大的比重,导致在资源的使用上出现人员成本浪费严重的现象。如果没有计入项目成本中,就会出现某些项目财务表面上来看,项目是盈利的,但是,考虑到人力成本,那就可能亏损。

(3) 机会成本丢失:丢失客户的信任,等于失去了市场机会,失去了企业的发展机会。这种机会成本的浪费非常可怕。

(4) 管理成本浪费:由于管理水平有限,部门之间缺乏配合与协助,各个部门各自为政,难以形成合力,企业的运营效率自然会受到影响。每天各种会议满天飞,但是会议的效率又不高,种种情况都是造成管理成本浪费的表现。

项目成本管理过程通常包括项目资源规划、项目成本估算、项目成本预算、项目成本控制等过程,项目成本管理各阶段的具体内容如图5-3所示。

图5-3 项目成本管理各阶段的具体内容

注:资料参考自PMI的《项目管理知识体系指南》。

5.2 项目资源规划与成本管理计划

项目资源规划是项目成本管理的一个重要过程。资源规划是项目成本估算和项目成本预算活动开展的依据,是后续三个管理过程的前提。项目资源规划是编制项目整体管理计划过程的一部分,其结果是制定项目成本规划、结构、估算、预算和控制的标准。

5.2.1 项目资源规划

项目成本管理过程及其使用的工具和技术因应用领域的不同而发生变化,一般在项目生命周期定义过程中对此进行选择,并在成本管理计划中记录。

通常情况下,项目成本管理计划中能够明确并制订以下几种参数。

1. 明确精确等级

根据项目的活动范围和项目的规模,制定活动成本估算的数据将精确到规定的精度(例如,100 美元或 1 000 美元),并可以包含应急专项费用。

2. 明确测量单位

定义每种资源的测量单位,例如,人/时、人/日、人/周、付款总额/阶段等。

3. 组织程序链接

用于项目成本核算的 WBS 单元被称为控制账目(简称 CA),每一个控制账目都被分配一个编码或账号,该编码或账号与项目实施组织的财务系统直接连接。如果计划工作包的成本估算包含在控制账目内,则计划工作包预算方法也包含在预算内。

4. 控制下限

制定项目执行的某一时间节点的成本费用或其他指标的偏差下限,用于显示允许的偏差数值。

5. 挣值规则

定义完成项目估算所使用的挣值管理计算公式,建立挣值信用标准,以及定义 WBS 中应该进行挣值技术分析的级别。

除以上参数之外,还需定义项目的各种成本报告格式、记录每个成本管理过程的说明、成本变更控制系统及其与整体变更控制系统的关系。

上述所有内容和信息都包含在成本管理计划中,在计划的正文内,或者作为附录。项目成本管理规划包含在项目管理计划中,或是作为项目管理计划的从属计划。项目成本管理计划可以是正式的,也可以是非正式的,可以是非常详细的,也可以是概括性的,视项目需要决定。

项目成本管理规划工作在项目规划早期进行,并为每项成本管理过程设定了标准和框架,以便确保过程实施的协调一致和高效稳定。

思考题

项目经理开发一个为期 10 个月的项目,在开发的三个星期后得到客户通知,项目要在不增加成本、不影响范围和质量的情况下,需要在 8 个月内完成项目。如果你是该项目的经理,你应该怎么做?

5.2.2 成本管理计划

项目成本管理计划(project cost management plan)定义了如何进行项目估算和预算,以及如何控制成本。在组织中,可能有一些关于成本估算的特殊规则,需要使用的度量方法,甚至是规定了某一特定项目类型的标准化成本的账目表。组织有一种控制如何计划以及计划什么的需求,这种需求叫作企业环境因素(enterprise environmental factor)。当计划和估算成本时,要遵循组织的规则和策略。

成本预算是成本管理计划定义的第二个过程,是项目 WBS 中每个工作包的成本的集合。成本预算是项目所有花费的总和,预算要被授权,这样项目才能执行完整的项目管理计划。这个项目预算不包括任何时间或者风险的储备,这些是项目中特殊的预算,不是项目执行的一部分。项目的绩效经常用批准的预算作为度量的手段。

项目成本管理计划最重要的部分之一就是如何监督和控制项目成本。项目经理有责任跟踪项目范围内各个领域的项目成本。

5.3 项目成本估算

5.3.1 项目成本估算的过程

项目成本估算是项目成本管理的一项核心工作,其实质是通过对项目进行详细的分析,以确定完成项目各阶段所需资源的成本的近似估算的活动,包括人工、设备、材料、设施、服务和特殊条目,如通货膨胀准备金和应急准备金等。另外成本估算活动还支持项目细节管理、变更请求以及成本管理计划的更新,其包含项目成本估算的准确程度、监控成本的不同标准、报告格式以及其他相关信息。

项目成本估算是针对完成计划活动所需资源的可能成本支出进行的量化评估,其各阶段的主要工作,如图 5-4 所示。

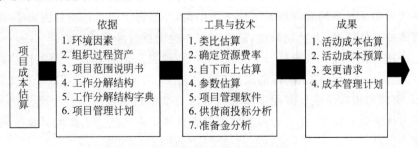

图 5-4 项目成本估算各阶段的主要工作

在整个项目生命期内,项目估算的准确性会随着项目的推进而提高。在项目活动的各项进程中,管理者可对成本估算进行逐步细化。例如,在项目启动阶段,项目估算多数为粗略估算（ROM），估算范围为 $-100\% \sim +100\%$。在项目后期，项目变更减少，并且已经了解和确定了更多的信息，估算精度范围可缩小到 $-20\% \sim +30\%$。在一些应用领域，成本估算已形成了具体的指导体系，用于确定何时完成细化，并期望达到何种精度。

如果项目团队组织没有受过正式训练的项目成本估算师，则项目团队将需要提供更多的资源和专业特长来完成项目成本估算活动。

5.3.2 项目费用估算的工具与技术

不同内容的项目，其成本估算内容也不尽相同，但完成估算所需要的工具和技术基本一致。根据估算元在 WBS 中的层次关系，成本估算可以分为自上而下的成本估算法（top-down estimates）、自下而上的成本估算法（bottom-up estimates）、参数化建模法（parametric modeling）、项目管理软件（project management software）等。

1. 自上而下的成本估算法

自上而下的成本估算法也称为做类比估算法，属于专家判断的一种。它是参考已经完成的类似项目的成本管理经验作为基础，将其历史数据作为估算依据，用于估算当前项目的成本。同时参考项目团队中具备专门技术的中高层管理人员的经验判断，二者结合来估算新项目的成本。

这种方法的估算精度较差，一旦项目涉及新的编程语言或者使用新型的网络或硬件设备，这个类比估计技术就会造成很大程度上的成本估计偏差。通常在早期项目阶段信息资料详细程度有限的情况下采用此方法。

类比估算法实际上是以项目成本的整体为估算对象，利用以往类似项目的实际成本作为当前项目成本估算的基础，按照工作分解结构的层次将项目总成本的估算结果自上而下传递给下一层的项目管理人员，并且向下逐层传递，一直到工作分解结构的最底层为止。在此基础上，下层管理人员对自己负责的子项目或子任务的成本进行估算。类比估算是一种专家判断方法。

2. 自下而上的成本估算法

自下而上的成本估算与类比估算法的成本预算不同。自下而上的成本估算法也被称为基于活动的成本估计，单个工作条目的大小和详细程度，以及评估者的经验都将影响评估的准确性。

自下而上的成本估算法先按照工作分解结构估算各个工作包的成本，然后自下而上汇总各项估算结果，产生更高一级的工作分解结构项的估算，直至最终估算出整个项目的成本总和。此方法的前提是具有明确详细的工作分解结构，并且每一项工作项目内容明确，能清楚识别每一项具体的工作任务、人员及数量，最终对工作包能进行准确成本估算。

这种方法适合在项目详细设计方案完成后采用，项目经理可让每一个工作包的负责人做出一个成本估计，或者至少做出资源需求数量的预算，而财务负责人就可以根据提供的每个工作包的成本、资源需求数量或资源成本率等核算出整个项目的成本估计。由于该方法使用了更细的工作包作为估算对象，并且有可能使不熟悉具体工作的基层工作人员参与估算，所以整体估算精度会提高。

自下而上的成本估算法实质是需要估算最小工作包或细节最详细的计划活动的成本，然后将这些具体详细成本汇总，便于达到报告和跟踪目的。缺点是这种估算工作本身工作量较大，通常占用比较密集的时间，做出成本估计相对昂贵。需要决策层考虑是否值得为提高成本估算的准确性而增加费用。但是自下而上估算方法的成本与准确性取决于个别IT项目的规模和复杂程度,通常项目需要投入量较小的活动可提高计划活动成本估算的准确性。

通过分析以上两种成本估算法的优缺点,可以采取二者相结合的成本估算法进行取长补短。针对项目的某一主要子项目进行工作结构的详细分解,运用自下而上的成本估算方法层层汇总,最终得到子项目的成本估算值。

3. 参数化建模法

参数模型成本估算法又称参数化建模法,是一种比较传统的、科学的估算方法。该方法将项目的某些特征或变量作为参数,通过建立数学模型来预测项目成本的方法。

这种技术估算的准确度取决于模型的复杂性及其涉及的资源数量和成本数据,如果建立模型所用的历史信息是精确的,项目参数易于量化,并且项目模型就项目规模而言是灵活的,则参数模型具有可靠性;否则该方法的精确性是不定的。同时,模型的复杂度和建立费用也有很大差异。

运用参数模型法的关键问题是确定哪些是影响成本最重要的因素,即确定成本动因,以成本动因作为估算成本的依据,而对成本影响较小的因素则忽略不计。因此,这种方法的优点在于快速易用,只需要小部分信息就可以据此得到整个项目成本的估算结果。缺点是如果不经模型的校准和验证,参数模型可能不准确,导致估算的成本精度不高。

如果用于校准和验证的历史数据有问题或不适用,估算出的费用误差会较大。因此,历史数据的精准度、用于建模的参数是否易于量化处理和模型是否具有通用性等因素是影响参数建模法估算成本准确度的主要因素。

4. 项目管理软件

IT行业迅猛发展,很多项目管理软件已经广泛被用于项目日常管理中,例如,成本估算软件Project 2016,输入资源成本和任务分配资源后,就可输出整体成本估算。计算机工作表、模拟和统计工具等也被广泛采用。这些工具可以简化很多成本估算工作,便于进行各种成本估算方案的快速估算。

通过利用计算机软件,项目管理人员可以迅速考虑多种成本方案,简化上述几种方法,方便快捷地得到项目成本估算结果。目前,电子表格软件、项目管理软件甚至更复杂的成本估算工具都被广泛用于辅助项目成本估算中。

5.3.3 项目成本估算交付物

1. 活动成本估算

活动成本估算是指完成计划活动所需资源的可能费用的定量估计,其表述可详可略。所有应用到活动成本估算的资源均应列入估算范围,其中包括但不限于人工、材料、物以及通货膨胀或费用应急储备等特殊范畴。

2. 活动费用估算支持细节

计划活动费用估算支持细节的数量和类型,随着应用领域的不同而不同。无论支持细节详细程度如何,支持文件均应提供清晰的、专业的、完整的资料,通过这些资料可以得出成本估算。

3. 请求的变更

成本估算过程可以产生影响成本管理计划、活动资源要求和项目管理计划的其他组成部分的变更请求。请求的变更通过整体变更控制过程进行处理和审查。

4. 成本管理计划

如果批准的变更请求是在成本估算过程中产生的并且将影响费用的管理，则应更新项目管理计划中的成本管理计划。

高效开会小技巧

1. 会前准备

（1）发出会议邀请，详细说明会议的目的、预定的开始时间和结束时间以及会议地点。

（2）发出会议议程，讲明会议目的，列出将要讨论的主要话题。

2. 会议期间

（1）准时开始。

（2）检查执行程序。

（3）安排记录员记录好所做决定以及导致做出这一决定的关键要点。

（4）使用会议议程，确定会议结构。

（5）推动各项话题得出决定。

（6）在讨论持续期间，必须有人负责监控整个小组，并控制小组成员的参与行为。

3. 会议结束

（1）回顾所做的各项决定和行动项目，对会议进行总结。

（2）确认下次会议日期。

（3）借助会议程序的评估工作，简要概括每次会议。

（4）准时结束，或在得到小组成员同意的情况下晚点结束。

会议之后，发出会议备忘录。发出得越早，人们就越有可能阅读它们，并对它们做出相应的反应。

5.4 项目成本预算

5.4.1 项目成本预算概述

项目成本预算是进行项目成本控制的基础，是项目成功的关键因素。项目成本预算的中心任务是将成本估算分配到项目的各个工作包中，估计项目各活动的资源需求量，这些工作包都是基于 WBS 分解的结果。

项目成本预算的具体工作是将项目估算在各具体的活动上进行分配，确定项目各活动的费用定额，主要目的是为衡量项目绩效和项目资金需求提供一个成本基线，确定项目意外开支准备金的标准和使用规则，从而为测量项目实际绩效提供标准和依据。在此项过程中，可能会造成项目文件的更新,例如,对项目范围说明书或项目进度表中的工作包进行增加、变更或移除。

在此过程中,项目组织会明确劳动成本、服务或购买货物而向供应商提供的资金数,常见的预算包括差率费、贬值概率、租借和其他供应等。因此在成本估算之前,应该明确各项预算的种类,从而确保有针对性的收集数据。成本估算的最终目的是合理地降低成本,节约资源,同时也为法律和税收提供有效的信息。

项目成本预算有以下几方面的作用。

1. 分配资源

对涉及项目的人员构成一种约束,其中包含两个方面的约束:一是特定时期的约束;二是在特定时期内的特定资源的约束。一旦发现某个阶段的成本超出预算,则需要及时采取措施。

2. 成本预算是一种控制机制

可以用该标准来衡量实际用量和计划用量之间的差异,为项目管理者提供管理的标尺,为成本控制提供依据。

3. 成本预算具有变更性

当项目发生变更时,需要同时变更成本预算,根据实际情况的变化而及时核算、对比、分析,以调整预算或加强管理,为资金需求提供及时有效的信息,保证将项目的成本偏差控制在合理范围内。

4. 成本预算是整个资源系统的一个总体规划

成本预算帮助管理者及时发现项目实施中各阶段的成本偏差,避免小偏差的累积最终酿成严重后果。

项目成本预算的内容(见图5-5)包括:耗费人工类成本预算、咨询服务类成本预算、资源采购成本预算和意外开支类准备金预算等。

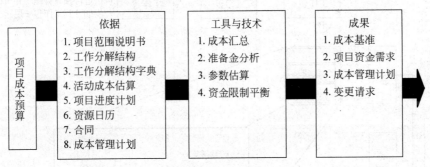

图 5-5　项目成本预算的内容

5.4.2　项目成本预算的工具和技术

1. 成本汇总

计划活动成本估算根据工作分解结构汇总到工作包,然后工作包的成本估算汇总到工作分解结构中的更高级别,最终形成整个项目的预算。

2. 准备金分析

项目成本管理通过进行准备金分析,形成应急准备金存储。例如,管理应急准备金。该准备金用于应对项目中未计划的活动支出,但有可能需要的变更。风险分析中确定的风险可能会导致这种变更。

管理应急准备金是为应对未计划,但有可能需要的项目范围和成本变更而预留的预算,并且子项目经理在动用或支出这笔准备金之前必须获得批准。管理应急准备金不是项目成本基准的一部分,但包含在项目的预算之内。因为它们不作为预算分配,所以也不是挣值计算的一部分。

3. 参数估算

参数估算是指在一个数学模型中使用项目特性(参数)来预测总体项目费用。参数模型可以相对简单,例如,居民房屋购买所需成本,按每平方米居住面积费用计算。也可相对复杂,例如,IT 软件编制成本的参数估算模型,可以使用 16 个独立的调整系数,每个系数都有 5~7 个点。

进度计划的重新调整将影响资源的分配。如果在进度计划的制订过程中以资金作为限制性资源,则可根据新规定的日期限制条件重新进行该过程。经过这种交叠的规划过程形成的最终结果就是成本基准。

项目成本预算的方法和工具同样包含参数建模预算法、自上而下预算法、自下而上预算法和计算机辅助预算等,其内容和过程也大致相同。

一般情况下可以将估算成本按照工作分解结构和项目团队的组织分解结构 OBS(organization breakdown structure)分解,形成便于在项目执行过程中进行成本控制的成本分解结构 CBS(cost breakdown structure),WBS、OBS 和 CBS 的关系如图 5-6 所示。

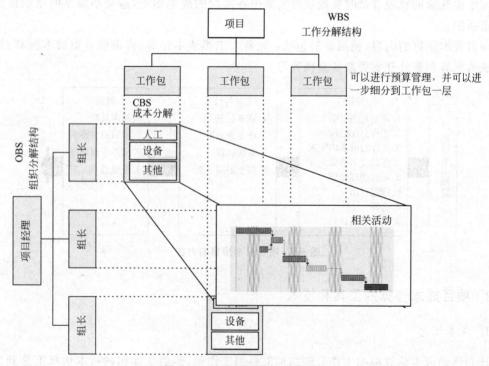

图 5-6　WBS、OBS 和 CBS 的关系

注:资料参考自 PMI 的《项目管理知识体系指南》。

CBS 给出了项目各个工作包的预算，项目进度计划给出了项目各项工作的预算发生时间，基于 CBS 和项目进度计划，就可以得到项目的成本基准计划。

5.4.3 项目成本预算的输入内容

项目成本预算的主要输入内容有以下几项。

1．项目范围说明书

项目范围说明书可在项目章程或合同中正式规定项目资金开支的阶段性限制。这些资金的约束在项目范围说明书中有所反映，可能是由于买方组织和其他组织（如政府部门）需要对年度资金进行授权所致。

2．工作分解结构

项目工作分解结构（WBS）确定了项目的所有组成部分和项目可交付成果之间的关系。

3．工作分解结构字典

工作分解结构字典（WBS 字典）和相关的详细的工作说明书，确定了可交付成果及完成每个交付成果所需 WBS 组件内各项工作的说明。

4．活动成本估算

汇总一个工作包内每个计划活动的成本估算，从而获得整个项目的成本估算。

5．合同

成本预算依据采购的产品、服务或成果及其成本等合同信息进行。

6．项目进度计划

项目进度计划包括项目计划活动的计划开始和结束日期、进度里程碑、工作包、计划包和控制账目。根据这些信息，将成本按照其拟定发生的日历期限汇总。

7．风险管理计划

风险管理计划描述风险识别的定性、定量分析，以及应对规划，监控项目周期内项目成本的安排与实施。通常包括成本应急储备，所需数量根据成本估算的期望精确度加以确定。

8．成本管理计划

在编制成本预算时将考虑项目管理计划的成本管理从属计划和其他从属计划。

5.4.4 项目费用预算的输出

进行成本估算时，应该根据项目成员参与系统集成项目工作的时间及各项任务的具体情况进行成本预算，最后得到比较详细的成本分配方案，即成本基准。

1．项目成本预算过程的两个步骤

（1）将项目的成本估算按照项目计划分摊到工作分解结构的各个工作包。

(2) 在整个工作包期间进行工作包的预算分配,保证任何时间点都能确定预算支出。最后形成成本预算的输出。

2. 项目成本预算的主要输出结果

1) 项目总预算成本的分配

根据项目预算的输入内容,将项目总成本估算分摊到每个工作包的成本要素中(如材料、人力、设备等),再分摊到工作分解结构中的每个工作包,并为每个工作包建立总预算费用 TBC(total budget cost)。

在项目开始后,需要对每一项具体活动作详细说明并制订网络计划,在此基础上对每项活动进行时间、资源和成本的估计。每个工作包的总预算成本就是组成各个工作包的所有活动成本的合计。

如图 5-7 所示是开篇案例中,预算成本的工作分解结构,每个工作包中的数字即为该工作包的 TBC。

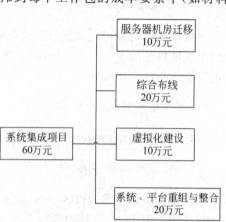

图 5-7 开篇案例中预算成本的工作分解结构

2) 累计预算成本的制定

WBS 中的每个工作包一旦建立了 TBC,就可以将 TBC 分摊到工作包整个工期的各个进度区间,以此确定每个工作包的每个工作区段耗费了多少成本预算。截止到某一时间节点,之前每期所有预算成本的合计即为累计预算成本 CBC(cumulative budgeted cost),也就是到某期为止的工程预算值。开篇集成案例中项目每期成本预算见表 5-1。

表 5-1 开篇集成案例中项目每期成本预算 单位:万元

工作任务	总预算费用	项目进度/周														
		1	2	3	4	5	6	7	8	9	10	11	12	13	14	15	16
服务器迁移	10	3	2	5													
综合布线	20			5	3	2	2	5	3								
虚拟化建设	10						3	3	1	1	2						
系统、平台重组	20								5	3	3	2	2	1	2	1	1
合 计		3	2	10	3	2	5	8	9	4	5	2	2	1	2	1	1
累 计		3	5	15	18	20	25	33	42	46	51	53	55	56	58	59	60

3) 项目成本预算的输出

项目成本预算的输出是基准成本,就是以时间为自变量的预算,用于衡量和监督项目实际执行成本支出。案例中的项目累计成本曲线就是把预算成本按照时间累加即为基准成本,可用 S 曲线表示,如图 5-8 所示。

许多项目,尤其是大项目可以有多重基准费用,用以衡量成本支出的不同方面。例如,开支计划或现金流预测都是衡量支付的基准成本。

由于成本预算是建立在一系列假定条件的基础上,因此在项目运行过程中,实际发生的成本和预算的成本会存在一定偏差,如图 5-9 所示。

第5章 项目成本管理

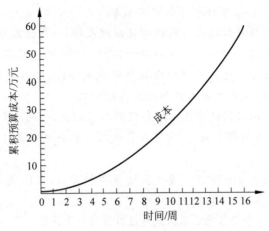

图 5-8 项目累计成本曲线

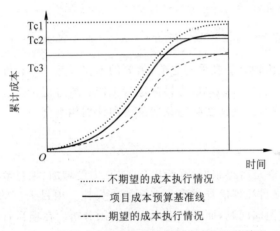

┈┈┈┈ 不期望的成本执行情况
───── 项目成本预算基准线
-------- 期望的成本执行情况

图 5-9 项目成本预算基准线和项目成本执行情况

项目成本预算有时也表现为表格形式,描述各项活动成本定额的系统集成项目成本预算,见表 5-2,它也可以作为成本控制的依据。

表 5-2 系统集成项目成本预算

序号	项目名称	直接工程费用		间接费用	计划利润	税金	合计
		直接费用	其他直接成本				
1	服务器迁移						
2	综合布线						
3	虚拟化建设						
4	系统、平台重组						
	总　计						

📖 **小贴士**

一个项目从概念形成到项目结束称为项目循环时间(project cycle time),这个时间越短,企业就越快享有项目产生的价值,投资也越快得到回收。因此,缩短项目循环时间,可以为企业增加现金流量、减少项目投资,同时增加经济价值。然而,如何在控制成本的同时,又兼顾品质及缩短项目循环时间？有以下六个原则可供参考。

（1）选派训练有素的项目经理人。选择项目经理人时，不可以因为他是技术背景出身，就委派他为项目经理人。项目经理人必须充满热忱，受过训练，因为他要为项目成败负责。

（2）迅速建立标准程序。建立项目标准程序的速度要快，但不需要完善。不完善的标准程序可以让问题凸显出来，进而加速形成解决问题的方案。

（3）组织核心团队。项目团队应该由跨部门的人员组成，当问题发生时，可以获得不同部门的意见和援助，有效解决问题。同时，项目成员还应该包含终端使用者或顾客。核心成员必须有始有终地参与。

（4）确保团队成员全职负责项目。为了加速项目的完成，团队成员应该一次只负责一项项目，避免同时负责多项项目，削弱力量。

（5）团队成员最好避免分处各地。团队成员应该在同一个区域工作，彼此的沟通协调较容易。

（6）高阶主管的支持。项目失败通常是因为高阶主管没有参与。项目一旦开始推行，高阶主管负有全程参与的责任。

5.4.5　跟踪预算支出

支出很容易就会超出预算。在采购之前，需要的不仅仅是一个详细的预算，还必须有一个跟踪支出的详细方法。这就是以BAC为目标进行工作。通过记录每次的购买情况，可以依据当初的预算检查购买花费，以确认实际的花费是否和计划相吻合。

1. 失控项目

失控项目是指开始时进行得很好，逐渐出现加速、力度增加、项目范围也增加等情况，最终导致在预算、时间甚至项目经理信誉或事业方面严重失控。项目失控的一个最大因素就是预算。项目经理经常把钱抛向问题，而不是完成根本原因分析。在项目管理领域，经常出现这种想通过花更多的钱来解决问题的想法。

失控项目的产生可能出于以下几种原因：缺乏计划、缺乏愿景、范围蔓延、缺乏领导、缺少变更控制系统。

2. 跟踪支出

项目开始之前，需要了解组织有关项目支出跟踪和监控的策略。有些组织预算是由管理层控制，同时要听取项目经理的汇报结果。而另外一些企业，项目经理负责每天跟踪项目的支出情况。有很多工具可以帮助你跟踪项目支出，不管你使用哪种工具来跟踪项目支出，以下是必须包含的一些基本元素：工作时间、购买的物品、软件许可证、工作站、服务器和实际的偏差。

5.5　项目成本控制

5.5.1　项目成本控制概述

项目成本控制是指在项目实施过程中，按照事先确定的项目成本预算基准，通过运用适当的技术和管理手段（如挣值管理），对项目实施过程中所消耗的成本的使用情况进行管理控制，以确保项目的实际成本限定在项目成本预算范围内，使项目成本全程置于有效的成本监控范围下。

在整个项目周期内，为了做好成本控制工作，应该对 WBS 中的每一项任务进行严格的成本核算，确保一切费用支出都控制在计划成本内，同时尽可能地降低成本和损耗。

项目成本控制是落实成本资源规划的具体实施，为了保证成本规划在项目执行过程中得到全面、及时有效地贯彻执行，需要从影响成本的因素着手，制定相应的处理方案、技术和经济措施。项目成本控制主要包括下以下六个方面的内容。

（1）监督费用绩效。找出与成本基准的偏差，确保在修订的成本基线中包括适当的项目变更，并将对成本有影响的授权变更通知到项目的利益相关者。

（2）确保变更请求获得批准，当项目发生变更时，进行管理。

（3）对造成成本基准变更的因素施加影响，以保证所有变更均经过有关方面的认可，并向有利的方向发展。

（4）保证潜在的成本支出不超过授权的项目阶段准备金和总体资金，并采取适当措施，将预期的费用支出控制在可接受的范围内。

（5）将所有的与成本基准的偏差准确记录在案，并且防止错误的、不恰当的或未批准的变更被纳入成本或资源的使用报告中。

（6）查找实际成本与计划成本发生正、负偏差的原因，使其成为整体变更控制的一部分。采取行之有效的纠正措施，若对成本偏差采取不适当的应对措施，就可能造成质量或进度问题，或在项目后期产生无法接受的巨大风险。

有效的成本控制的关键因素是及时分析成本的绩效，尽早发现成本的无效性和出现偏差的原因，以便在项目成本失控之前能够及时采取纠正措施。同时，项目成本控制的过程必须与项目的其他控制过程（如项目范围的变更、进度计划变更和项目质量控制等）紧密结合，防止单纯控制项目成本而出现项目范围、进度、项目质量等方面的问题。

5.5.2 项目成本控制的主要依据

项目成本控制工作的主要有以下几个方面。

1. 项目实际发生的绩效度量报告

对实际发生的绩效报告中提供项目成本和资源绩效的相关信息进行评价和分析，反映实际的预算执行情况，以用于评价、考核和控制项目成本。

2. 项目管理计划

项目管理计划是项目成本控制工作的重要指导文件，当执行成本管理控制过程时，应考虑成本控制事前的计划与安排、事中具体控制措施和办法以及事后的纠偏措施和工作安排。

3. 项目变更请求

项目变更请求可以由客户或项目经理提出，也可能由项目活动的变更引发或造成，整体变更控制过程的审定变更请求中，可包括对合同的费用条款、项目范围、费用基准或费用管理计划的修改，无论哪种变更请求必须经过审核与批准，否则会造成项目成本的各种不必要的损失或纠纷。

4. 工作绩效信息

工作绩效信息是指收集正在执行的项目活动的相关信息,包括状态和支出信息,阶段性完成工作量的百分比,尚未完成工作所需成本的估算,已授权和实际发生的成本,已完成的和还未完成的可交付成果等。

5.5.3 项目成本控制的输出内容

开展项目成本控制工作可降低项目成本和提高项目价值,成本控制的结果是实施成本控制后项目发生了一系列变化,包括成本估算发生更新、成本预算更新及各项纠正措施等。具体输出内容如下。

1. 成本估算更新

成本估算更新是为变更需要而修改成本信息,不必调整全部项目计划的其他工作内容。成本估算更新后,应通知项目利益相关者。修改后的成本估算可能要求对项目管理计划的其他方面进行调整。

2. 成本预算更新

在某些特殊情况下,成本偏差可能极其严重,以至于需要修改成本预算基准,才能对绩效提供一个现实的衡量基础。而对批准的成本基准所做的变更会引起成本预算更新,所以通常仅在进行项目范围变更的情况下才进行预算的更新和修改。

3. 项目管理计划更新

项目管理计划更新包括计划活动更新、工作包更新、成本估算和成本基准更新、项目预算文件更新等。应根据审定的所有影响这些文件的变更请求来更新这些文件。

4. 纠正措施

纠正措施是为了使项目预期绩效与项目管理计划一致所采取的行动。成本管理领域的纠正措施经常涉及调整计划活动的预算,如采取特殊的行动来平衡成本偏差等。

 小贴士

IT 项目运行中有效降低成本的建议

IT 项目成本包含了很多内容,要降低成本就必须全方面入手,尽可能减少项目中不必要的成本。以下是关于控制成本的一些建议。

(1) 进度控制。绝大多数项目费用超支都与项目延期相关,延期会造成人工成本、各种费用增加。所以,项目经理尽量不要让项目延期,尤其不能因为某一问题拖累整个项目延期,如果存在一些造成延期的因素一定要慎重对待。

(2) 人员成本控制。人员结构要在能够完成任务的前提下高低搭配,降低平均人员成本。更为直接的方法就是使用实习人员。

(3) 提高工作效率。主要强调使用工具软件、开源代码,加强内部培训,减少返工。具体方法:一是善于使用谷歌等工具搜索解决方案、源代码;二是不断总结开发注意事项给开发组培训。

(4) 控制费用。具体如下。

① 办公场地租金。如果需要在用户现场开发实施,一定要让用户提供办公场所。

② 差旅费用。长期驻外地开发实施,可以考虑租房取代宾馆。如果是偶尔出差,要尽量减少出差人次;尽量电话沟通、远程演示交流。

③ 不好控制的费用。最常见的是市内打车票、加班餐费。建议根据每个人负责的区域、工作量等因素,确定几档标准,费用包干。

5.5.4 项目成本控制的方法与技术

挣值管理法(earned value management,EVM)是项目管理领域中进行绩效评价的非常有效的成本控制工具。当给定成本绩效的基线(baseline)后,通过输入项目实际信息就可以确定项目达到的范围、时间和成本等目标的程度,是一种项目绩效测量技术。

挣值管理法主要作用是为项目工作分解结构的每个任务提供相关参数。挣值管理方法有三个涉及计算项目工作分解结构中各项活动或汇总活动的独立参数。

1. 计划值(planned value,PV)

计划值又称预算,即计划在一定时期内,整个成本估算中用于某项活动的已经获得批准的那部分价值。主要反馈项目进度计划应当完成的工作量,是项目控制的基准曲线。计划值的计算公式为

$$PV = 计划工作量 \times 预算定额$$

2. 实际成本(actual cost,AC)

实际成本是指在一定周期内完成计划活动或 WBS 组件的工作发生的直接和间接成本总和。实际成本在定义和内容范围方面必须与计划值和挣值相对应。即项目实施过程中,又称"消耗投资额",主要反映项目执行的实际消耗指标。

3. 挣值(earned value,EV)

项目实施过程中,到某一时间节点,已经完成的工作(或部分工作),以批准认可的预算为标准所需要的资金总额,又称"已完成投资额"。由于客户是根据这一预算值为企业已完成的工作量支付相应的费用,也就是企业获得(挣得)的金额,故称挣值(也称挣得值)。当然,已完成工作必须经过验收,符合质量要求。挣值 EV 计算公式为

$$EV = 已完工作量 \times 预算定额$$

这三个成本值实际上是三个关于时间的函数,即

$$PV(t), \quad 0 \leqslant t \leqslant T$$
$$AC(t), \quad 0 \leqslant t \leqslant T$$
$$EV(t), \quad 0 \leqslant t \leqslant T$$

其中,T 表示项目完成时点;t 表示项目进展中的监控时点。理想状态下,三条函数曲线应该重合于 $PV(t)$。

假设服务器迁移的工作在一周后能够完成 75%,为了计算第 1 周的挣值,可以将第 1 周的预算费用 10 万元与第 1 周完成工作的百分比相乘,即可得到第 1 周的挣值 7.5 万元,见表 5-3,即 $EV = 10 \times 75\% = 7.5$(万元)。

表 5-3　一周之内服务器迁移活动的挣值计算　　　　　　　　　单位：万元

活　动	第 1 周	第 2 周	合计	第 1 周后完成 百分比	第 1 周后挣值 （BCWP）
服务器迁移	10	0	10	75%	7.5
计划值 PV	10	0	10	75%	7.5
实际成本 AC	15	5	20		
成本偏差 CV	−7.5				
进度偏差 SV	−2.5				
成本执行指数 CPI	50%				
进度执行指数 SPI	75%				

4．项目挣值管理法还有四个评价指标

1）成本偏差（cost variance,CV）

挣值减去实际发生成本就是成本偏差。成本偏差是指在某个时间节点，挣值 EV 与实际成本 AC 之间的差异。成本偏差为

$$CV = EV - AC$$

当 CV 为负值时，说明项目成本超支，实际成本超出预算成本，如图 5-10(b) 所示。当 CV 为正值时，意味着项目费用在预算范围内，实际费用没有超出预算费用，如图 5-10(a) 所示。

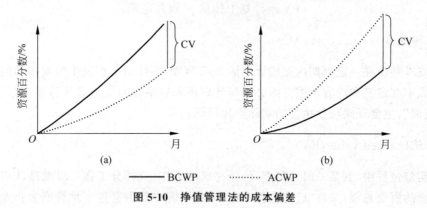

图 5-10　挣值管理法的成本偏差

2）进度偏差（schedule variance,SV）

进度偏差值可由挣值减去计划值得到。进度偏差值是指在某个时间节点上，挣值 EV 与计划值 PV 之间的差异，进度偏差为

$$SV = EV - PV$$

当进度偏差 SV 为负值时，表示项目进度延误，实际进度滞后于计划进度，如图 5-11(a) 所示。当进度偏差 SV 为正值时，表示项目进度提前，实际进度超前于计划进度，如图 5-11(b) 所示。

3）成本绩效指数（cost performance index,CPI）

成本绩效指数是挣值 EV 与实际费用 AC 的比值，可以用来估算完成项目的预计成本。成本绩效指数可表示为

$$CPI = EV/AC$$

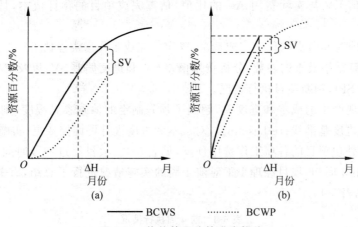

图 5-11 挣值管理法的进度偏差

通过判断成本绩效指数 CPI 的比值,可判断项目实际成本与预算成本之间的差距。
(1) 当 CPI<1 或 100% 时,表示项目成本超支,即实际发生成本高于预算成本。
(2) 当 CPI>1 或 100% 时,表示项目在预算范围内,即实际发生成本低于预算成本。
(3) 当 CPI=1 或 100% 时,表示项目实际发生成本与预算成本一致。

4) 进度绩效指数(schedule performance index,SPI)

进度绩效指数可由挣值 EV 与计划值 PV 的比值得到。进度绩效指数可用来估算预计完成项目的时间。进度绩效指数可以表示为

$$SPI = EV/PV$$

与成本绩效指数 CPI 相似,通过 SPI 的比值可判断实际进度与项目计划进度之间的差距。
(1) 当 SPI<1 或 100% 时,表示项目实际进度延误,即实际进度落后于计划进度。
(2) 当 SPI>1 或 100% 时,表示项目实际进度提前,即实际进度超前于计划进度。
(3) 当 SPI=1 或 100% 时,表示项目实际进度与计划进度一致。

通常在项目进行中,发现成本偏差 CV 和进度偏差 SV 为负值时,说明项目在计算挣值的时间点比预期成本多出了更多的费用支出和时间。同样,成本绩效指数 CPI 和进度绩效指数 SPI 比值小于 1 时,也说明了项目出现成本超支和进度延后的问题。

系统集成项目中,根据表 5-3 可得到四项评价指标的计算方法和结果分别为(单位:万元)

成本偏差　　CV = 7.5 − 15 = −7.5(万元)
进度偏差　　SV = 7.5 − 10 = −2.5(万元)
成本绩效指数　CPI = 7.5/15 = 50%
进度绩效指数　SPI = 7.5/10 = 75%

通过应用挣值分析法,分析项目的执行情况,从而对项目进行时间和成本的控制。因此,项目经理在管理过程中,应该使用挣值分析法对项目的绩效进行预测和管理,具体步骤如下。

(1) 项目经理通过监控某一时间节点的计划工作量,分析得出计划值 PV 并找出偏差产生的原因。

(2) 根据挣值 EV 与计划值 PV,估算预计完成项目的时间,计算项目进度绩效指数 SPI。

(3) 根据挣值 EV 与实际费用 AC 的比值，估算完成项目的预计成本，计算成本绩效指数 CPI。

(4) 度量当前时间节点的任务完成情况，确定已完成工作量的挣值 EV。

(5) 根据计算结果及查的参数，分析费用偏差 CV 和进度偏差 SV，以及费用执行指数 CPI 和进度执行指数 SPI，判断项目执行情况。

(6) 如果出现严重的成本和进度差，超出了预先制定的偏差容忍程度，则需要找出原因，重新编制成本和进度基准线（re-baseline），对成本和进度进行可调控变更，实施改正措施。

某小型软件外包项目的各项工作费用预算，见表 5-4。项目经过一段时间实施之后，现在进入第 5 周，在第 5 周初，项目经理小王对前 4 周的实施情况进行了总结，有关项目工作在前 4 周执行情况，见表 5-4。

表 5-4 前 4 周执行情况

工作代号	预算费用/美元	实际完成的百分比	AC/美元	EV/美元
A	250	100	280	
B	300	100	300	
C	150	100	140	
D	300	100	340	
E	150	100	180	
F	350	0	0	
G	900	100	920	
H	250	100	250	
I	700	50	400	
J	550	100	550	
K	350	100	340	
L	400	20	100	
M	200	0	0	
N	450	0	0	
总费用	5 300			

【问题 1】 计算前 4 周各项工作的净值，并计算出项目在第 4 周末的净值，填入表 5-4 中。

净值＝费用预算 × 实际完成工作量百分比

【问题 2】 前 4 周计划完成项目总工作量的 65%，请计算项目第 4 周结束时的计划成本（PV）和实际成本（AC），分析项目的进度执行情况。

PV ＝项目总费用 × 65% ＝ 5 300 × 65% ＝ 3 445（美元）
AC ＝各项工作的实际费用之和 ＝ 3 800（美元）
CV ＝ EV － AC ＝ 3 630 － 3 800 ＝ －170（美元）（小于 0，费用超支）
SV ＝ EV － PV ＝ 3 630 － 3 445 ＝ 85（美元）（大于 0，进度超前）

 小贴士

项目成本管理相关术语

基于活动的估算（activity-based costing, ABC）　　自下而上的预算（bottom-up budgeting）
应急费用预算（budget contingency）　　成本估算（cost estimation）
完工预算（budgeted cost at completion, BAC）　　赶工（crashing）

最终估算(definitive estimates)
直接成本(direct costs)
可行性估算(feasibility estimates)
间接成本(indirect costs)
一次性成本(nonrecurring costs)
参数估算(parametric estimation)
经常性成本(recurring costs)
自上而下的预算(top-down budgeting)
已完成工作实际成本(actual cost of work performed，AC)
挣值(earned value，EV)
计划值(planned value，PV)
项目基准计划(project baseline)
项目 S 曲线(project S-curve)
进度偏差(schedule variance)

控制循环(control cycle)
加速成本(expedited costs)
固定成本(fixed costs)
学习曲线(learning curve)
正常成本(normal costs)
项目预算(project budget)
分阶段预算(time-phased budget)
变动成本(variable costs)
里程碑(milestone)
挣值管理(earned value management，EVM)
成本绩效指数(cost performance index，CPI)
项目控制(project control)
进度绩效指数(schedule performance index，SPI)
跟踪甘特图(tracking gantt charts)

5.5.5 成本控制的 IT 系统支撑

要想控制项目过程中的成本，首先要知道已经花了多少钱，并且最好有系统支持。

1. 日志填报系统

日志填报系统的静态数据，除了组织机构人员信息，最关键的是项目信息，包括项目名称、项目里的任务项、模块、新需求等。

2. 出差管理系统

出差到现场都必须由项目经理在出差管理系统里发任务书，确定起止时间、工作内容、交通工具。

3. 电子报销系统

IT 项目中，除人工成本是在日志填报系统中计算外，其他所有直接费用都要通过电子报销系统传到项目预算系统。在报销单提交后，这个费用即可传递到项目预算系统。至此，你负责项目的所有费用，都实时或准实时地传递到项目预算系统，一切以人民币结算。随时都可以查询项目花了多少钱。

在规模化、以项目运作为主体的公司以及人员复用度很高的公司中，用这些系统还是必需的。因为管理精细化也是一种竞争力。其他的一些管理决策、绩效考核等，尽量用数字说话，这些系统是基础。

5.6 实训——Project 2016 成本管理

任务成本由固定成本和非固定成本构成，固定成本是指不受工作量变动影响，能够保持不变的那部分成本。任务的固定成本分为摘要任务固定成本和子任务的固定成本。

5.6.1 设置摘要任务(有子任务的任务)的固定成本

下面以校务通软件开发系统为例,设置摘要任务(有子任务的任务)的固定成本。具体操作步骤如下。

(1)打开要设置的项目文件,在菜单栏中选择"视图"→"甘特图"命令,打开"甘特图"视图。选择"视图"→"表格"→"成本"命令,出现成本工作表。

(2)在摘要任务"软件设计"所在行,单击"固定成本"域单元,输入固定成本 90 000,按 Enter 键或单击其他单元确认输入,如图 5-12 所示。输入摘要任务的固定成本后,Project 2016 自动以浅蓝色背景显示所受影响的单元。

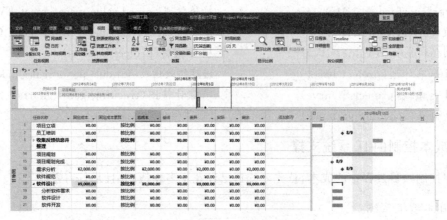

图 5-12 设置摘要任务的固定成本

5.6.2 设置子任务的固定成本

子任务的固定成本是指执行子任务时的固定支出。下面以校务通软件开发系统为例,设置子任务"分析软件需求"的固定成本为 1 000 元的操作步骤如下。

(1)单击子任务中"分析软件需求"所在的"固定成本"单元,输入固定成本 1 000 元,按 Enter 键或单击其单元确认输入即可。Project 2016 自动以浅蓝色底纹显示受影响的单元,如图 5-13 所示。

(2)在菜单栏中选择"文件"→"保存"命令,保存当前操作即可。

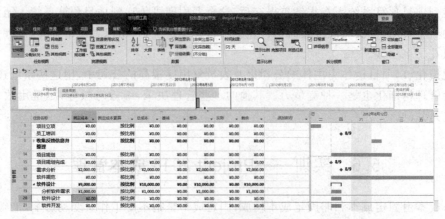

图 5-13 设置子任务的固定成本

5.6.3 更改固定成本的默认累算方式

固定成本累算方式是指"任务的固定成本"在任务开始时、选择中或结束时才计算实际成本中。Project 2016 中默认任务的固定成本累算方式都是"按比例"自动计算,管理者也可以修改该默认累算方式,其操作如下。

(1) 运行 Project 2016,在工具栏中单击"工具"→"其他命令"按钮,弹出"Project 选项"对话框,选择"日程"选项,如图 5-14 所示。

(2) 单击"默认固定成本累算"域右侧的下三角按钮,从弹出的下拉列表中选择所需的累算式即可。然后单击"确认"按钮,完成全局任务累算方式的设置。

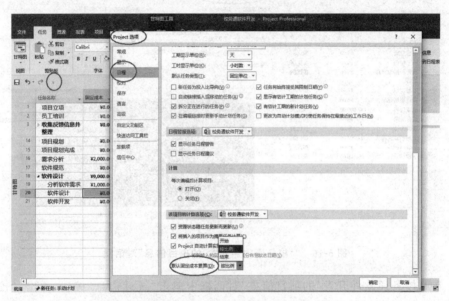

图 5-14 设置固定成本累算方式

5.6.4 查看任务成本信息

任务的成本是分配到资源和任务固定成本上的,当设置任务的固定成本,分配资源后,项目经理可以查看每个任务的成本状况。查看任务成本信息的操作步骤如下。

(1) 打开项目文件,在菜单栏中选择"视图"→"甘特图"命令,打开"甘特图"视图。

(2) 选择"视图"→"表格"→"成本"命令,弹出"成本工作表"视图,如图 5-15 所示。

图 5-15 显示任务的成本信息

5.6.5 查看项目成本

Project 2016 能根据已有信息计算出项目实际成本,跟踪成本变化,可确保在预算范围内完成项目。下面介绍在 Project 2016 中如何查看项目的总成本以及实际成本变化,操作步骤如下。

(1) 打开该项目文件,选择菜单栏中的"项目"→"项目信息"命令,弹出"'校务通软件开发'的项目信息"对话框,如图 5-16 所示。

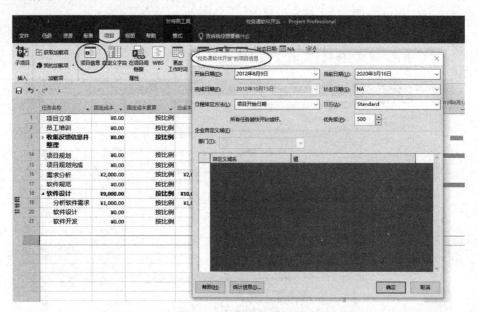

图 5-16 "'校务通软件开发'的项目信息"对话框

(2) 在"'校务通软件开发'的项目信息"对话框中单击"统计信息"按钮,弹出"'校务通软件开发'的项目统计"对话框,如图 5-17 所示。在"'校务通软件开发'的项目统计"对话框中可以查看到项目的总成本为 12 000.00 元。

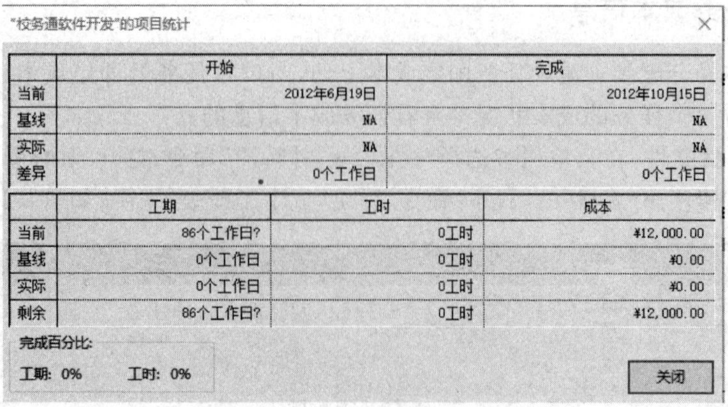

图 5-17 "'校务通软件开发'的项目统计"对话框

还有一种直观的方法可以查看成本信息。打开所查项目,在菜单栏中选择"视图"→"甘特图"命令,打开该项目的"甘特图"视图。在菜单栏中选择"报表"→"成本"→"任务成本概述"命令,弹出成本工作表,如图 5-18 所示。

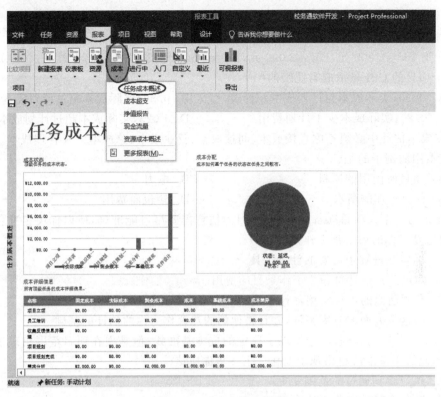

图 5-18 成本工作表视图

实践课堂

一、计算题

某项目进展到 11 周时,对前 10 周的工作进行统计(到第 10 周工作应该全部完成),相关情况见表 5-5。

表 5-5 项目进展

工作	计划完成工作预算费用/万元	已完工作量/%	实际发生费用/万元	挣值/万元
A	400	100	400	
B	300	95	290	
C	600	60	350	
D	200	100	220	
E	500	60	280	
F	400	100	390	
G	800	60	500	
H	300	50	150	
I	200	40	150	
合计				

(1) 求出第 10 周每项工作的 EV 及 10 周末的 EV。

(2) 计算 10 周末的合计 AC、PV。

(3) 计算 10 周末的 CV、SV 并进行分析。

(4) 计算 10 周末的 CPI、SPI 并进行分析。

二、选择题

1. 如果 PV=2 200 元，EV=2 000 元，AC=2 500 元，这个项目的 CPI 是（   ），截至到目前，这个项目的 CPI 显示成本业绩的（   ）。

  A. 0.20，实际成本与计划成本一样多　　B. 0.80，实际成本超过计划成本

  C. 0.80，实际成本少于计划费用　　D. 1 025，实际成本超过计划成本

2. 在成本估计中必须考虑直接成本、间接成本、营业成本、总成本以及管理成本。下面不是直接成本用的例子的是（   ）。

  A. 项目所使用的原料　　B. 电力

  C. 项目经理的薪水　　D. 转包商费用

3. 你正为一个大项目准备成本估算，因为估算需要尽可能准确，所以你决定准备进行自下而上的估算。你的第一步工作是（   ）。

  A. 确定在进程中需要的计算工具

  B. 确定并且估计每一个工作条目的费用

  C. 利用前面的项目费用估计来帮助准备这个费用估计

  D. 向这个方面的专家咨询，并且将他们的建议作为你的估计的基础

4. 你是一个项目经理，已经批准了原定的成本基准线，但是现在项目范围出现了比较大的变化，因此成本基准线也出现了变化。下一步你应该（   ）。

  A. 执行得到通过的范围变更

  B. 发布更新后的费用预算

  C. 把你通过这个过程获得的经验教训记录在案

  D. 评估范围变更的幅度

5. 下面不能用来计算项目完成的估算的计算方式是（   ）。（多选）

  A. 当前的 AC 加上剩余预算

  B. 当前的 AC 加上对所有剩余工作的重新估算

  C. 当前挣值（EV）加上剩余的项目预算

  D. 当前的 AC 加上根据实际情况修改的剩余预算

6. 在实施项目的成本管理时，需要编制资源计划，其目的是（   ）。

  A. 估算完成项目活动所需的资源成本　　B. 为估算项目的成本提供基础

  C. 确定可用的资源　　D. 确定完成项目活动所需的资源

7. 如果进度偏差与成本偏差是一样的，二者都大于0，那么下列表述错误的是（   ）。

  A. 项目进度滞后　　B. 项目实际进度比计划进度提前

  C. 项目实际成本比计划费用低　　D. 项目成本超支

8. 当采用自下而上估算法来估算项目成本时，下列表述正确的是（   ）。

  A. 下层人员会夸大自己所负责活动的估算

  B. 自下而上估算法是一种参与管理型的估算方法

  C. 高层管理人员会按照一定的比例削减下层人员所做的预算

  D. 自下而上估算出来的成本通常在具体任务方面更为精确一些

三、简述题

在 Project 2016 中更改固定成本的默认累算方式。

第 6 章

项目质量管理

Chapter 6

学习目标	1. 解释项目质量控制工具和技术，如帕累托图、统计抽样、质量控制图和 6σ 法则； 2. 比较 IT 项目的不同测试类型以及它们与质量的关系； 3. 描述项目质量管理的质量计划、质量保证和质量控制包含的内容； 4. 理解并掌握质量管理的输入和输出。
技能要求	1. 能清楚地制订项目质量管理计划； 2. 能够明确地描述帕累托图、统计抽样、质量控制图和 6σ 法则，并运用工具和技术进行项目质量控制； 3. 熟练运用成熟度模型来提高 IT 项目质量，如能力成熟度模型（CMM）和项目管理成熟度模型； 4. 能够定制个性化 Project 2016 环境。

综合案例分析

在第 1 章的综合案例中，甲公司和乙公司老总很快进行了合同的签订，交由技术部门处理，但技术部门前期没有参与合同签订，因此，合同中没有写清楚内容，存在诸多问题。本案例对其中的质量管理进行详细分析。

在签订的合同规定工程开发周期预算为 36 周。乙公司的张工负责这个项目实施，他制订了详细开发计划，认为工程的关键在于流媒体服务器和门户网站的虚拟化建设，因此将服务器和网站的重组整合用时定为 36 周，其他项目并行实施。实施过程在需求分析、概要设计、详细设计、编码、单元测试、集成测试等各个环节都严格要求并定期组织评审。

张工认为门户网站的建设、管理与测试工作是重中之重，测试周期占整体的 40%，约 14.5 周。每周测试结果显示，网站测试的故障逐周呈现下降趋势，100，90，50，…，2，1。于是，张工断言门户网站可以在第 14 周测试之后顺利交付给用户，并进行项目验收。

乙公司总部在长沙，在实施过程中，甲公司不断变更需求，随时要求演示系统功能，并且催促进度。张工为了满足客户在工程进度方面的要求，将部分应用软件系统代码在现场进行开发，进度果然很快。但是，当应用软件系统投入运行后，系统故障的发生频率却非常高，经过对故障的分析，张工发现，故障主要出在现场开发软件与总部开发软件的协同工作中。例如，现场所修改的软件代码，在长沙总部下发统一版本软件的时候经常被替换而丢失功能；再如，应用系统的本地化功能太多、太偏而很难与统一版本融合。

同时，由于现场抽调人员参与应用软件开发，现场本应做的配置管理工作也被耽搁了，如网络系统的配置（设备访问权限、路由、IP规划等）、主机访问权限规划、应用系统访问权限规划、应用环境参数规划等，这些现场运行环境参数，按照公司的管理制度，是应用编制文件存档的，但张工却没有安排人员来做这些工作。

由于网络系统庞大，中心机房设备多，参与项目的工作人员按照各自习惯进行系统配置。因此在工程投入运行后，各部分配置不规范，局部配置变更，从而导致严重的系统运行事故。曾经在一次配置变更过程中由于应用系统密码的修改，导致系统停止业务半天，给用户造成了严重的损失和不良影响。

【问题】

（1）张工的项目质量管理计划中是否存在问题？为什么？

（2）如果你是本项目的总工，为了提高项目质量，你将如何开展工作？

（3）张工只根据对门户网站测试的跟踪统计分析结论，得出项目可用于计划的测试期限结束后达到验收交付的要求，你认为可行吗？为什么？

（4）团队协同工作，在软件版本方面会造成哪些问题？应当采取什么措施以避免问题的出现？

（5）张工在面对用户不断变更要求时的处理方法是否合适？

（6）在IT项目实施过程中，怎样协调现场与总部的开发团队？

6.1 项目质量管理概述

在项目三要素（进度、质量、成本）中，质量的可视性是最差的，而如果解决不了质量管理的问题，进度和成本的控制也将受到影响，我们也难以判断项目是否真的在按照计划推进。质量管理建议可以从定性和定量两个方面谈，毕竟对于很多组织，定量质量管理还是比较遥远的事情。

6.1.1 质量管理概况

通常，IT项目经理从需求、测试和QA三个宏观角度去管理项目，即可以实现项目的整体管控。

1. 需求对质量管理的影响

需求是项目质量的源头控制点，需求分三个层次：业务层、用户层和规格层。大部分的项目只做了业务层就开始设计了。所以很难把需求工作做得深入，不能及时发现问题。在收到的合同要求中，客户的要求就反映了到业务层的需求。

用户层需求就需要乙方业务人员来完成，乙方业务人员需要使用调查、观察、用例、场景等方法把业务需求细化。甲方业务人员一般是配合，但如果有能力的话，可以直接做完用户层需求给乙方。甚至还需要使用原型法。规格层是开发的事情，把用户需求分解、分配成各个规格，以便于跟踪。

2. 充分认识独立测试的意义

测试是提高产品质量的必要条件，也是提高质量最直接、最快捷的手段，但绝不是一种根本手段。IT项目经理必须熟悉测试的规律,以及如何开展测试以保证项目或产品的质量,需要知道项目开发的每个阶段都需要测试人员的参与,方能有效开展测试,如图6-1所示。

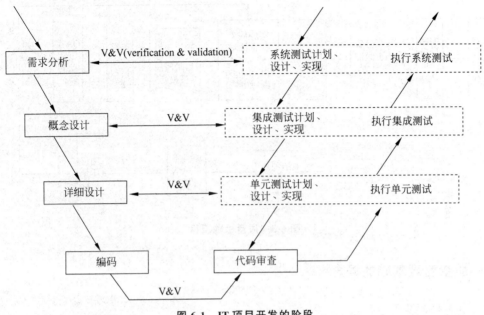

图 6-1 　IT 项目开发的阶段

测试过程需要三类输入。软件配置,包括软件需求规格说明、软件设计规格说明和源代码等。测试配置,包括测试计划、测试用例和测试驱动程序等。测试工具为测试的实施提供某种服务。例如,测试数据自动生成程序、静态分析程序、动态分析程序、测试结果分析程序以及驱动测试的工作台等。测试过程如图6-2所示。

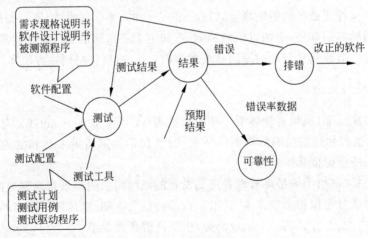

图 6-2 　测试过程

3. 重视质量保证

QA质量保证人员通常不属于项目组,他们是项目支撑人员,但他们对项目质量起到的作用是至关重要的。QA人员能够在项目的全过程,提出保障项目质量及项目成功交付的意见和建议。如图6-3所示是一个典型质量保证流程,可见IT项目经理需要充分认知和重视QA人员的支撑作用。

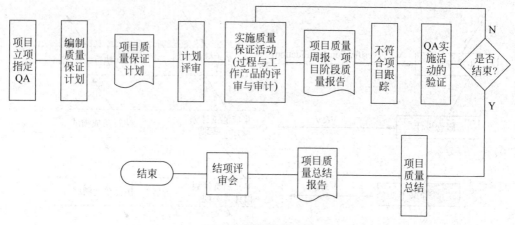

图6-3 质量保障流程

6.1.2 质量管理基础的概念

1. 质量的概念

根据我国国家标准《质量管理体系 基础和术语》(GB/T 19000—2016),对质量定义为:一组固有特性满足要求的程度,要求包括明示的、隐含的和必须履行的需求或期望。对质量管理体系来说,固有特性是实现质量方针和质量目标的能力。对过程来说,固有特性就是将输入转化为输出的能力。

明示的要求是指在合同环境中,满足用户明确提出的需要或要求,通常是通过合同、标准、规范、图纸、技术文件所做出的明确规定,以及一些公认的、不言而喻的、不必做出规定的需要。隐含的要求是指顾客的期望,应加以识别和确定,如空调必须满足调节风速和温度等基本功能即属于隐含需要。造成质量问题的原因有五大方面:人、机器、原材料、方法和环境。

2. 质量管理的概念

根据我国国家标准《质量管理体系 基础和术语》(GB/T 19000—2016),对质量管理定义为:在质量方面指挥和控制组织的协调的活动,通常包括制定质量方针和质量目标以及质量策划、质量控制、质量保证和质量改进。

质量方针是指"由组织的最高管理者正式发布的该组织总的质量宗旨和方向"。它体现了该组织(项目)的质量意识和质量追求,是组织内部的行为准则,也体现了顾客的期望和对顾客的承诺。质量方针是总方针的一个组成部分,由最高管理者批准。

质量目标是指"在质量方面所追求的目的",它是落实质量方针的具体要求,它从属于质量方针,应与利润目标、成本目标、进度目标等相协调。质量目标必须明确、具体,尽量用定量化的语言进行描述,保证质量目标容易被沟通和理解。

3. 质量保证的概念

根据我国国家标准《质量管理体系 基础和术语》(GB/T 19000—2016),对质量保证定义为：质量保证是质量管理的一部分,致力于增强满足质量要求的能力。也就是,质量保证是为了提供足够的信任表明实体能够满足质量要求,而在质量体系中实施并根据需要进行全部有计划和有系统的活动。

质量保证是质量管理的一个组成部分,目的是对产品体系和过程的固有特性已经达到规定要求提供信任,其核心是向人们提供足够的信任,使顾客和其他相关方确信组织的产品、体系和过程达到规定的质量要求。

质量保证分为内部质量保证和外部质量保证,内部质量保证是企业管理的一种手段,目的是取得企业领导的信任。外部质量保证是在合同环境中,供方取信于需方信任的一种手段。因此,质量保证的内容绝非是单纯的保证质量,而更重要的是要通过对那些影响质量的质量体系要素进行一系列有计划、有组织的评价活动,为取得企业领导和需方的信任而提出充分可靠的证据。

4. 质量控制的概念

我国国家标准《质量管理体系 基础和术语》(GB/T 19000—2016),对质量控制的定义是:质量管理的一部分,致力于满足质量要求。质量控制的范围涉及产品质量形成全过程的各个环节,如设计过程、采购过程、生产过程、安装过程等。

质量控制的工作内容包括专业技术和管理技术两个方面。围绕产品质量形成全过程的各个环节,对影响工作质量的人、机、料、法、环五要素进行控制,并对质量活动的成果进行分阶段验证,以便及时发现问题,采取相应措施,防止不合格重复发生,尽可能地减少损失。质量控制应以预防为主与检验把关相结合为原则。

6.1.3 质量管理的基本原则和目标

项目质量管理包括确保项目满足其各项要求所需的过程。它包括担负全面管理职责的各项活动:确定质量方针、目标和责任,并通过质量策划、质量保证、质量控制和质量改进等手段在质量体系内实施质量管理。

1. 质量管理基本原则

(1) 以实用为核心的多元要求。
(2) 系统工程。
(3) 职工参与管理。
(4) 管理层和第一把手的重视。
(5) 保护消费者权益。
(6) 面向国际市场。

2. 项目质量管理的目标

(1) 顾客满意度。
(2) 预防胜于检查。
(3) 各阶段内的过程。

预防缺陷的成本大大低于纠正缺陷的成本。项目质量管理既重视结果也重视过程,项目管理过程中讲到的阶段和过程与戴明等质量管理专家所描述的质量控制循环 PDCA(plan-docheck-action,计划—实施—检查—行动)相似。实施组织主动采纳的质量改进措施(如全面质量管理、持续改进等)不仅可以提高项目管理的质量而且也能提高项目产品的质量。

6.1.4 国际质量管理标准

国际上目前应用普遍的质量管理标准有：ISO 9000 系列标准、全面质量管理和六西格玛。

1. ISO 9000 系列

ISO 9000：2000(等同于国家标准 GB/T 19000—2016)包括：ISO 9000——基础知识和术语。ISO 9001——质量管理体系要求,用于组织证实其具有提供满足顾客要求和适用的法规要求的产品的能力,目的在于增进顾客满意程度。ISO 9004——有效性和效率指南,组织业绩改进和顾客及其他相关方满意。ISO 19011——审核质量和环境管理体系指南。

ISO 9000 质量管理的主要原则有顾客为中心,领导作用,全员参与,过程方法,管理的系统方法,持续改进,基于事实的决策方法和与供方互利的关系 8 项原则。

2. 全面质量管理

全面质量管理(TQM)的四个要素是：结构、技术、人员和变革推动者,只有这四个方面全部齐备,才会有全面质量管理这场变革。

TQM 的有四个核心特征是全员参加的质量管理,全过程的质量管理,全面方法的质量管理以及全面结果的质量管理。

3. 六西格玛(6σ)

六西格玛管理法是全面质量管理的继承和发展,它意为"六倍标准查差"。6σ 专注于过程改进,通过提高组织核心过程的运行质量,进而提升企业赢利能力的管理方式,提高顾客满意程度的同时降低经营成本和周期。六西格玛的优势是从项目实施过程中改进和保证质量,而不是从结果中检验控制质量。这样做不仅减少了检控质量的步骤,而且避免了由此带来的返工成本。

6σ 管理法的核心是将所有工作作为一种流程,采用量化的方法分析流程中影响质量的因素,找出最关键的因素并加以改进以达到更高的客户满意度,即采用 DMAIC(确定、测量、分析、改进、控制)改进方法对组织的关键流程进行改进。

DMAIC 的四个构成要素：最高管理承诺、有关各方参与、培训方案和测量体系。其中有关各方包括组织员工、所有者、供应商和顾客。

项目质量管理的主要活动是项目质量管理计划、质量保证和质量控制,如图 6-4 所示。流程如下：确立质量标准体系；对项目实施进行质量监控；将实际与标准对照；纠正偏差错误。

如图 6-4 所示项目质量管理细节的展示,案例的前 3 个问题快速分别定位到质量计划一节、质量保证一节和质量控制一节；案例的后 3 个问题主要涉及软件质量知识,将其定位在软件质量度量一节、质量保证一节和质量控制一节。相信在学习相关知识之后,我们能够将疑难问题逐一突破。

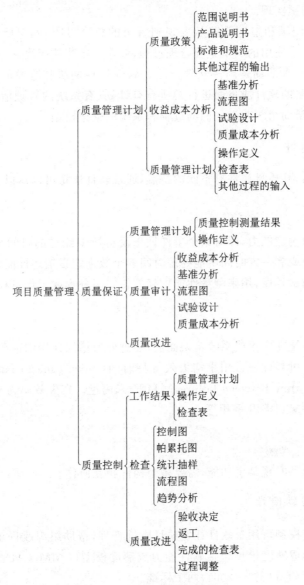

图 6-4　项目质量管理细节

6.2　软件质量度量

6.2.1　质量活动

在 IT 行业中的软件开发领域，公认的质量活动主要包括配置管理、评审、测试以及缺陷跟踪。

(1) 配置管理：描述、跟踪、控制和汇报所有 IT 基础架构中所有设备或系统的管理流程。

(2) 评审：检查项目中间产品，早期发现缺陷以减少后期修改和返工的工作量。

(3) 测试：直接检查软件产品中的缺陷，确保产品符合要求。一般通过单元测试、系统测试、集成测试、性能测试实现。

（4）缺陷跟踪：记录和追踪缺陷从发现到解决的整个过程，确保所有的问题都有结论。这是与评审和测试配合使用的一个重要管理过程，并非一定都能解决。

软件质量保证 SQA 活动是确保软件产品在软件生存期所有阶段的质量的活动，即为了确定、达到和维护需要的软件质量而进行的所有有计划、有系统的管理活动。提高 IT 项目质量成熟度模型，用于帮助组织改进它们的过程和系统的框架模型。

6.2.2 软件质量特性

软件是逻辑产品，其质量属性有不同的特点，通常软件质量可以从以下几个方面来衡量。

1. 性能

性能是指系统的响应能力，即对某个事件做出反应所要经过的时间长短。经常用完成一个事件所需时间长短或者一定时间所能处理时间的个数来定量描述性能优劣。经常采用的性能测试方法有基准测试程序，用来测量性能指标的特定事务集或工作量环境。

2. 可靠性

可靠性是软件系统在应用或系统错误面前，在意外或错误使用的情况下，维持软件系统功能特性的基本能力。可靠性通常用平均失效等待时间（mean time to failure，MTTF）和平均失效间隔时间（mean time between failure，MTBF）来衡量。在失效率为常数和修复时间很短的情况下，MTTF 和 MTBF 几乎相等。

3. 功能性

一个软件系统为了实现某个功能，需要多个构件相互协作。

6.2.3 软件能力成熟度模型

软件能力成熟度模型可用于软件开发项目质量管理，帮助组织改进项目过程和系统的框架模型。当前流行的成熟度模型包括软件能力成熟度模型（CMM/CMMI）和国内的《软件过程能力评估模型》（SJ/T 11234—2001）两个标准。

1. CMM/CMMI

软件能力成熟度模型（capability maturity model for soft ware，SW-CMM）简称 CMM，其发展历程如图 6-5 所示。

CMMI for Development 模型 1.2 版本包括三个学科：软件工程、系统工程和硬件工程。CMMI 模型将成熟度分为 5 个等级，每个等级包含相应的过程域，如图 6-6 所示。每个过程域中设定了通用目标和特殊目标，每个目标下由若干实践组成。

2. SJ/T 11234/SJ/T 11235

"软件过程及能力成熟度评估"（software process and capability maturity assessment，SPCA）是软件过程能力评估和软件能力成熟度评估的统称，是我国信息产业部会同国家认证认可监督管理委员会在充分研究了国际软件评估体制，特别是美国卡内基梅隆大学 SEI 所建

图 6-5　CMMI 模型的发展历程

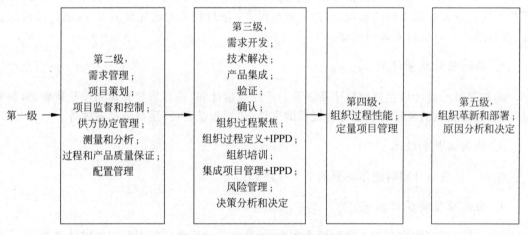

图 6-6　CMMI 模型的成熟度等级

立的软件能力成熟度模型(CMMI),并考虑了国内软件产业实际情况之后所建立的软件评估体系。

【问题 4 参考回答】

同一软件代码不能同时由多人进行修改。项目现场为应急而擅自更改软件代码,但没有将更改纳入统一的版本管理,很容易造成本部发现新版本软件时,替换软件而丢失了现场所进行更新的代码,从而造成系统故障反复出现。

张工如果一定要进行现场开发,应当委托现场工作人员,或亲自督促现场所进行的开发工作与总部所进行的开发工作在软件版本方面保持一致,处理本地过于苛刻的需求要与总部协商一致的情况采取合理措施控制统一版本。

6.3 项目质量计划

6.3.1 项目质量计划目标

制订项目质量计划是识别和确定必要的作业过程、配置所需的人力和物力资源,以确保达到预期质量目标所进行的周密考虑和统筹安排的过程。不同的项目在进行质量策划时,其目的都是实现特定项目的质量目标,因此,制订项目质量计划具体地说,就是根据项目内外部环境确定项目质量目标以及为保证这些目标的实现所必须经历的工作步骤和所必须配置的相关资源。

项目具体目标包括:项目的性能性目标、可靠性目标、安全性目标、经济性目标、时间性目标和环境适应性目标等。

6.3.2 制订项目质量计划包含的主要活动

1. 收集资料

首要掌握的信息有:以往类似项目的质量计划资料以及在执行和处理现场情况总结的经验教训资料、数据对比资料、质量计划变更记录资料等。此外,还要了解项目实施组织或项目委托人的质量方针和项目的假设、前提与制约因素;项目相关方已完成的工作、项目目前的状况、项目投资人对项目未来的期望。

2. 编制项目质量计划

编制项目质量计划包括项目中所涉及的产品质量计划,项目质量管建和作业策划,编制质量计划,制定相应的质量管理过程和资源的文件,包括质量责任、质量活动顺序等。

3. 使用工具和技术

编制项目质量计划时使用必要的工具和技术。

4. 形成项目质量计划书

在上述三项工作的基础上进行提炼和集成,写出项目质量计划书和有关辅助文件。

6.3.3 制订质量计划所采用的主要技术和工具

1. 效益/成本分析

权衡考虑效益/成本的利弊,可以减少返工,提高生产率、降低成本和增加项目干系人的满意度。

2. 基准比较

基准比较是指将项目的实际做法或计划做法与其他项目的实践相比较,从而产生改进的思路并提出度量绩效的标准。

3. 流程图

流程图是指任何显示与某系统相关的各要素之间相互关系的示意图,是流经一个系统的信息流、观点流或部件流的图形代表。过程的各个阶段均用图形块表示,不同图形块之间以箭头相连,代表它们在系统内的流动方向。

4. 实验设计

通过实验设计来确定最合理的计算机芯片。此外还能用于诸如成本与进度权衡的项目管理问题。

5. 质量成本分析

质量成本分为预防成本、评估成本和缺陷成本。

预防成本是指为保证产品符合需求条件,无产品缺陷而付出的成本。如项目质量计划、质量规划、质量控制计划、质量审计、设计审核、过程控制工程、质量度量、测试系统建立(测试设备及系统的设计与开发或购置)、质量培训和供应商评估等都是预防成本。

评估成本是指为使工作符合要求目标而进行检查和检验评估所付出的成本。如设计评估、收货检验、采购检验、测试、测试结果的分析汇报等都是评估成本。

缺陷成本又进一步分为内部的和外部的缺陷成本。内部缺陷成本是指交货前弥补产品故障和失效而发生在公司内的费用。如产品替换、返工或修理、废料和废品、复测、缺陷诊断、内部故障的纠正等。外部缺陷成本是指发生在公司外部的费用,通常是由顾客提出的要求。如产品投诉评估、产品保修期投诉、退货、增加营销费用来弥补丢失的客户、废品召回、产品责任、客户回访解决问题等都是外部缺陷成本。

6. 质量功能展开

质量功能展开就是将项目的质量要求、客户意见转化成项目技术要求的专业方法。这种方法在工程领域得到了广泛的应用,它从客户对项目交付结果的质量要求出发,先识别出客户在功能方面的要求,然后把功能要求与产品或服务的特性对应起来,根据功能要求产品特性的关系矩阵(质量屋)及产品特性之间的相关关系矩阵,进一步确定出项目产品或服务的技术参数。

7. 过程决策程序图法

过程决策程序图法的主要思想是,在制订计划时对实现既定目标的过程加以全面分析,估计到各种可能出现的障碍及结果,设想并制订相应的应变措施和应变计划,保持计划的灵活性;在计划执行过程中,当出现不利情况时,就立即采取原先设计的措施,随时修正方案,从而使计划仍能有条不紊地被执行,以达到预定的目标;当出现没有预计到的情况时随机应变,采取灵活的对策予以解决。

通过学习项目质量计划一节的内容,来试着回答本章开篇综合案例中提出的问题。

【问题 1 参考回答】

张工的项目质量管理计划中是否存在问题?为什么?

软件测试环节虽然很重要,却不是软件质量的形成环节,测试只能检查软件中所存在的缺陷,发现问题。软件质量是在需求分析、设计、编码、测试、文档编制等软件生产的全过程中形成的。越晚进行的测试,其测试计划的编制时间就越早。

首先,测试计划不够全面,还应当包含系统整体测试、运行测试。运行测试是对应用软件系统整体功能的全面检验,也是最能够说明软件系统质量的测试环节。

其次,张工安排测试计划的编排时机不对,测试计划和测试用例的编制应当与软件系统的概要设计、详细设计同步进行,其中关系细分如下。

系统测试计划、确认测试计划应在需求分析阶段制订,测试用例、测试说明应在概要设计阶段制定。

集成测试计划应在概要设计阶段制订,测试用例、测试说明应在详细设计阶段制定。

单元测试计划应在详细设计阶段制订,测试用例、测试说明在编码阶段制定。

6.4 项目质量保证

我们带着本章开篇的综合案例中问题2和问题5这两个问题,一起来学习一下项目质量保证这节内容。项目质量保证的工作,主要由项目管理班子和执行组织的管理层负责,同时需要项目的全体工作人员参加。

6.4.1 产品、系统、服务的质量保证

1. 产品的质量保证工作内容

产品的质量保证工作内容包括:清晰的规格说明;使用完善的标准;历时经验;合格的资源;公正的设计复审;变化控制。

2. 系统的质量保证

建立系统的质量保证体系,质量保证应贯穿整个系统每一项工作的全过程,要建立从系统总体设计、可行性研究、需求分析、立项、概要设计、详细设计、编码、试用、测试,到鉴定评审、运行维护全过程的质量保证体系;特别要加强系统质量的后期管理,即从试用、测试到鉴定评审到运行维护阶段的质量控制:要建立规章制度,包括软件的回访制度和版本更新制度等。

3. 服务的质量保证

服务质量是指企业在售前、售后服务过程中满足用户要求的程序。质量保证一般包括:服务时间,指为用户服务主动、及时、准时、适时、周到的程度;服务能力,指为用户服务时准确判断,迅速排除故障,指导用户合理使用产品的程度;服务态度,指服务过程中热情、诚恳、有礼貌、守信用、建立良好服务信誉的程度。

6.4.2 管理过程的质量保证

管理过程的质量保证包括以下内容。
(1)制定质量标准。
(2)制定质量控制流程。
(3)提出质量保证所采用方法和技术。
(4)建立质量保证体系。

6.4.3 项目质量保证工作的输入、输出

1. 输入

项目质量保证工作的输入包括：质量管理计划，质量度量数据，过程改进计划，工作绩效信息，经过审批的变更请求，质量控制度量数据以及实施的变更请求、缺陷修订、纠正措施和预防措施等。

2. 输出

变更输出请求；建议纠正措施；组织过程资产；项目管理计划。

通过学习系统的质量保证知识，完整的系统质量保证包括概要设计、详细设计、编码、试用等一系列环节；服务的质量保证知识教会我们作为项目经理人应该学会主动配合用户试用软件，当用户提出不合理或不切实际的改进要求时，应该向用户说清楚如此改进的弊端，并正确引导用户合理使用软件。

现在，让我们一起来试着回答一下本章开篇的综合案例问题。

【问题 2 参考回答】

首先，当进行需求分析时，同步制订并确认测试计划和测试用例，同步制订系统整体测试计划和测试用例。

其次，当进行软件系统概要设计时，制订单元测试计划和测试用例。

再次，当进行软件系统详细设计时，制订单元测试计划和测试用例。

最后，当项目要验收前，提前与用户协商系统试运行计划，并给用户进行充分的培训，包括领导和一般操作人员，让系统接受实际运行的考验，对于在试运行过程中暴露出来的问题，要及时进行解决。

【问题 5 参考回答】

项目经理在 IT 项目中应该与客户好好沟通，合理引导客户，对于一些突然变更的要求，有的可以让客户暂时放弃，有的可以让客户在其他工程项目中实现，如项目建设二期工程。

项目在面对客户要求时，不仅需要在技术层面上考虑，还要在技术引导、合同变更、人力资源等多方面考虑。

临时的现场开发工作，大多数都不可能与总部的软件开发融为一体，而且管理工作经常是自上而下的，张工恰恰忽略了这点。

此外，张工对需求把握随意，控制不严，与客户沟通不够，没有向客户提交合理的进度计划，项目计划不能得到客户认可。

虽然在规划项目质量时，已针对项目与产品的质量需求或标准，做出明确的界定，然而在实务运作上，却经常发生管理者操弄数字、扭曲事实的情形，不管遇到何种情况，都把检测结果解读成为"质量好""出货没问题"。

除了项目主事者心态之外，在进行项目质量的监控及把关时，确认背后所使用的"方法"是否正确完整、流程是否精准无误，也很关键。以软件测试为例，除了为产品"完成测试"之外，更重要的是检验产品所进行的测试，是否为"完善的测试"。

在线游戏常做的"封闭测试"，通常就是要测试软件的可靠性（能够精确执行，并达到预期

功能)、完整性(是否能防止未经授权的使用者闯入)、可用性(使用者在学习、操作、输入时的便利程度)等。缺少了某些步骤,尽管表面上看似"做过测试",好像也"通过测试",但是由于测试不够完整周延,那些未被测试到的项目,很可能会在日后陆续出问题。

质量大师、前国际电话电报公司(ITT)质量管理副总裁菲利普·克劳斯比(Philip Crosby)曾经说过:"一开始就做对所花的成本,永远要比重做低。"如果为了追赶进度而牺牲质量,最后也许得花上加倍的时间和金钱来弥补。

6.5 质量控制

我们带着本章开篇的综合案例中问题 3 和问题 6 这两个问题,一起来学习一下本节内容。质量控制的工作重点是检查,这一节会介绍质量检查的工具和技术。项目经理根据检查结果及时判断项目的下一步发展是否继续进行,改进还是返工。质量控制与质量保证的区别:质量保证是针对项目实施过程的管理手段,质量控制是针对项目产品的技术手段。

6.5.1 项目质量控制过程的基本步骤

项目质量控制过程包括 7 个基本步骤。
(1) 选择控制对象。
(2) 为控制对象确定标准或目标。
(3) 制订实施计划,确定保证措施。
(4) 按计划执行。
(5) 对项目实施情况进行跟踪监测、检查,并将监测的结果与计划或标准相比较。
(6) 发现并分析偏差。
(7) 根据偏差采取相应对策:如果监测的实际情况与标准或计划相比有明显差异,则应采取相应的对策。

6.5.2 项目质量控制的方法、技术和工具

项目质量控制的老七种工具:因果图、流程图、直方图、检查表、散点图、排列图和控制图。

项目质量控制的新七种工具:相互关系图、亲和图、树状图、矩阵图、优先矩阵图、过程决策方法图和活动网络图。

6.5.3 项目控制的方法和技术

(1) 测试。软件测试就是在软件投入运行前,对软件需求分析、设计规格说明和编码的最终复审是软件质量控制的关键步骤。

(2) 检查。检查是指对工作产品进行检视来判断是否符合预期标准。一般来说,检查的结果包含有度量值。检查可在任意工作层次上进行,可以检查单个活动,也可以检查项目的最终产品。

(3) 统计抽样。采用以顾客为中心的评测方法,驱动组织内部各个层次开展持续改进,主要包括单位产品缺陷及在运作过程中,每百万次运作所存在的缺陷。组建项目团队,提供积极培训,以使组织增加利润、减少无附加值活动、缩短周期循环时间。注重支持团队活动的倡导者,他们能帮助团队实施变革,获取充分的资源,使团队工作与组织的战略目标保持一致。

（4）培训具有高素质的经营过程改进专家，他们运用定性和定量的改进工具来实现组织的战略目标。

（5）确保在持续改进过程确定合理的测评标准。

（6）委派有资历的过程改进专家，指导项目团队工作。

在学习了本节内容之后，现在我们一起来试着回答本节开头提出的问题。项目合同由负责承担的公司方和用户方共同签署，质量检查关键是让用户亲身体验，教会用户如何操作运行软件系统。

6.6 实训——定制 Project 2016 工作环境

定制个性化 Project 2016 环境，可以提高查看和管理项目的工作效率。本节将介绍 Project 2016 工作环境的个性化设置，如字体和文本样式，条形图的版式以及视图板式等。

6.6.1 定制整行字体样式

通过设置项目中的文本样式，可以美化项目整体视觉，提高项目的可读性，并且突出显示特定任务或资源名称等。下面将以校务通软件开发系统为例，介绍在 Project 2016 中如何设置特定的文本样式。要求设置任务"项目立项"整行的"字体"为"黑体"，"字形"为"粗体"，"背景色"为"绿色"，操作步骤如下。

（1）打开项目文件，在菜单栏中选择"视图"→"甘特图"选项，打开"甘特图"视图。

（2）单击选中"项目立项"整行单元格。在菜单栏中选择"任务"→"字体"菜单选项，弹出"字体"对话框，打开设置"字体"对话框，在"字体"列表框中选择"黑体"选项；在"字形"列表框中选择"粗体"选项；单击"背景色"右侧的下三角按钮，从颜色列表中选择"绿色"选项，如图 6-7 所示。

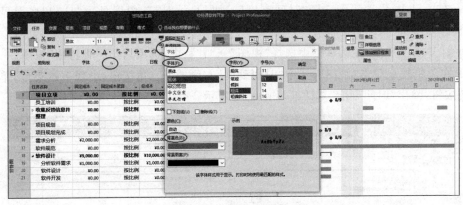

图 6-7 "字体"对话框

（3）单击"确定"按钮关闭对话框，即可完成设置整行字体样式。

6.6.2 设置行列标题的文字样式

设置"行列标题"的文本样式，具体操作步骤如下。

（1）打开项目文件，在菜单栏中选择"视图"→"甘特图"选项，打开"甘特图"视图。

（2）选择"格式"→"文本样式"选项，弹出"文本样式"对话框，单击"要更改的项"右侧的下三角按钮，从列表中选择"行列标题"选项，如图 6-8 所示。

IT项目管理(第2版)

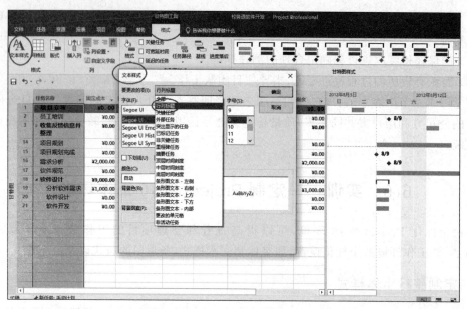

图 6-8 "文本样式"对话框

（3）最后，设置"字体""字形"和"字号"等，设置完成后，单击"确定"按钮完成设置。

6.6.3 定制时间刻度

时间刻度是指显示在"甘特图"视图、"资源图表"视图、"任务分配状况"视图和"资源使用状况"视图顶部的时间段标记。用户可以自定义日历视图的时间刻度或设置显示不同的方式，以满足管理项目的需求。在每个视图中，最多可以显示三层时间刻度，并且可以单独设置每层的样式。在项目中，设置显示三层"时间刻度"，顶层显示"周"、中层显示"日"和底层显示"小时"，其操作步骤如下。

（1）打开项目文件，在菜单栏中选择"视图"→"甘特图"选项，打开"甘特图"视图。

（2）在菜单栏中单击"视图"，选中"时间刻度"右侧的下三角按钮，出现下拉菜单，单击"时间刻度"按钮，弹出"时间刻度"对话框，如图 6-9 所示。

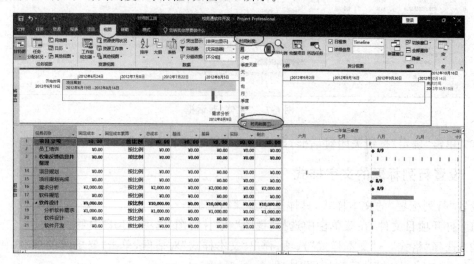

图 6-9 选择"时间刻度"选项

（3）在"时间刻度"对话框中选择"顶层"选项卡，在"时间刻度选项"中单击"显示"右侧的下三角按钮，从下拉列表中选择"三层（顶层、中层、底层）"选项，在"顶层格式"域中单击"单位"右侧的下三角按钮，从下拉列表中选择"年"单位，如图 6-10 所示。

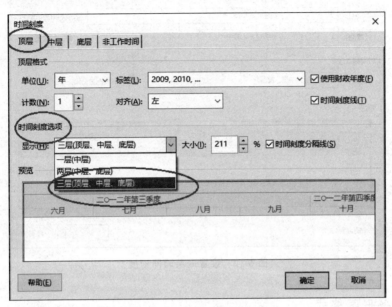

图 6-10 "时间刻度"对话框

（4）选择"中层"选项卡，在"中层格式"域中单击"单位"右侧的下三角按钮，从下拉列表中选择"月"选项，如图 6-11 所示。

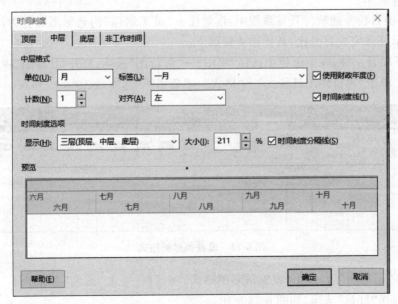

图 6-11 设置中层时间刻度

（5）选择"底层"选项卡，在"底层格式"域中单击"单位"右侧的下三角按钮，下拉列表中选择"天"选项，如图 6-12 所示。

（6）最后，单击"确定"按钮完成设置。

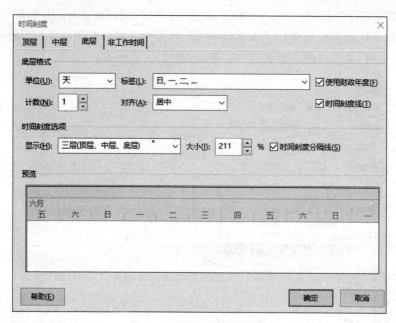

图 6-12　设置底层时间刻度

6.6.4　定制条形图格式

若要对某任务进行特别关注,可以定制任务的条形图引起注意,通过颜色、形状或图案,将它们与其他特定类型的条形图区分开来。使管理者更加集中注意力去解决或处理这些任务,提高项目管理效率。

例如,在项目校务通软件开发系统中,设置任务"员工培训"的条形图颜色为红色,并在条形图上方显示任务完成百分比,其操作步骤如下。

(1) 打开项目文件,在菜单栏中选择"视图"→"甘特图"选项,打开"甘特图"视图。

(2) 依次单击"甘特图工具格式"→"格式"→"条形图"选项,如图 6-13 所示。

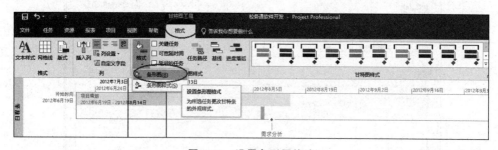

图 6-13　设置条形图格式

(3) 单击"条形图"后,弹出"设置条形图格式"对话框,单击"颜色"右侧的下三角按钮,从下拉列表中选择"红色"选项,如图 6-14 所示。

(4) 选择"条形图文本"选项,单击"上方"右侧的下三角按钮,从下拉列表中选择"完成百分比"选项,如图 6-15 所示。

(5) 最后,单击"确定"按钮完成设置。

第6章 项目质量管理　139

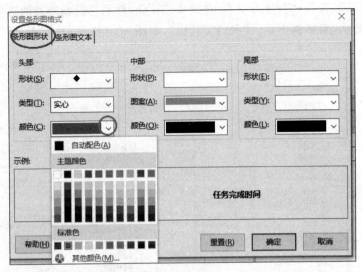

图 6-14 "设置条形图格式"对话框

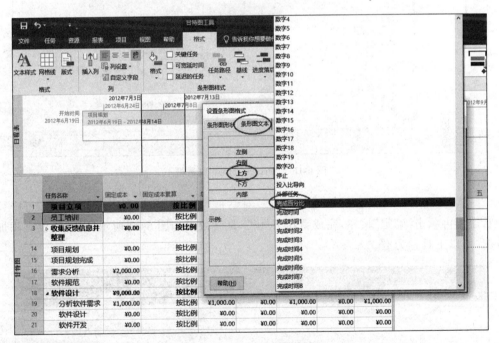

图 6-15 选择"完成百分比"

6.6.5 定制工具栏

为了在项目进行时更方便有效地管理项目，满足用户对工作环境的需求和喜好，可以更改和有序地定制 Project 2016 的默认环境，把最常用的格式或视图设置在最容易选择的位置，从而获得事半功倍的效果。

下面介绍如何新建工具栏，并将新建的工具栏名称命名为"我的工具栏"。具体操作步骤如下。

(1) 打开项目文件，单击工具栏，然后选择"其他命令"，系统自动弹出"Project 选项"对话框,单击"自定义功能区"→"新建选项卡(自定义)"按钮,然后选择新添加的选项卡,右击"重命名"按钮,在"重命名"对话框中输入"我的工具栏",如图 6-16 所示。

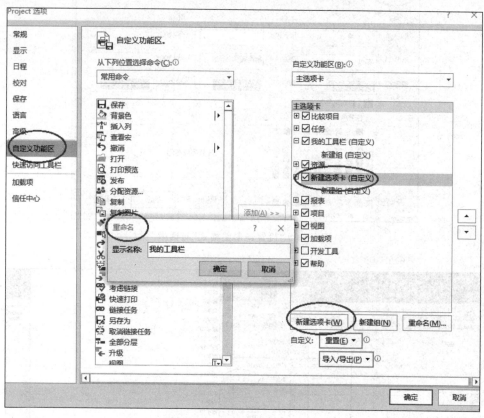

图 6-16 "Project 选项"对话框

(2)单击"确定"按钮,返回"Project 选项"对话框,此时工具栏列表中的"我的工具栏"为选中状态。再单击"确定"按钮,完成新建工具栏,最终效果如图 6-17 所示,因为还没有添加菜单按钮,所以工具栏为空。

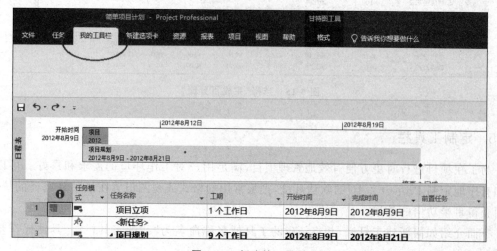

图 6-17 新建的工具栏

6.6.6 添加菜单按钮

由于新建的工具栏目前是空的,还需在上述新建的工具栏中添加菜单按钮,其具体操作步骤如下。

(1) 在菜单栏中右击,选择"自定义功能区"命令,打开"Project 选项"对话框。在"从下列位置选择命令"域选择需要添加到新建的工具栏中的命令,单击"添加"按钮,将选择的命令添加到新建的工具栏中,如图 6-18 所示。

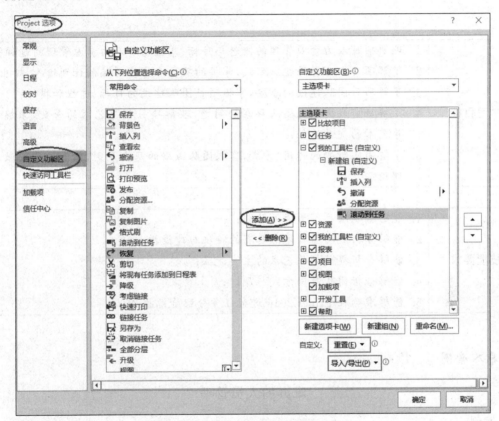

图 6-18 添加菜单按钮到"我的工具栏"

(2) 最后,单击"确定"按钮完成设置。

实践课堂

1. 简述实施质量保证的工具与技术。
2. 简述项目质量管理基本原则。
3. 简述项目质量规划的工具与技术。
4. 简述常用项目质量控制方法(6 种方法以上)。
5. 简述在 Project 2016 中定制时间刻度的步骤。

第 7 章 项目组织与人力资源管理

Chapter 7

学习目标	1. 理解项目人力资源管理的概念与目标、掌握项目人力资源管理的过程； 2. 了解项目人力资源组织形式，掌握的项目人力资源编制计划输入、输出； 3. 了解项目团队建设的重要，掌握项目团队建设的目标、过程和措施； 4. 了解目前我国项目团队存在的问题，理解项目领导艺术的含义，掌握领导艺术的提升途径； 5. 了解团队激励的作用、方式，掌握团队激励的基本原则，体会主要的激励理论。
技能要求	1. 能够编制项目人力资源计划； 2. 能够分析成功项目团队具有的特征与建设措施； 3. 能够分析提升领导艺术的主要途径； 4. 能够分析团队激励方式与原则； 5. 能够准确在 Projet 2016 进行任务分配资源操作。

导入案例

难办的人员管理

案例一：

A 公司组织结构属于弱矩阵结构，该公司的项目经理小刘正在接手公司售后部门转来的一个项目，要为某客户的企业管理软件实施重大升级。

B 公司承担了 A 公司的项目，因人手比较紧张，项目经理从正在从事编程工作的高手中选择了张伟作为负责软件子项目的项目经理，张伟同时兼任模块的编程工作，这种安排导致了软件子项目失控。

【问题 1】 分析导致软件子项目失控的可能原因。

【问题 2】 说明你认为 B 公司事先应该怎么做才能让张伟作为子项目的项目经理避免软件子项目失控。

【问题 3】 概述 IT 项目团队的角色构成。

【问题 4】 叙述在组建项目团队、建设项目团队和管理项目团队方面所需的活动。

【问题 1 分析】 导致软件子项目失控的可能原因有以下三点。

(1) 张伟虽然有意愿做好项目管理，但能力有限。

（2）角色转换问题：张伟没有进入管理角色，只关注于编程工作，疏于项目的管理。

（3）负载平衡问题：张伟身兼两职，精力和时间不够用，顾此失彼。

【问题 2 分析】 将在本章知识的学习中进行分析、讨论。

案例二：

A 公司组织结构为弱矩阵结构，该公司的项目经理小张正在接手公司售后部门转来的一个项目，要为某客户的企业管理软件实施重大升级。小张所在项目组由 5 个人组成，项目组中只有资深技术人员小李参加过其他软件的开发，主要负责研发软件最难的核心模块。根据公司与客户达成的协议，需要在一个月之内升级完成小李原来开发过的核心模块。

小李隶属于研发部，由于他在日常工作中经常早退，经研发部经理口头批评后仍没有改进，研发部经理萌生了解雇此人的想法。但是小李的离职会影响项目的工期，因此小张提醒小李要遵守公司的有关规定，并与项目部经理协商，希望给小李一次机会，但小李依然我行我素。项目开始不久，研发部经理口头告诉小张要解雇小李，为此小张感到很为难。

【问题 1】 从项目管理的角度，请简要分析造成小张为难的原因。

【问题 2】 请简要叙述面对以上困境该如何妥善处理。

【问题 3】 请简要说明该公司和项目经理应该采取哪些措施以避免类似情况的发生。

【问题 4】 概述 IT 项目团队的角色构成。

【问题 5】 叙述在组建项目团队、建设项目团队和管理项目团队方面所需的活动。

【问题 1 分析】 在弱矩阵组织中，项目经理小张缺乏相应的认识管理权限，大部分项目组成员经验不足，项目要求的期限却很紧，项目组成员小李不能严格遵循所属职能部门的工作纪律，导致出现被解雇的风险，从而影响项目的顺利实施，尽管项目经理小张所在项目组成员提供了相应的帮助，但小李不能根据部门的要求对个人行为进行调整，解雇项目组成员小李可能对项目造成严重的影响，不能如期完工。

【问题 2 分析】

（1）项目经理小张与研发部经理协商，请小李全职参与到项目工作中，项目结束后再回到研发部分中。

（2）寻求合适的人员来替代小李工作。

（3）了解小李行为背后的真正原因，如果是因为待遇方面的问题，可以适当调整。

（4）在小李工作绩效达到要求的前提下，可以给予小李较多的个人空间。

（5）积极与小李交流，要求其改变个人行为以适应组织的要求。

问题 3、问题 4 和问题 5 的分析将在本章知识的学习中进行分析、讨论。

在完成项目目标所需的各种资源中，最重要的是人力资源，人力资源是最具创造性的资源。项目是由人来管理的，项目中的所有活动都是由人来完成的，充分发挥"人"的作用，有效地进行项目组织与人力资源管理对于项目的成败起着至关重要的作用。

项目人力资源管理贯穿项目的整个过程。从项目的启动到项目验收以及维护，都需要投入、释放不同的人员。项目经理对团队建设、团队控制是否成功，直接影响项目的进度及最终结果。

IT 行业工作强度大，IT 项目团队成员高学历、高素质、流动性强、年轻、个性独立。如何激发团队成员的事业心、如何把个体凝聚成战斗力超强的团队，是摆在每一个项目经理面前的课题，是项目人力资源管理要解决的问题。

7.1 项目人力资源管理概述

7.1.1 项目人力资源管理的概念

对项目而言,项目人力资源就是所有同项目有关的人的能力的总和。项目团队成员属于内部人力资源,而其他则为外部人力资源。

项目人力资源管理就是有效地发挥每一个参与项目人员作用,把合适的人员组成一个战斗力超强的团队的过程,就是有效地利用项目人力资源实现项目目标。它包括项目组织中的一切对员工构成直接影响的管理决策及实践活动。这些管理实践活动既包括人力资源外量的管理,也包括对项目人力资源质的管理。

对人力资源进行质的管理主要指采用现代科学方法对人力资源进行心理和行动的有效管理,充分发挥人的主观能动性。运用科学的方法了解项目团队成员和其他利害关系者的心理和思想,进行必要的教育和引导,对其行为进行矫正、控制和协调,充分调动他们的主观能动性、积极性和创造性,进而保证项目目标的实现。这就是我们平常所说的激励。为了调动团队成员的积极性,就需要运用激励理论,促使团队成员产生积极工作的动机。

导入案例分析

【问题3分析】
(1) 逐步改变组织中的弱矩阵形式,提升项目经理在组织中的调配资源的权力。
(2) 在组织中建立积极向上的企业文化,引导人员对于企业文化的认同感。
(3) 为研发人员创造相对宽松的工作氛围,激发他们在工作的积极性。
(4) 在项目中建立明确的奖励机制,对项目组成员的绩效进行考核。
(5) 对项目中的关键岗位和关键职责采用AB角或职责备份。
(6) 在组织层面建立知识管理制度,使"隐性知识显示化、个人知识组织化"。
(7) 上级应该注意平时对人员的培养,不能只注意用人,也要加强对项目的监控,及时发现并解决项目可能出现的问题。

【问题4分析】 针对选定的项目,根据项目的特点,需要的角色如下:管理类岗位,如项目经理、质量保证(QA)人员;行业专家;工程人员,如系统分析师(架构师)、软件设计师、程序员、测试工程师、美工、网络工程师、实施人员;辅助类岗位,如文档管理员、秘书等。

7.1.2 项目人力资源管理的目的

项目人力资源管理的目的就是调动所有项目干系人的积极性,在项目承担组织的内部和外部建立有效的工作机制,以实现项目目标。根据项目的目标、项目活动进展情况和外部环境的变化,采用科学的方法,对项目团队成员的思想、心理和行为进行有效的管理,充分发挥他们的主观能动性,实现项目的最终目标。

7.1.3 项目人力资源管理的过程

项目人力资源管理涉及所有的项目干系人,主要过程包括以下几方面。

1. 项目人力资源计划编制

项目人力资源计划编制又称组织计划编制,主要工作是确定与识别项目中的角色、分配项目职责和汇报关系,并记录下来形成书面文件,制订项目人员配备管理计划。

2. 项目团队组建

根据项目人力资源计划,通过调配、招聘等方式获取需要的项目人力资源,组织成项目团队。项目的不同阶段,都有需要进行团队组建工作。

项目团队组建的主要工作包括获取相关人员组成项目团队,向新团队成员讲解项目中与其有关的内容,新成员介绍。这步工作必须做,它能够使一个新成员加入团队感到归属感,而不是单单被指派做事。

项目团队组建的主要成果包括更新的项目团队结构表与更新的项目成员通信录。

3. 项目团队建设

对已组建的团队进行建设。包括组织团队成员相互熟悉,进行相关培训,形成相关规范约束,提高团队个人的技能,改进团队协作,提高团队的整体水平,从而提升项目绩效。

4. 项目团队管理与控制

按照项目人力资源计划的内容对团队进行管理,跟踪团队成员个人的绩效和团队的绩效,提供反馈,解决问题并协调变更,控制有可能引起团队发生变化的因素,从而提高项目绩效。

项目团队管理与控制的主要工作包括:定期执行团队规划里的内容,向公司领导、项目负责人汇报团队状态,控制好可能引起团队发生变化的因素等。

团队管理与控制的主要成果包括:变更的人力资源管理计划和人力资源控制成果。

小贴士

这些过程不是独立的,而是相互关联、相互影响的。项目人力资源计划编制很大程度上决定项目团队的组建与建设,而在项目团队组建与建设过程中又可能要求改变项目人力资源计划。在团队管理过程中很有可能要求改变项目人力资源计划或发生不可预料的事情,如团队人员大量流失,从而引起一系列团队组建、建设的工作。

这些过程也会同项目管理其他知识领域中的过程相互影响。根据项目的需要,每个过程可能会涉及一个或更多的个人或团队的努力。一般而言,在项目生命周期的不同阶段,每个过程至少发生一次。

7.1.4 项目人力资源计划编制

项目中的任务、职责和汇报关系可以分配到个人或团队。这些个人和团队可能属于组织内部,也可能属于组织外部,或者两者的结合。内部团队通常与专职部门,如工程部、市场部或会计部等有联系。

在大多数项目中,项目人力资源计划编制过程作为项目最初阶段的一部分。但是,这一过程的结果应当在项目全生命周期中经常性地复查,以保证它的持续适用性。如果最初的项目人力资源计划不再有效,应立即修正。

小贴士

项目人力资源计划编制过程总是与沟通计划编制过程紧密联系,因为项目组织结构会对项目的沟通需求产生重要影响。

1. 项目组织形式

组织理论描述了如何招募合适的人员、如何构建组织以及构建什么样的组织。项目管理团队应该熟悉这些组织理论以快速地明确项目职责和汇报关系。

可使用多种形式描述项目的角色和职责,常用的有三种:层次结构图、责任分配矩阵和文本格式。无论采用何种形式,都要确保每一个工作包只有一个明确的责任人,而且每一个项目团队成员都非常清楚自己的角色和职责。

(1) 层次结构图。用图形的形式从上至下地描述团队中的角色和关系,如图 7-1 所示。常见的分解结构有工作分解结构、组织分解结构和资源分解结构 3 种。

工作分解结构(WBS)用来确定项目的范围,将项目可交付物分解成工作包即可得到该项目的 WBS,也可以用 WBS 来描述不同层次的职责。

组织分解结构(OBS)与工作分解结构形式上相似,但是它不是根据项目的交付物进行分解,而是根据组织现有的部门、单位或团队进行分解。把项目的活动和工作包列在负责的部门下面。通过这种方式,某个运营部门,如采购部门,只要找到自己在 OBS 中的位置就可以了解所有该做的事情。

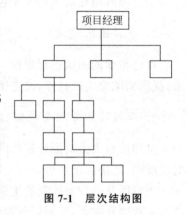

图 7-1 层次结构图

资源分解结构(RBS)是另一种层次结构图,它用来分解项目中各种类型的资源。例如,资源分解结构可以反映一艘轮船建造项目中各个不同区域用到的所有焊工和焊接设备,即使这些焊接工和焊接设备在 OBS 和 WBS 中分布杂乱。RBS 有助于跟踪项目成本,能够与组织的会计系统协调一致。RBS 除了包含人力资源之外还包括各种资源类型,例如,材料和设备。

(2) 矩阵结构表。反映团队成员个人与其承担的工作之间联系的方法有多种,而责任分配矩阵(RAM)是最直观的方法,见表 7-1。

表 7-1 矩阵结构表

职 责	人 员			
	张工	王工	李工	赵工
需求调研	负责		参与、评审	
需求分析	参与		负责	
总体设计		负责		参与
系统开发	提供建议	参与	参与	负责
……	……	……	……	……

在大型项目中，RAM可以分成多个层级。例如，高层级的RAM可以界定团队中的哪个小组负责工作分解结构图中的哪一部分工作；底层级的RAM被用来在小组内，为具体活动分配角色、职责和授权层次。矩阵格式，又称表格，可以使每个成员看到与自己相关的所有活动以及和某个活动相关的所有成员。

小贴士

为了指导正在进行的团队成员招聘和团队建设活动，人员配备管理计划随着项目的持续进行要经常更新。人员配备管理计划中的信息随着项目应用领域和规模的不同而不同，但必须包括上述内容。

（3）文本格式。团队成员职责需要详细描述时，可以用文字形式表示。通常提供如下的信息：职责、权利、能力和资格。这些文档有各种称谓如职位描述表、角色—职责—权利表等。

2．人员配备管理计划的作用和内容

项目人力资源计划编制过程也会制订一个项目人员配备管理计划，该计划确定何时、如何招聘项目所需的人力资源、何时释放人力资源、确定项目成员所需的培训、奖励计划、是否必须遵循某些约定、安全问题以及人员配备管理计划对组织的影响等。

3．项目人力资源计划编制的输入

（1）活动资源估计。通过估计项目各个活动使用的资源来决定整个项目所需的人力资源。关于项目成员的数量及其能力的估计可以在项目人力资源计划编制过程中再进一步细化。

（2）环境和组织因素。

（3）组织过程资产。

（4）项目管理计划。项目管理计划包括对项目活动及其所需资源的描述。例如，质量保证、风险管理、采购管理等，从这些活动中，项目管理团队可以找出所有必需的角色和职责。

4．项目人力资源计划编制的输出

（1）项目人力资源计划。项目人力资源计划是项目整体管理计划的一个分计划，为项目应该使用什么样的人员、如何配备、如何管理、如何控制、最终又如何释放人力资源提供了指南。

（2）项目的组织结构图。项目的组织结构图以图形表示项目汇报关系。它可以是正式的或者非正式的、详尽的或者粗略描述的，这要依项目的实际情况而定。

（3）人员配备管理计划。人员配备管理计划是项目管理计划的一个分计划，描述的是何时以及怎样满足人力资源需求。

导入案例

A公司是一家专业从事信息系统集成与系统实施服务的公司。这些年公司的信息系统实施服务业务发展较快，由于系统实施服务大多以项目的形式组织，在项目执行期间，人员需求较多；一旦项目由建设期转向运营维护，项目人员需求迅速降低。因此，为了降低经营的风险,公司只招聘项目经理及一些业务骨干,有的项目工作外包;有的项目工作做好人员计划后,可以从合作伙伴处租用服务人员。这样,人力资源可以随项目需要而召集和释放,以满足业务发展的需求。因此,项目人力资源计划,对于A公司的项目组织者来说是件非常重要的工作。

小孙跟进了半年的一个项目,终于中标了。这半年没有白辛苦,一口气拿下一家央企三个子公司的信息化实施服务项目。产品选用国内成熟套装系统,由小孙的公司提供系统的建设实施。这个项目是公司的重点项目,刚开始运作的时候老板就告诉小孙,要从售前一直做到交付。

甲方要求的工期很紧,三个子公司必须同时推进,三个月必须上线试运行。这三个子公司的情况各不相同,位于不同的地方,分属于不同的行业,一个是与小孙的公司类似的IT公司,另一个是产品研发公司,还有一个是制造企业。

同时开展三个项目,项目地点比较分散,工期又紧张,虽然拿到了中标通知,但小孙一点也不敢放松,公司里现成可用的人不多,短时间内到哪里去找这么多专业实施人员?况且这次中标的项目选用的产品,公司以前没有做过。

小孙前几个项目,基本都是拿到后直接转包,小孙只需签订好转包合同,后续的一切实施过程都交给外包方,自己只做管控就行了。但这样的方式在运行过程中也出现了很多问题:有时外包方不太可控,实施过程中与客户打交道多了,经常越过自己直接与客户沟通,时间长了,客户反倒对他们更加认可,后面的单直接签给外包方了;有的外包方,拖欠实施顾问的工资,结果恶名最终算到了小孙这个总承包公司头上。

后来小孙也尝试过自己招项目经理和一些核心人员,做好人员计划后,向合作伙伴租用一些专业服务人员,按服务人、天付费,但项目人员的管理完全由项目经理控制。结果项目过程中没有控制好,人工费用花去一多半了,工作还没做多少。最后勉强把工作进度赶回来了,项目一核算,没有多少盈利,几个月白忙活了,老板也很生气!

回想之前的几个项目,小孙对于眼前的这个大项目的人力安排,有些犯难:到底采用什么办法好呢?

导入案例分析

这是一个比较特别的项目人力资源组织的问题,因为它不仅涉及人力资源计划,还涉及向第三方租用人力资源参与项目。如果小孙的公司决定将项目直接外包,主要涉及对外包方的控制技巧。在本案例中,我们主要针对作为总集成商的小孙的公司自行组织项目建设来讨论人力资源的计划。在人力需求与计划非常清楚的前提下,小孙可以依据自有人力的情况,向市场的第三方租用欠缺的人力。

1. 项目经理人选至关重要

小孙的人力资源计划,当务之急是寻找合适的项目经理。千军易得,一将难求!选好项目经理,项目就成功了一半。项目经理的选用,仁者见仁,智者见智,不同的管理者可能有不同的用人策略,但还是有一些共同的基本点。

项目经理的从业经验。不同的项目,需要不同从业经验的项目经理,在小孙的三个项目中,对关键控制点比较了解,容易入手,对于小孙这个工期短的项目尤其如此。没有时间给项目经理去熟悉情况,需要他们迅速开展工作。

项目经理的沟通与协作能力。小孙的三个项目,分散在不同地点,工期紧,但同属于一个母公司,项目建设范围也相同,同时项目人员来自不同的供应方,因此建议小孙一定要选择有很强的沟通与协作能力的项目经理。

2. 测算项目人员规模

选择了合适的项目经理，需要测算各项目的人员规模。在信息化实施服务类项目中，主要的项目成本就是人力资源成本，因此，人员规模的估算与项目成本的控制密切相关。要做好人员规模估算，首先需要依据SOW确定项目的工作范围，并参考同类项目的经验以及项目工期的要求等关键要素，估算出项目的人力投入总数。在估算过程中，还要根据项目的合同金额、预期的利润率、可投入的人力总成本、单位人力成本等对人力投入进行成本校验和比对，以使人力估算更加合理可控。

3. 分类分级计划专业人员需求

人员规模测算后，清楚了整个项目的投入人员总数是30人或者50人，这还不能成为租用的依据。接下来要做的工作是将人员按专业分类，例如，此案例中，要依据各业务线的工作量分类计算出财务、人力资源、物资管理、综合业务管理几个业务分类的人员需求。并在此基础上，确定每个专业的人员所需要的技能熟练程度。因为人员的技能熟练程度不同，其人力选择标准与人力成本是不同的。例如，在总体30人的需求中，如果财务业务的实施人员需要10人，还要进一步确定高级、中级、初级财务实施服务人员的数量。同时，为每个专业各个级别的人员确定准入的技能要求或标准。

4. 构建项目核心支撑人员

在明确了总体人员需求，以及各业务条线、各技能层级的人员需求后，人力计划的蓝图就确定了。为了确保项目人员的可控性，项目的承建方，也就是此案例中的小孙，需要建立项目执行的组织机构，把人员计划分配到组织机构中，并分析确定关键岗位。

5. 制定人员租用渠道的供应量比例

基于以上的几个步骤，已经明确了项目需要租用的人员总数、各专业各层级的人员需求，最后还有一个重要的管理策略：制定人员租用渠道策略，包括具体这些人员从哪儿来，有几个提供方，每个提供方在总体人员租用中的人数比例、各业务人员的比例、各层级人员的比例。控制好各渠道的人员比例，可以形成各渠道的竞争，同时避免项目受制于供方的人员能力，以及减弱供方人员控制项目的风险。

7.2 项目团队建设

项目团队是由一些个体成员为实现一个具体项目的目标而组建的协同工作的群体。项目团队的根本使命是在项目经理的直接领导下，为实现具体项目的目标，完成具体项目所确定的各项任务而共同努力，并协调一致和有效地工作。

项目团队是由具有各种专业技能的人员组成的，其建设应该以满足企业经营为目标。项目团队建设的成功与否关系到项目运作以及企业经营的成败，因此，管理者应该根据不同的情况而运用适合的方法，增强项目团队凝聚力和向心力，打造成功的项目团队。这样才能使一个团队更具战斗力，使得项目按时、保质地完成。

7.2.1 项目团队建设的重要性

对于一个企业而言，团队建设非常重要，主要体现在：

（1）项目团队的工作方式使企业能够更好地应对外部环境的竞争，更好适应企业内部的重组。

（2）团队建设为员工提供了更大的活动空间和更好的工作环境,很大程度上激励了团队成员的工作积极性和创造性。

（3）团队的建设有利于增强企业的凝聚力。

（4）团队形成有利于员工的本能发挥。团队工作形式能够不断地对员工的技术能力、人际处理能力、决策能力以及管理能力进行培养,从而使员工发挥其最大的价值。

小贴士

在团队建设的过程中,由于内部、外部环境的变化,成员的变更随时都会存在。因此,时刻都要留意团队的建设,尽可能使成员的变化对团队的影响降到最低。

导入案例

发挥项目经理的管理者职能

王端军在华为拥有丰富的项目交付经验。2008年11月,他参与并主导的Turnkey大型项目的一期项目顺利交付。经过一期项目的磨合和历练,王端军不仅自身对项目管理有了更深层次的理解,还带领团队在各种技术瓶颈的磨砺中走向成熟,使之成为一支精湛的项目交付团队。于是,上级领导决定将更为复杂的二期项目也交给他的团队。

重压之下,他马上召集团队中的精兵强将开始了二期项目启动前的分析。他们针对一期项目管理上的问题,制订了吸收一期经典方案并适用于二期项目的项目计划。随后在二期项目的逐步运行中,各个环节的质量和交付进度都领先于友商,客户很满意。但如此骄人的交付成果背后却隐藏着许多艰辛。

在项目的站点建设中,为了确保站点的安装质量万无一失,王端军亲自带着技术骨干和分包商爬上几十座铁塔进行核查工作。有一次,爬上铁塔后不久,大风就将王端军的眼镜刮飞了,在没有眼镜的情况下,王端军摸索着爬下了铁塔,下来后还主动自嘲,从而化解了客户的担心。于是,客户被王端军所感动,与他成了业务之外的好朋友,他们之间每一次共进晚餐都成了技术澄清的研讨会。2010年,王端军获得了华为金牌项目经理的称号。

2011年,受利比亚国内紧张局势影响,华为在埃塞俄比亚的代表处撤离。远在埃及地区的王端军被临时派往埃塞俄比亚,担任项目经理,主导当地的电信项目投标工作,项目总额高达十几亿美元。与此同时,王端军还要兼任另外三个项目的交付经理,而当时的项目团队里中国员工和本地员工加起来只有10人,仅有的这些团队成员还要共同负责几个项目。王端军只能马不停蹄地向前跑,经过这一段时间的多项目交付经历,历练了他对于大型项目的投标经验,同时也磨炼了他在人力资源严重匮乏的情况下对团队的管理能力,为今后处理各种复杂项目进一步奠定了基础。

2013年,华为与摩洛哥签订了4 000多个站点的大型项目,王端军被派往摩洛哥担任项目经理。结合以往的项目经验和团队管理经验,王端军带领的团队如期完成了这个大型复杂的项目,并且把团队建设成为一支精兵战队,赢得了客户方的高度认可。

项目管理工作充满着困难和挑战,复杂的项目管理可能会涉及数千项相关活动,然而之前项目经验中总结出来的规程并不一定完全能够应用到特定的工作任务中。这就需要项目经理与各类干系人之间建立联系,以保证项目的顺利开展。图7-2描述了项目经理与相关干系人的交互性。

项目经理在项目进行过程中扮演着3种角色,如图7-3所示,分别是协调者、推动者和管

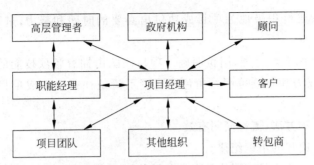

图 7-2 项目经理与相关干系人的交互性

（资料来源：《项目管理：过程、方法与效益》.）

理者。对应承担的具体职责分别是：组织和管理项目的全过程，管理项目团队，协调客户和其他干系人的关系。项目经理要推进项目顺利进行，以保证如期交付项目成果。涉及项目团队时，要发挥管理者职能，优化资源配置，建立合理的组织结构、明确清晰的员工职责分工，营造满意愉悦的工作氛围，使团队成员高效工作。

同时，项目经理从项目启动、交付成果、收尾直至项目结束后所提供的服务，是联系各方的纽带，要求项目经理具备综合管理者随时处理信息的能力，更要注意管理协调与项目相关的客户、伙伴和团队的关系，保持密切沟通，以获得客户和合作伙伴的信任。

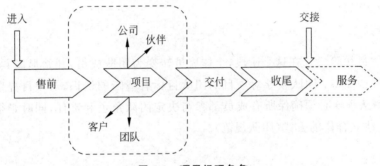

图 7-3 项目经理角色

7.2.2 项目团队建设的主要目标

项目团队建设的目标主要包括以下几方面。

（1）提高项目团队成员的个人技能，以提高他们完成项目活动的能力，同时降低成本、缩短工期、改进质量并提高绩效。

（2）提高项目团队成员之间的信任感和凝聚力，以提高士气，降低冲突，促进团队合作。

（3）创建动态的、团结合作的团队文化，以促进个人与团队的生产率、团队精神和团队协作，鼓励团队成员之间交叉培训和切磋以共享经验和知识。

（4）有效的团队合作包括在工作负担不平衡的情况下，互相帮助。以符合各自偏好的方式进行交流，共享信息和资源。

7.2.3 成功的项目团队的特征

（1）团队目标明确。项目团队是因需要完成特定的项目任务而设立的专门组织，项目团队应目标明确，每个成员都要清晰个人工作对目标的贡献。同一目标的感召，可以提高项目团队的凝聚力,使团队成员积极地为项目成功付出必要的时间和努力,进而提高项目团队的绩效。

(2) 团队组织结构清晰合理,岗位明确。项目团队由拥有各项技能的团队成员构成,团队成员均有明确的权力和责任范围。角色和职责不清楚往往会造成项目团队的混乱,绩效不高。

(3) 有工作流程和方法,流程简明有效。

(4) 共同制定并遵守的组织纪律。

(5) 项目经理对团队成员有明确的考核与评价标准,公正公开,赏罚分明。

(6) 协同工作。

项目团队是为特定项目目标设立的临时组织,需要特别强调团队精神,强调团队成员合作,这是项目成功的精神保障。

7.2.4 项目团队建设的阶段

项目早期,团队建设相对简单,随着项目的推进,项目团队建设一直在深化。项目环境的改变不可避免,团队建设也应该不断地进行。项目经理应该持续监控团队的工作与绩效,以确定是否为预防或纠正团队问题采取相应的行动。优秀的团队不是一蹴而就的,一般要经历以下五个阶段。

1. 形成阶段

团队成长的最初阶段。在这个阶段,个体成员转变为团队成员,开始形成共同目标,对团队未来有着美好的期待;团队领导对项目的团队目标有清晰的认识,对项目提供明确的方向是很重要的;团队领导必须确保所有成员都参与决定团队角色和责任,同时必须与团队一起努力,帮助他们建立合作的方式(团队规范)。

2. 磨合阶段

团队成员开始执行分配的任务,一般会遇到超出预想的困难,希望被现实打破。个体之间开始争执,互相指责,并且开始怀疑项目经理的能力。

磨合阶段是无法避免的,尤其是过去从未合作过的新团队。在这个阶段,团队成员为了地位,为了让自己的意见得到采纳而互相竞争。团队领导需要在这个阶段中熟练地推动团队进步,确保团队成员学会互相倾听与尊重差异。团队成员在这一阶段应该学会如何共同解决问题,既能与团队一道发挥作用,又能找到各自在团队中的角色和应担负的责任。

3. 规范阶段

经过一段时间的磨合,团队进入规范阶段。在这一阶段,团队成员之间相互熟悉和了解,矛盾基本解决,能够相互信任、相互帮助,项目经理能够得到团队的认可。

4. 成效阶段

随着团队成员相互之间的配合默契和对项目经理的信任,成员积极工作,努力实现目标,努力捍卫团队声誉,集体荣誉感非常强。

5. 解散阶段

随着项目走向终点,团队进入解散阶段,团队成员也开始转向不同的方向。解散阶段是团队完成项目的阶段,成员们不久就将加入其他团队继续工作。在这个阶段,团队领导应该注重团队的福利,应确保有时间庆祝项目的成功,并为将来总结实践经验。

> **小贴士**
> 每个阶段按顺序依次出现,团队结构、规模和项目经理的领导力决定了每个阶段的长短。

7.2.5 项目管理团队建设的措施

1. 增强项目经理的领导才能

项目经理是项目的负责人,负责项目的组织、计划及实施的全过程,在项目管理过程中起着关键作用,以保证项目目标的成功实现。

2. 充分发挥团队凝聚力

团队凝聚力是无形的精神力量,是将一个团队的成员紧密地联系在一起的看不见的纽带。团队的凝聚力来自团队成员自觉的内心动力,来自共识的价值观,是团队精神的最高体现。一般情况下,高团队凝聚力带来高团队绩效。

3. 加强团队沟通

沟通是项目管理团队完成目标的有效方式。只有通过沟通,项目管理团队的成员才会明白各自的想法,才能进行磋商,最终达成一个最好的方案。在团队中,每个成员的性格都不相同,工作方式也不相同,需要沟通才能达成共识。冲突是每个项目团队都会存在的,只有通过良好的沟通才能遏制冲突,使得团队的凝聚力更强。

4. 加强项目团队的文化建设

好的团队文化,必会形成一个和谐的、有序的整体,有利于提高团队竞争力。在项目团队建设过程中,加强文化建设是必不可少的环节,是增强员工凝聚力和向心力的有力措施,是提高项目管理水平、管理效益的最佳机制,是营造和谐气氛和良好环境的可靠保证。

> **小贴士**
> (1) 团队成员在闲暇时,聊一些与工作无关的事情,也有利于拉近成员之间的关系,进而有利于促进团队的工作效率。
> (2) 项目团队文化建设是重要的项目团队建设措施,备受当今项目领导者的推崇。

导入案例分析

【问题5分析】

进行如下活动的经验(面向实际的真实的经验)。

(1) 组建项目团队:制定组织结构图和职位描述,明确责任(分配矩阵)。事先分派、谈判、采购和组建虚拟团队。

(2) 建设项目团队：提高项目团队成员的个人绩效。提高项目团队成员之间的信任感和凝聚力，以通过更好的团队合作提高工作效率。建设项目团队的典型活动：一般的管理技能、培训、团队建设活动、集中办公、认可和奖励。

(3) 管理项目团队：跟踪个人和团队的执行情况、提供反馈；协调变更、以提高项目的绩效、保证项目的进度；项目管理团队还必须注意团队的行为、管理冲突、解决问题；评估团队成员的绩效。

7.3 项目领导艺术

"一头狮子带领的一群羊，可以打败一只羊带领的一群狮子。"这句名言充分说明了领导者的重要性，也直接说明了领导能力的重要性。要想达到项目的既定目标，关键在人，关键的关键在项目的领导。项目领导就像头狮子一样，必须科学运用领导哲学和领导艺术，激发调动项目员工的积极性，凝心聚力，团结拼搏，确保项目目标的圆满完成。项目领导者的素质对于项目的成功与发展，具有十分重要的意义。

7.3.1 项目领导能力

领导能力是一种心理品质、思维方式和行为习惯的综合体现，是综合素质的外在表现。它是一种找到目标、方向，并善于在变化中坚持这一目标、方向的能力；是一种激励和推动下级发挥才智、潜能的能力；是一种准确判断形势并正确、果断地做出决策的能力；是一种协调各方关系、统筹各类资源，最大限度地解决问题的能力。它涵盖并糅合了领导者的品格、修养、感染力、号召力、意志力、决断力和执行力。简单地来说，领导能力就是完成目标任务的能力。

项目经理应同时具备专业技术和领导能力。一个合格的项目经理至少应该具备的素质有广博的知识、丰富的经验、良好的协调平衡能力、良好的职业道德、沟通与表达能力、良好的领导能力。广博的知识包括项目管理知识、IT知识、客户行业知识等。

7.3.2 项目领导艺术的含义

现代组织中领导者承担着越来越多的角色：外交家，平衡外界环境，协调与其他组织的关系，争取获得最佳支持和最大资源；传教士，宣传组织文化、理念和目标，解释组织的目的，做什么和为什么要做；调解者，统一不同意见，化解组织冲突；观察家，了解环境变化和趋势，洞察组织文化、结构、运作、成员的细微变化，形成理念，加以引导；教师，训练群体成员遵照组织目标、规则，并不断提高群体成员能力、素质，以适应组织发展需求，等等。这些角色无不需要领导者与其他群体成员产生互动，而互动的结果并非取决于职权等级关系，领导者的艺术才是其中的关键。

领导艺术就是指领导者在长期的领导工作和实践中总结概括出来的一种高超的特殊才能。这种才能表现为能创造性地灵活运用已经掌握的科学知识和领导方法，是领导者的智慧、学识、胆略、经验、作风、品格、方法、能力的综合体现。历史上的刘备，在有些人看来本事不大，更无一丝英雄气度，但却最终成就大业，什么原因？

其实仔细分析，刘备个人的文才武略并不出众，但有驾驭群雄、审时度势的特殊才能，这种才能就是今天所说的领导艺术。长坂坡一战,刘备被曹操打得丢盔卸甲、仓皇逃命,爱子阿斗陷落敌阵。当赵云冒死救出阿斗时,刘备却说:"为你这个小孩子,差一点损我一员大将!"也许刘备口是心非,但不管怎样,这一行为产生的后果是赵云感到自己在刘备心目中的位置比阿斗还重要,从而激发了他为刘备打天下的热情,这就是一种独到的领导艺术。用大白话说,领导艺术就是运用各种灵活、变通的方法、手段达到你最终想要的目的。

领导艺术是领导者在其知识、经验、才能和气质等因素的基础上形成的,巧妙地运用各种领导条件、领导原则和领导方法的基本技能。领导艺术是领导者的素质和能力、魅力和影响力的综合体现,它反映着领导者驾驭领导工作的高超才能,具有创造性、科学性、经验性和灵活性的特点。领导者巧妙地运用自己的权力、能力和魅力,巧妙地发挥自身的智商、情商、胆商和韧商,巧妙地利用领导规律和领导方法,针对领导对象采取合适的方略和技巧,就形成了独特的领导艺术。

小贴士

领导艺术是以领导能力为基础的,一个领导艺术娴熟的人,一定是领导能力超强的人。

领导艺术也并不是可望而不可即的,它有一定的规律可循,是可以在日常生活中培养的。领导者应善于利用领导规律和领导方法,善于面对各种纷繁复杂的局势,果断采取行之有效的措施,并拥有吸引人才归附的人格魅力,从而形成独特的领导艺术。

7.3.3 提升项目领导艺术的途径

学习和实践是提高领导艺术、领导水平的根本途径。领导者只有因人而异、因事而异、因环境而异、因势利导,才能在工作中取得令人满意的效果。要勤于学习、勤于思考、勤于总结,这样就会不断地把自己的领导经验转化为科学的领导艺术,从而不断增强科学领导能力。提升领导艺术的途径主要有以下几种。

1. 提升统揽全局的艺术

古人云:"不谋全局者,不足谋一域;不谋万世者,不足谋一时。"意思是领导干部要善于抓大事,管全局,争取全局的主动,这是一种重要的领导艺术。一要想全局。尤其是一把手,作为决策者、指挥者,想问题、办事情、做工作时,要把全局作为考虑和解决问题的出发点和落脚点。二要抓大事。我们做工作、办事情决不能不分主次本末、不论轻重缓急,眉毛胡子一把抓,必须善于抓根本、抓主要矛盾。

2. 提升学习艺术

领导一方,驾驭全局,必须要有丰厚的理论基础和广博的学识。要树立不断学习的观念,以如饥似渴的求知欲和不进则退的危机感,克服心浮气躁、故步自封的思想障碍,发扬钻劲、韧劲、恒劲,把一切领导工作和社会活动实践作为学习的过程,全方位、广渠道地接受新知识。

把学习与创新结合起来,在博的基础上求精,懂理论、懂法律、懂科技,用不断的学习提高,适应不断发展的新形势,为领导工作注入源源不断的动力。作为负责全盘工作的主要领导,不仅要抓好自身学习,而且要带领班子成员一起学习,着力创建"学习型"班子,培养"学习型"干部队伍。

3. 提升决策艺术

决策艺术是领导艺术的重中之重。领导者深刻把握决策的原则、程序和方法,切实提高决策水平和工作效率。

提高决策艺术首先要掌握决策的一般原则。包括发展中心、科学指导、人民主体、现实可行、整体优化、系统思维、开拓创新、快捷高效等项原则。

4. 提升善用人才的艺术

领导者是用人之人,用人也是艺术。用人所长,避人所短,不是用个人,而是用团队。科学使用人才是为了促进项目的发展与成功。领导者的用人艺术需坚持公道、信任、激励、沟通、压力、层次领导、鼓励竞争和考评等项原则。

5. 提升沟通艺术

领导者与下属沟通时要浑厚老成。要注意把握沟通交流的技巧;坦诚相见,平等待人;换位思考,求同存异;讲究技巧,准确表达;言外之意,巧妙传递;沟通障碍,及时化解。

导入案例

信管网 A 公司中标一个城市轨道交通监控系统开发项目,公司领导决定启用新的技术骨干作为项目经理,任命研发部软件开发骨干小王为该项目的项目经理。

小王技术能力强,自己承担了该项目核心模块开发任务,自从项目管理计划发布以后,一直投身于自己的研发任务当中。除了项目阶段验收会之外,没有召开过任何项目例会,只是在项目出现问题时才召开项目临时会议。经过项目团队共同努力,该项目进展到系统测试阶段。

在系统测试前,发现该项目有一个指示灯显示模块开发进度严重滞后,小王立刻会同该模块负责人小李一起熬夜加班赶工,完成了该模块。

小王在项目绩效考核时,认为小李的工作态度不够认真,给予较差评价并在项目团队内公布考核结果。小李认为自己连续熬夜加班,也已完成任务,觉得考核结果不公平,两人就此发生了严重冲突,小李因此消极怠工,甚至影响到了项目验收。

【问题1】 基于案例,请指出小王在项目团队管理和沟通管理过程中的不当之处,针对小李在项目中的问题,请说明小王该如何预防和改进。

【问题2】 结合案例,说明项目经理小王应当重点学习那些项目团队管理的方法。

【问题3】 简要描述项目冲突管理的方法。

【问题1分析】

(1) 项目管理经验不足,无法完成角色的转变。
(2) 缺乏团队领导经验。
(3) 缺乏有效的交流和沟通。
(4) 没有建立绩效评估体系。
(5) 冲突管理做得不好。
(6) 没有掌握相关的人机关系技能。

小王作为项目经理应进行以下预防和改进。

(1) 跟踪个人和团队的执行情况,提供反馈。

(2) 提高项目的绩效,保证项目的进度。
(3) 要管理冲突,解决问题。
(4) 要评估团队成员的绩效。
(5) 提高沟通交流能力。
(6) 掌握一些人际关系技能。

【问题2分析】 应该学习观察和交谈、项目绩效评估、冲突管理和人际关系的技能。

【问题3分析】 项目冲突管理的方法包括:撤退/回避、缓和/包容、妥协/调解、强迫/命令、合作/解决问题。

7.4 项目团队激励

激励就是如何发挥员工的工作积极性,人的潜能是需要用激励措施激发出来的,激励机制在团队建设中十分重要,是团队人力资源管理不可缺少的一部分。在项目管理中,项目经理应当了解项目成员的需求和职业生涯设想,对其进行有效的激励和表扬,让大家心情舒畅的工作,才能取得好的效果。

7.4.1 团队激励的作用

团队激励是提高团队工作效率,保证工作质量,激发工作热情,提高团队凝聚力的有效措施。团队激励可以吸引优秀的人才到团队来;开发员工的潜在能力,促进在职员工充分的发挥其才能和智慧;留住优秀人才;造就良性的竞争环境。

7.4.2 主要的激励理论

典型的激励理论有马斯洛的需要层次理论、赫茨伯格的双因素理论、奥德弗的ERG理论和弗罗姆的期望理论。

1. 马斯洛的需要层次理论

心理学家马斯洛于1943年提出了需要层次理论,将人的需要分为生理、安全、社交、尊重和自我实现需要五个层次,需要层次依次由低到高,如图7-4所示。

图7-4 马斯洛的需要层次理论

小贴士

了解员工的需要是应用需要层次理论对员工进行激励的一个重要前提。项目团队的建设过程中,项目经理需要了解项目团队的每一个成员的需要等级,并据此制定相关的激励措施。

不同组织、不同时期的员工需要充满差异性,而且经常变化,管理者应该经常性地用各种方式进行调研,弄清员工未得到满足的需要是什么,然后有针对性地进行激励。

例如在生理和安全的需要得到满足的情况下,公司新员工或新到一个城市工作的员工可能会有社会交往的需要。为了满足他们归属感的需要,有些公司就会专门为这些懂得信息技术的新员工组织一些聚会和社会活动。

 案例分析

用马斯洛的需求层次理论分析西游记中的5人团队。

(1) 八戒的需求是生理,激励八戒向前的因素主要有:食物、性。

(2) 沙僧的需求是安全,激励沙僧向前的因素主要有:安全、秩序、自由。

(3) 白龙马的需求是社交,激励白龙马向前的因素主要有:友情、归属。

(4) 唐僧的需求是尊重,激励唐僧向前的因素主要有:成就、尊重、欣赏、荣誉。

(5) 悟空的需求是自我实现,激励悟空向前的因素主要有:实现自我价值,包括学习、发展、创造力和自觉性。

西游记中的5人团队取得成功的要素,在于针对每个人的需求给予满足,从而激励大家一路向西。目的和价值观不一样,需求层次不同,在西行的过程中每个人的表现也截然不同:八戒偷懒、沙僧撮合、白龙马无闻、唐僧哭啼、悟空拼命。

2. 赫兹伯格的双因素理论

双因素理论是美国行为科学家赫兹伯格提出来的,又称激励理论或保健因素理论。赫兹伯格研究发现,使职工感到满意的都是属于工作本身或工作内容方面的,叫作激励因素;使职工感到不满的,都是属于工作环境或工作关系方面的叫作保健因素。

卫生保健有预防疾病的效果,但不治疗疾病。保健因素的满足对员工产生的效果类似于卫生保健对身体健康所起的作用。保健因素包括公司政策、管理监督、人际关系、物质工作条件、工资、福利等。这些因素恶化到可以接受的水平以下时,员工就会对工作产生不满意。当这些因素很好时,它只是消除了不满意,并不会对员工起到激励作用。

那些能带来积极态度和激励作用的因素是激励因素,这是那些能满足个人自我实现需要的因素,包括成就、赏识、挑战性工作、工作责任和发展机会等。这些因素具备了,就会对员工产生更大的激励。

3. 奥德弗的ERG理论

ERG理论是生存-相互关系-成长需要理论的简称。奥德弗认为,职工的需要有三类:生存需要(E)、相互关系需要(R)和成长发展需要(G)。各个层次的需要得到的满足越少,越为人们所渴望;较低层次的需要者越是能够得到较多的满足,较高层次的需要者就越渴望得到满足;如果较高层次的需要一再受挫,得不到满足,人们会重新追求较低层次需要的满足。

这一理论不仅提出了需要层次上满足的上升趋势,而且也指出了挫折倒退的趋势,这在管理工作中很有启发意义。ERG 理论还认为,一个人可以同时有一个以上的需要。

4. 弗罗姆的期望理论

北美著名心理学家和行为科学家弗罗姆于 1964 年提出了期望理论。期望理论认为,个人采取某项行动的激励程度受两个因素影响。

(1) 目标效价。指实现目标对个人有多大价值的主观评价。如果实现该目标对个人来说很有价值,个人的积极性就高;反之,积极性就低。

(2) 期望值。指个人对实现该目标可能性大小的主观估计。如果个人认为实现该目标的可能性很大,就会努力争取实现,从而在较高程度上发挥目标的激励作用;反之,目标激励作用很小,甚至没有。

7.4.3 激励方式

1. 物质激励

物质激励是物质或金钱奖励。在团队建设中,适当的物质奖励必不可少。在工作中,工作极为突出的人员应该给予物质奖励。适当的物质奖励能够激起员工的工作积极性,不适当的物质奖励可能会引起不必要的猜忌,进而极大地影响团队的协作精神。

2. 精神激励

只靠物质奖励进行激励是不够的,精神层面的激励也是必不可少的。对人真诚的尊重和信任、对成绩及时有效的肯定也是激励员工的方法。

小贴士

物质激励与精神激励相辅相成、缺一不可。只片面强调物质激励和精神激励孰重孰轻都是错误的,应该将物质激励和精神激励有机地结合起来,使之发挥更大的功效。

7.4.4 激励的基本原则

1. 目标结合原则

在激励机制中,设置目标是一个关键环节。目标设置必须同时体现组织目标和员工需要的要求。

2. 物质激励和精神激励相结合的原则

物质激励是基础,精神激励是根本。在两者结合的基础上,逐步过渡到以精神激励为主。

3. 引导性原则

外激励措施只有转化为被激励者的自觉意愿,才能取得激励效果。因此,引导性原则是激励过程的内在要求。

4. 合理性原则

激励的措施要适度、奖惩要公平。要根据所实现目标本身的价值大小确定适当的激励量。

5. 明确性原则

激励明确性原则有三层含义：其一，明确。激励的目的是需要做什么和必须怎么做；其二，公开。特别是分配奖金等大量员工关注的问题时更为重要；其三，直观。实施物质奖励和精神奖励时都需要直观地表达它们的指标，总结和授予奖励和惩罚的方式。

6. 时效性原则

要把握激励的时机，"雪中送炭"和"雨后送伞"的效果是不一样的。激励越及时，越有利于将人们的激情推向高潮，使其创造力连续有效地发挥出来。

7. 正激励与负激励相结合的原则

正激励就是对员工的符合组织目标的期望行为进行奖励。负激励就是对员工违背组织目的的非期望行为进行惩罚。正负激励都是必要而有效的，不仅作用于当事人，而且会间接地影响周围的其他人。

8. 按需激励原则

激励的起点是满足员工的需要，员工的需要因人而异、因时而异，只有满足最迫切需要的措施，其效价才最高，其激励强度才最大。因此，领导者必须深入调研，不断了解员工需要层次和需要结构的变化趋势，有针对性地采取激励措施，才能收到实效。

导入案例

系统集成商信管网甲公司承接了一项信息管理系统建设项目，甲公司任命具有多年类似项目研发经验的张工为项目经理。

张工上任后立刻组建了项目团队，在人员确定后，张工综合了工作任务、团队人员的经验和喜好，将项目组划分为了三个小组，每个小组负责一个工作任务。团队进入了开发阶段，张工发现，项目管理原来没有研发编程那么简单；其中一个项目小组的重要开发人员因病请假，导致该小组任务比其他两个小组滞后2周。另外，每个小组内部工作总出现相互推诿情况，而且小组和小组成员矛盾也接连不断，项目任务一度停滞不前。

此时，正赶上人事部推出新的项目绩效考核方案，经过对项目进度和质量方面的考评结果，项目绩效成绩较低，直接影响了每个项目团队成员的绩效奖金。项目组成员负面情绪较重，有的成员在加班劳累和无法获得绩效奖金的双重压力下准备辞职，张工得知后，与项目组成员私下进行了逐一面谈。

【问题1】 结合案例，请指出本项目在人力资源管理方面存在的问题。

【问题2】 判断当前项目团队处于哪个阶段？简述X理论和Y理论的主要观点。如果从X理论和Y理论的观点来看，项目经理张工在该阶段应该采取哪一理论来进行团队激励？为什么？

【问题1分析】 本项目在人力资源管理方面存在的问题。

(1) 人员任命存在问题，任命的项目经理虽然研发能力强，但项目管理经验不足。

(2) 没有编制人力资源管理计划。

(3) 组件项目团队不合理。

(4) 没有制订人员储备计划，重要开发人员因病请假，导致了项目的滞后。

(5)职责分配上存在问题,导致出现相互推诿情况。
(6)团队建设存在问题,没有进行相关团队建设活动。
(7)团队管理存在问题,没有进行冲突管理,导致矛盾不断。
(8)绩效管理方面存在问题,没有及时对加班成员进行激励。

【问题 2 分析】 项目处于震荡阶段。X 理论认为人天性好逸恶劳,只要有可能就逃避工作,人缺乏进取心、逃避责任、甘愿听从指挥,安于现状,没有创造性。X 理论的领导者认为,在领导工作中必须对员工采取强制、惩罚和解雇等手段,强迫员工努力工作,对员工应当严格监督、控制和管理。

Y 理论认为人天生并不是好逸恶劳的,他们热爱工作,从工作中得到满足感和成就感,愿意主动承担责任。本案例应该采取 Y 理论,因为 Y 理论在需求的各个层次都起作用,Y 理论的管理者对员工采取以人为中心的、宽容的以及放权的领导方式,使下属目标和组织目标很好地结合起来。

7.5 实训——企业资源管理

企业资源管理指如何建立、分配、调配优化、跟踪资源以及如何有效使用资源。能否有效地利用好资源,直接影响到项目的工期长短和成本的多少。本节将介绍 Project 2016 中如何建立资源以及如何管理资源等操作。

首先要建立资源列表,目的是为了给任务分配资源时,直接从资源列表中选择资源,同时有利于跟踪资源工时和资源成本等信息,为项目成本预算及成本计算提供依据。具体操作步骤如下。

7.5.1 创建资源工作表

(1)打开需要建立资源的项目文件,在菜单栏中依次选择"资源"→"工作组规划器"→"资源工作表"命令,如图 7-5 所示。

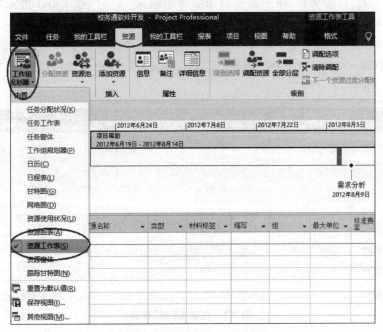

图 7-5 选择"资源工作表"命令

（2）单击"资源工作表"，进入资源视图，接下来可继续添加资源内容，如图7-6所示。

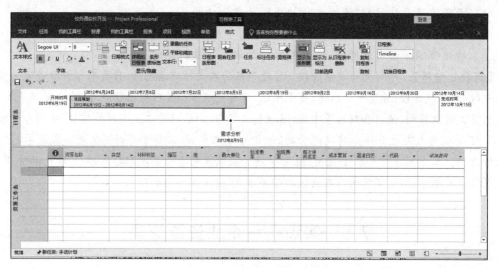

图7-6 "资源工作表"视图

7.5.2 创建工时资源

创建空白资源列表后，需要接着添加资源。在资源工作表中，可以录入工时资源的信息，包括资源的名称、费率（每小时的费用）或加班费率等。下面将以校务通软件开发系统为例，介绍如何在资源列表中创建工时资源。例如，现有人力工时资源"丁一"，其每小时的工作费率为100元，加班每小时的工作费率为200元，具体操作步骤如下。

（1）打开该项目文件，打开"资源工作表"视图。在Project 2016中，默认新建的资源的类型为"工时"，"最大单位"为100％。

（2）在第一行"任务名称"域下的空白单元格中输入"丁一"，按Enter键或单击其他单元确认输入。

（3）在"标准费率"单元格中输入100，按Enter键或单击其他单元格确认输入。在"加班费率"单元格中输入200。按Enter键或单击其他单元格确认输入，即可完成该"工时"资源的输入，如图7-7所示。

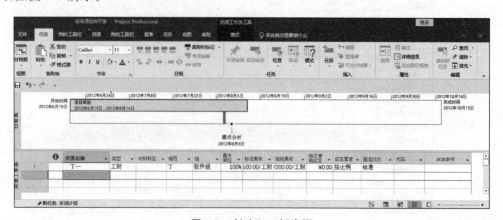

图7-7 创建"工时"资源

(4)按此步骤继续添加其他工时资源,并根据工作费率进行设置。

7.5.3 创建成本资源

在项目中成本资源与工期或工作量多少无关,不依赖工时或工期来计算费用。下面将以校务通软件开发系统为例,继续介绍如何创建成本资源。例如,添加资源"差旅费"和"误餐费",二者属于成本资源,具体操作步骤如下。

(1)打开"校务通软件开发系统"项目文件,打开"资源工作表"视图。

(2)在"资源名称"域下的空白单元格中输入"差旅费",按 Enter 键或单击"确认"按钮输入。单击"类型"右侧的下三角按钮,从"类型"下拉列表中选择"成本"选项,即可完成创建资源"差旅费"。按上述步骤再添加"误餐费",最终效果如图 7-8 所示。

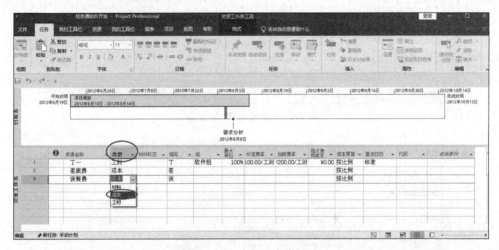

图 7-8 添加成本资源

7.5.4 资源日历

资源日历是指资源可用的时间。默认情况下资源日历与任务日历一样默认使用项目日历。若项目中有的员工休假或休息等,则可以在 Project 2016 中为这些资源设定特定的日历。例如,在校务通软件开发系统中,资源"丁一",每星期六都要在 9:00—13:00 正常工作 4 小时,并在"2012 年 9 月 3 日"请假一天。现在需要为他建立一个与他相应的日历,具体操作步骤如下。

(1)打开"校务通软件开发系统"项目文件,打开资源工作表。

(2)双击资源名称"丁一"单元格,打开"资源信息"对话框;也可以单击资源名称"丁一"单元格,然后单击"资源"→"资源信息"按钮,打开"资源信息"对话框。

(3)单击"常规"标签,打开"常规"选项卡。单击"更改工作时间"按钮,如图 7-9 所示。

(4)打开"更改工作时间"对话框,在"例外日期"域下的"名称"域下拉单元格中输入"请假",按 Enter 键或者单击其他单元格确认输入。单击"开始时间"单元格,出现下三角按钮,单击该按钮从"日期"下拉列表中选择"2012/9/3"。单击"完成时间"单元格,出现下三角按钮,单击该按钮从"日期"下拉列表中选择"2012/9/3",最终效果如图 7-10 所示。

(5)在右侧单击"详细信息"按钮,打开"详细信息"对话框,选中"非工作日"单选按钮,如图 7-11 所示。

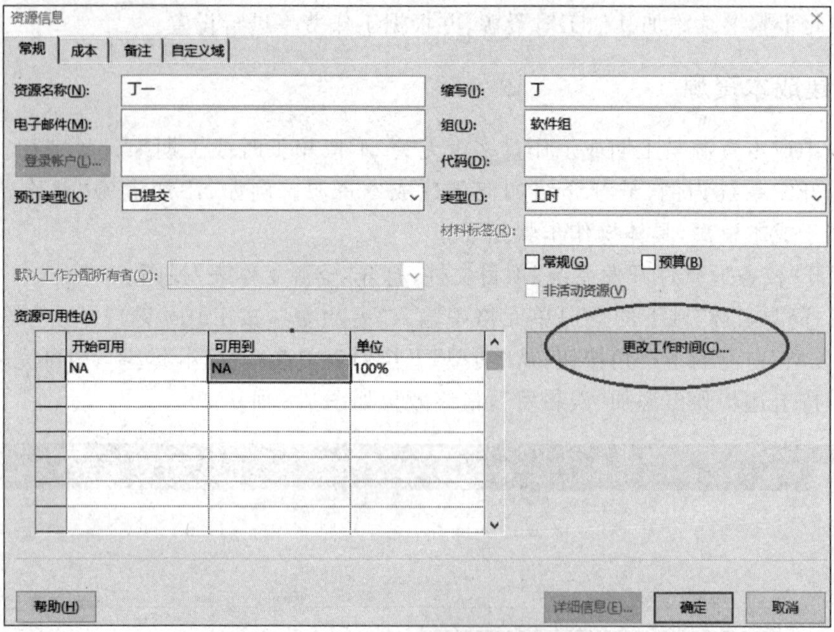

图 7-9 "资源信息"对话框

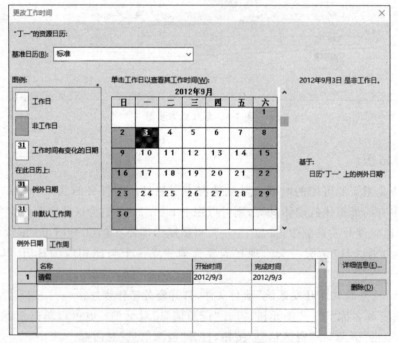

图 7-10 "更改工作时间"对话框

（6）最后，单击"确定"按钮关闭"详细信息"对话框，返回"更改工作时间"对话框。

（7）由于"丁一"每周还要增加工作时间，还需要继续设置。在"更改工作时间"对话框中单击"工作周"标签。然后单击"详细信息"按钮，打开"详细信息"对话框，在"选择日期"列表框中选择"星期六"选项。选中"对所列日期设置以下特定工作时间"单选按钮。在"开始时间"单元格中输入"9：00"，按 Enter 键或单击其他单元格确认输入，在"结束时间"单元格中输入"10：00"，按 Enter 键或单击其他单元格确认输入，如图 7-12 所示。

第7章 项目组织与人力资源管理

图 7-11 选中"非工作日"单选按钮

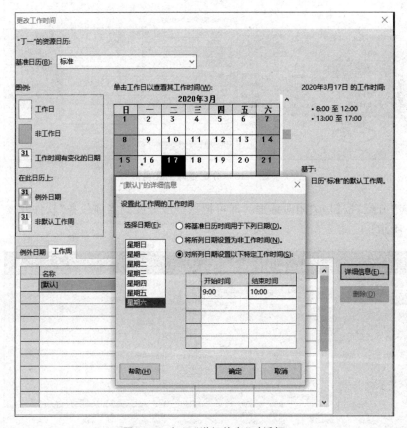

图 7-12 打开"详细信息"对话框

（8）最后，在"更改工作时向"对话框中单击"确认"按钮，即可完成资源"丁一"的日历设置。该日历就是"丁一"的工作时间表。

7.5.5 分配资源

分配资源是指按项目的实际情况,并根据资源的性能或技能等,为每一项任务分配相应的资源。通过 Project 2016 为任务分配资源,可以明确完成任务的责任人,易于跟踪落实项目进展程度。例如,在校务通软件开发系统中,可以为任务"软件开发"分配工时资源"丁一"。

(1) 在菜单栏中选择"视图"→"甘特图"命令,打开"甘特图"视图。

(2) 在任务列表中,选中"需求分析"单元格。然后,在菜单栏中选择"资源"→"分配资源"命令,弹出"分配资源"对话框。

(3) 在"分配资源"对话框的"资源名称"列表框中单击资源"丁一"单元格,选择该单元,如图 7-13 所示。

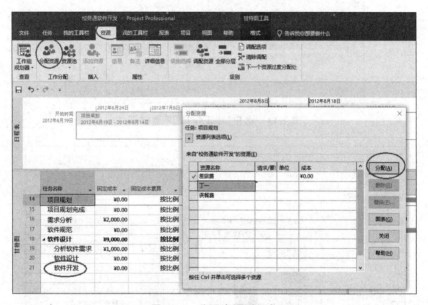

图 7-13 分配资源到任务

(4) 单击"分配"按钮,关闭对话框。即可把该资源分配到当前任务"软件开发"中,最终效果如图 7-14 所示。

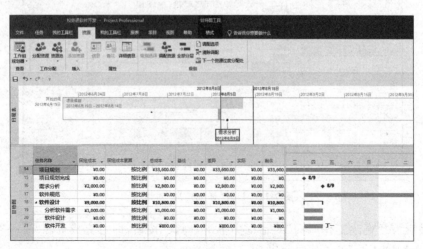

图 7-14 分配资源后的项目视图

（5）若要继续为其他任务分配资源，不需要关闭"分配资源"对话框，移动光标单击其他任务单元后，再重复以上步骤分配资源即可。

实践课堂

1. 简述项目人力资源管理的概念和过程。
2. 人员配备管理计划的作用和内容是什么？
3. 简述项目人力资源计划编制输入和输出的内容。
4. 简述成功的项目团队的特征。
5. 分析管理团队建设的措施。
6. 在 Project 2016 中建立资源日历的步骤有哪些？

第 8 章

项目沟通与冲突管理

Chapter 8

学习目标	1. 掌握项目沟通管理的基本过程； 2. 理解沟通计划编制； 3. 理解信息发布、绩效报告、项目干系人管理。
技能要求	1. 熟练运用项目沟通策略与方式； 2. 能够编制沟通计划； 3. 能够熟练定义多基线甘特图。

导入案例

老张是某个系统集成公司的项目经理。他身边的员工始终在抱怨公司的工作氛围不好，沟通不足。老张非常希望能够通过自己的努力来改善这一状况，因此他要求项目组成员无论如何每周必须按时参加例会并发言，但对例会具体应如何进行，老张却不知如何规定。很快项目组成员就开始抱怨例会目的不明，时间太长，效率太低，缺乏效果等，而且由于在例会上意见不同，很多组员开始相互争吵，甚至影响到了人际关系的融洽。为此老张非常苦恼。

【问题1】 针对上述情况，请分析问题产生的可能原因。

【问题1分析】

（1）缺乏对项目组成员的沟通需求和沟通风格的分析。

（2）缺乏完整的会议规程，会议目的、议程、职责不清，缺乏控制，导致会议效率低下，缺乏效果。

（3）会议没有产生记录。

（4）会议没有引发相应的行动。

（5）沟通方式单一。

（6）没有进行冲突管理。

【问题2】 针对上述情况，你认为应该怎样提高项目例会的效率？

【问题2分析】

（1）事先制定一个例会制度。在项目沟通计划中，确定例会的时间，参加人员范围以及一般议程等。

（2）放弃可开可不开的会议。在决定召开一个会议之前，首先明确会议是否必须举行，还是可以通过其他方式进行沟通。

（3）明确会议的目的和期望结果。

（4）发布会议通知。在会议通知中要明确：会议目的、时间、地点、参加人员、会议议程和议题。事先明确会议议程和讨论问题,让参会人员提前做好准备。

(5) 在会议之前将会议资料发送给参会人员。对于需要有背景资料支持的会议,应事先将资料发给参会人员,以提前阅读,直接在会上讨论,可以有效节约时间。

(6) 可以借助视频会议设备。对于异地参会人员或者需要演讲的场合,可以借用一些必要的视频设备,可以使会议达到更好的效果。

(7) 明确会议规则。指定会议主持人,明确会议主持人的职责,主持人要对会议进行有效控制,并营建一个活跃的会议气氛。

【问题 3】 针对上述情况,你认为除了项目例会之外,老张还可以采取哪些措施来促进有效沟通?

【问题 3 分析】 可采用的促进有效沟通的措施如下。

(1) 对项目组成员进行沟通需求和沟通风格的分析。

(2) 对于具有不同沟通需求和沟通风格的人员组合设计不同的沟通方式。

(3) 除了进行项目例会外,可以通过电话、电子邮件、项目管理软件、OA 软件等工具进行沟通。

(4) 正式沟通的结果应形成记录,对于其中的决定应有人负责落实。

(5) 在项目组内部培养团结的氛围并注意冲突管理。

8.1 项目沟通管理概述

若要把握事情的本质,从事情成立的条件、背景、构成要素等多方面来考虑,会比较有效。比如,当被人问到"该如何解决沟通问题"时,我们可以通过梳理达成沟通的条件,把看似模糊的沟通问题变为更具体且有可能解决的问题来处理。

沟通问题,并不仅在于所用的语言本身。反过来说,如果说话人具备表达的意愿、内容,听话人具备能理解该内容的背景知识且想要理解清楚的意愿,那么,双方就算在语言表达上存在问题,也是有可能实现沟通的。

8.1.1 项目沟通管理的含义

1. 沟通的定义

沟通是人们通过语言和非语言方式传递并理解信息、知识的过程,是人们了解他人思想、情感、见解和价值观的一种双向的途径。

沟通是人和人之间进行信息传递的一个过程,在这个过程中,信息发出者和信息接收者都是沟通的主体,信息发出者同时也是信息产生的源泉。信息可以用语气、文字或其他表达形式为媒介,沟通的内容除了信息传递外,也包括情感、思想和观点的交流。

沟通应该涵盖以下五个方面:想说的、实际说的、听到的、理解的、反馈的,如图 8-1 所示。

该模型中的 A 和 B 分别表示信息的发送者和信息的接收者,而此处的"说"和"听"具有宽泛的含义,分别指"说、做或传递的",以及"听到的、看到的或接收的"。换句话说,在你想说到实际说了之间会有所考虑,在此基础上做出必要的选择;而当你实际说了到听众听到时,听众会从其自身的角度出发去理解恰好是你的初衷或你所期望的,但现实往往会有出入。

在某企业召开的经理述职大会上,当各位正、副经理发言完毕,进入大会第二项议题时,主持人说道:"我们接下来进入第二项议题,请各位经理下台就座。"

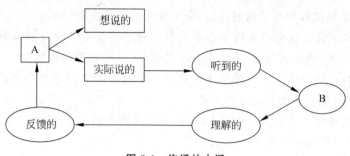

图 8-1 沟通的内涵

话音刚落，会场一片哗然，其中含义不言自明。这正好说明了"说者无意，听着有心"。因此，沟通并不像我们想象的那么简单，相反，它是一门技巧性很强的学问。我们只有通过正确认识沟通，不断加强学习和训练，才能真正领略沟通的真谛。

2. 项目沟通管理的含义

项目沟通管理就是为了确保项目信息合理收集和传输，以及最终处理所需实施的一系列过程，包括为了确保项目信息及时适当的产生、收集、传播、保存和最终配置所必需的过程。项目沟通管理为成功所必需的因素——人、想法和信息之间提供了一个关键连接。涉及项目的任何人都应准备以项目"语言"发送和接收信息，并且必须理解他们以个人身份参与的沟通会怎样影响整个项目。

沟通就是信息交流。组织之间的沟通是指组织之间的信息传递。对于项目来说，要科学的组织、指挥、协调和控制项目的实施过程，就必须进行项目的信息沟通。好的信息沟通对项目的发展和人际关系的改善都有促进作用。

8.1.2 项目沟通管理的作用

对于项目来说，要科学地组织、指挥、协调和控制项目的实施过程，就必须进行信息沟通。沟通对项目的影响往往是潜移默化的。所以，在成功的项目中，人们往往感受不到沟通所起的作用，在失败项目的痛苦反思中，却最能看出沟通不畅的危害。

没有良好的沟通，对项目的发展和人际关系的改善，都会起到制约作用。当一个项目组付出极大的努力，而所做的工作却得不到客户的认可时，是否应该冷静地反思一下双方之间的沟通问题？所以，通常项目沟通在项目管理中具有以下重要作用。

1. 决策和计划的基础

项目组要想做出正确的决策，必须以准确、完整、及时的信息作为基础。通过项目组内、外部环境之间的信息沟通，就可以获得众多的变化的信息，从而为决策提供依据。

2. 组织和控制管理过程的依据和手段

在项目组内部，没有好的信息沟通，情况不明，就无法实施科学的管理。只有通过信息沟通，掌握项目组内的各方面情况，才能为科学管理提供依据，才能有效地提高项目组的工作效能。

3. 建立和改善人际关系是必不可少的条件

信息沟通、意见交流，将许多独立的个人、团体、组织贯通起来，成为一个整体。信息沟通是人的一种重要的心理需求，是人们用以表达思想、感情与态度，寻求同情与友谊的重要手段。畅通的信息沟通，可以减少人与人的冲突，改善人与人、人与项目组之间的关系。

4. 项目经理成功领导的重要手段

项目经理通过各种途径将意图传递给下级人员并使下级人员理解和执行。如果沟通不畅，下级人员就不能正确理解和执行领导意图，项目就不能按经理的意图进行，最终导致项目混乱甚至项目失败。因此，提高项目经理的沟通能力，与领导过程的成功与否关系极大。

小贴士

PMBOK（项目管理知识体系）指南把项目沟通管理定义为一个包括保证及时与恰当地生成、收集、传播、存储、检索和最终处置项目信息所需的过程。它在人员与信息之间提供取得成功所必需的关键联系。在项目进行过程中，沟通一直是一个比较大的困难。通常，沟通的主要目的是为了解决下列问题。

(1) 让项目成员准确地了解执行项目的具体方法。
(2) 让项目成员清楚地知道项目的整体计划以及每个成员在项目中所承担的具体任务。
(3) 让项目组成员获得完成其工作所需的必要帮助。
(4) 项目经理能够清晰、准确、及时地掌握项目的进展情况以及每个成员的工作进度。
(5) 项目计划的必要变更可以及时地让项目团队的所有成员了解。
(6) 项目的实际执行数据可以被准确地收集并统计汇总作为决策参考。

8.2 项目沟通管理的基本过程

项目沟通可以被认为是一个过程或流程。当这个过程中出现了偏差或阻碍时，就产生了沟通问题。在进行沟通之前，必须存在一个意图，即需要传递的信息。它在信息源（发送者）和接收者之间进行传递。这些信息被编码（转换成符号形式）并且通过某种媒介（渠道）传递给接收者，然后接收者重新转译（解码）这些信息。这个过程的结果就是信息从一个人传达到另一个人。

沟通过程中的编码、解码、理解和反馈是沟通取得有效的关键环节，它们始于发出信息，终于得到全面理解。在这一过程沟通的信息，既有用语言、文字表达的信息，还包含"字里行间"和"言外之意"的信息，特别是在思想交换和感情交流的沟通过程中更是如此。图8-2形象地描述了项目沟通过程。

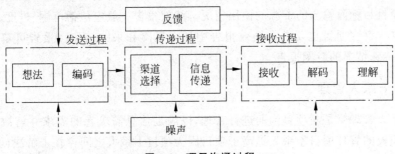

图 8-2　项目沟通过程

8.2.1 沟通管理计划编制

沟通管理计划编制是确定项目干系人的信息与沟通需求的过程，即谁需要何种信息、何时需要及如何向他们传递。虽然所有项目都有交流项目信息的需求，但信息的需求及其传播方式却大相径庭。认清项目干系人的信息需求，确定满足这些需求的恰当手段是项目成功的重要因素。

在大多数项目中，沟通管理计划大多是作为项目的早期阶段的一部分进行的。但在项目的整个过程中都应对其结果进行定期检查，并根据需要进行及时修改，以保证其继续适用性。沟通管理计划的编制往往与企业环境因素和组织影响密切相关，因为项目的组织结构对项目的沟通要求有重大的影响。

沟通管理计划(communication management plan)用来确定：什么人需要什么信息、这些人何时需要这些信息、信息的形式是怎样的、哪个干系人来提供这些信息。沟通管理计划还建立了一个进度表说明何时进行沟通。

有人说项目经理 90% 的时间花费在沟通上。项目经理要不断地与项目团队、项目发起人、业务分析人员、客户、供应商以及其他干系人进行沟通。人们都希望从项目经理那得到信息，项目经理希望从其他人那得到信息。项目经理可以将一个工具加到沟通管理计划中，这就是沟通矩阵(communication matrix)，如图 8-3 所示。这个矩阵列出了所有的干系人，并且列出了谁需要与谁沟通。

	Steve	Holly	Sam	Joan	Ben
Steve		×	×		×
Holly	×			×	×
Sam	×	×			
Joan	×	×			×
Ben	×	×		×	

图 8-3　沟通矩阵

8.2.2 信息分发

信息分发是指以合适的方式及时间向项目干系人提供所需的信息，包括实时沟通管理计划，以及对突发的信息需求做出反应。沟通管理计划和工作绩效信息是该过程的输入。进行信息分发通常需要借助于一定的技巧，也就是沟通技巧。

一般情况下，会有一个信息分发系统和一个信息检索系统。沟通技巧、信息分发系统和信息检索系统是信息分发过程使用的三种信息分发工具和方法。可以说，技术有效的分发项目干系人所需要的信息是项目沟通的关键，而信息交流通畅往往是项目成功的基础。

8.2.3 绩效报告

绩效报告是指收集所有基准数据并向项目干系人提供项目绩效信息，一般来说，绩效信息包括为实现项目目标而输入的资源的使用情况。绩效报告一般应包括范围、进度、成本和质量等方面的信息。许多项目也要求在绩效报告中加入风险和采购信息。报告可草拟为综合报告，或者报道特殊情况的专题报告。

8.2.4 项目干系人管理

项目干系人管理就是对项目沟通进行管理，以满足信息需求者的需求并解决项目干系人之间的问题。积极的管理项目干系人提高了项目因为项目干系人之间存在未解决问题而偏离的可能性，提高操作人员的能力，避免他们在项目进行期间产生较强烈的矛盾。

项目客户关系管理是把客户关系管理理念引入信息系统项目管理中产生的研究成果,在项目中应用的意义和范围正逐渐加深和扩大。

8.2.5 项目沟通管理过程与其他项目管理过程的关系

项目沟通管理作为一个知识领域,包括为确保项目信息及时且恰当地生成、收集、发布、存储、调用并最终处置所需要的各个过程。项目沟通管理过程与其他项目管理过程的关系,如图 8-4 所示。

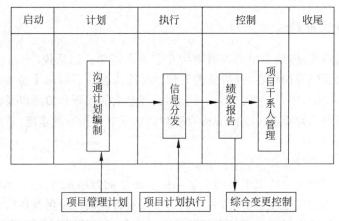

图 8-4　项目沟通管理过程与其他项目管理过程的关系

沟通管理需要确定谁、在什么时候需要信息以及信息是如何发布的。每个项目都应有一个沟通计划来说明这些沟通问题。项目的成败依靠信息流,而很多问题的发生也简单地因为干系人未被告知。第一架 777 飞机的试飞者约翰·卡什曼(John Cashman)曾说过,他们的团队在前期改进了沟通规划。结果正如人们所说的那样:"哦,这就是为什么他们会成功,我清楚。"另外,他们称这架大型喷气式飞机为"我们的飞机",随时获得项目信息增强了他们的团队归属感和主人翁精神。

PMBOK 指南中列出了沟通管理的四个主要过程。

(1) 沟通规划:要确定所有项目干系人信息需求,谁需要什么信息,需要的频率以及信息的传递方式。

(2) 信息发布:这一流程要确保信息需求者能及时获得有效的需求信息。

(3) 绩效报告:涉及收集和发布信息进度,包括测量进度、报告状态和预测未来结果。

(4) 管理收尾:包括收集信息,生成并发布关于收尾阶段或最终的项目信息。

 小贴士

项目沟通管理中的常见问题

(1) 缺乏沟通,合作氛围不够。

(2) 及时信息分发,加强沟通,让客户了解项目具体情况。

(3) 注重沟通技巧,建立融洽的合作氛围。

(4) 没有对团队成员的沟通需求和沟通风格进行分析。

(5) 没有开一个高效的会议。

(6) 沟通方式单一。

(7) 没有冲突管理。
(8) 开高效会议的做法。
(9) 分析成员的沟通风格,从而采用相应的沟通方式。
(10) 多种沟通方式。

8.3 项目沟通的策略与方式

8.3.1 项目沟通的策略

尽管存在沟通障碍,但现实中的沟通现状并非令人绝望。俗话说"不怕做不到,只怕想不到",只要认识到沟通障碍的存在,就给妥善处理并排除沟通障碍带来了希望。研究表明,沟通与艺术是结合在一起的,因而,解决沟通中的思路、理念上的问题和障碍以及沟通中的方法、手段等技术问题就显得非常重要。下面分析克服障碍达成有效沟通的策略。

1. 积极倾听

有效的倾听是积极主动的而不是消极被动的。被动的倾听就像是一个录音机,在吸收信息。如果说话者提供的信息非常清晰,并且表达得足够有趣而可以保持倾听者的注意力,倾听者很可能可以领会说话人想要沟通的大部分信息。但积极的倾听要求倾听者进入说话人的思维,以说话人的角度来理解沟通。积极倾听是很难的。倾听者需要集中注意力并且必须要完全理解说话人所说的事情。

2. 使用恰当的沟通节奏

面对不同的沟通对象,或面临不同的情境,应该采用不同的沟通节奏,这样方能做到事半功倍。否则,可能造成严重的后果。如在一个刚组建的项目团队,团队成员彼此会小心翼翼、相互独立,若此时采取快速沟通与参与决策方式,可能会导致失败。一旦项目组营造了学习的文化氛围,即组建了学习型组织,就可以导入深度会谈、头脑风暴等开放式的沟通方式。

3. 考虑接收者的观点和立场

有效的沟通者必须具有"同理心",能够感同身受、换位思考,站在接收者的立场、以接收者的观点和视野来考虑问题。如果接收者拒绝你的观点与意见,你就必须耐心、持续地做工作来改变接收者的想法,传递甚至可以反思:我自己的观点是否正确?

4. 充分利用反馈机制

要检验沟通是否达到目标,只有通过获得接收者的反馈才能确定,可采用提问、倾听、观察、感受等方式。

5. 以行动强化语言

在项目组中,传达政策、命令、规范之前,项目经理最好能够确定它们能否真正转化为行动。只有树立了以行动支持语音的信誉,管理沟通才能真正达到交流的目的,才能在项目组内建立一种良好的相互信任的文化氛围。

6. 避免一味说教

有效沟通是彼此之间的人际交往与心灵交流。当发送者一味地打算全面传达其信息时，很难对接收者的感受、反响做出反应，当其越投入、越专注于自己要表达的想法时，越会忽略接收者暗示的动作或情绪、情感方面的反应，其结果会引发接收者对其反感，敬而远之。

8.3.2 项目沟通的方式

在项目沟通中主要有两种沟通方式：一种是正式沟通。沟通与人文相关的问题，并且一般遵循项目组内的职权链。当基层管理者向他的员工下达指令，为他们部门的工作提供建议，为他的员工提供建议，或者回答他上司的问题时，都是在使用正式的沟通方式。基层管理者通过演讲、书面报告、电子媒介和非语言行为等来进行正式沟通。另一种方式是非正式沟通。这种沟通可以向任何方向沟通，可以越级沟通，它既可以满足某种社会需求，又有助于任务完成。

具体而最普遍使用的沟通类型有正式书面、非正式书面、正式口头、非正式口头四种，见表 8-1。

表 8-1 项目沟通类型

沟通方法	适用场合
正式书面	项目计划、项目章程等较复杂的问题
非正式书面	备忘录、电子邮件、工程师笔记等（有助于关系的融洽）
正式口头	演讲、介绍
非正式口头	谈话等

小贴士

影响一个人是好的沟通者还是差的沟通者一般有以下几个方面：自我概念、有效聆听、清楚表达、对付发怒情绪和自我表露。

1. 自我概念

影响自身与别人沟通的一个最重要的因素是自我概念。自我概念就是我们如何看待自己。自我概念包括很多部分：我们是谁，我们的立场是什么，我们做什么和不做什么，我们的价值观如何，我们相信什么，等等。

2. 有效聆听

一位有效的聆听者不仅会听字词，而且会听字词的言外之意。这包括理解讲话者的情绪是什么。人们不能有效地听，其主要有两个原因：一个是他们对讲话者所说的内容不关心；另一个是他们正考虑对讲话者所说的话做何反应，因此错过了讲话者正在讲的话。

3. 清楚表达

知道你想要的结果是什么。你是在通知？获取信息？提出忠告？让某人做某事、改变其行为，或者阻止他做某事？决定你需要与谁沟通。是整个小组？某个人？确定沟通的最好模式是书面、口头，还是两者都用？

4. 对付发怒情绪

如果我们想与其他人有健康的关系，就必须能够适当地表达情感。如下建议：感知你的感受，承认你有感受，特别是那些被认为是"坏的"或不愿有的感受。接受由于你的情感带来的责任。告诉人们你的感受如何。从理解你的情感中学习。

5. 自我表露

如果你想与其他人有真正好的关系和好的沟通,你必须愿意把有关自己的事情表露给他们,以便帮助他们了解你。彼此知道得越多,沟通就越有效。

8.4 项目沟通计划的编制

项目沟通计划是对于项目全过程的沟通工作、沟通方法、沟通渠道等各个方面的计划与安排。就大多数项目而言,沟通计划的内容是作为项目初期阶段工作的一个部分。同时,项目沟通计划还需要根据计划实施的结果进行定期检查,必要时还需要加以修订。所以项目沟通计划管理工作是贯穿于项目全过程的一项工作,项目沟通计划是和项目组织计划紧密联系在一起的,因为项目的沟通直接受项目组织结构的影响。

项目沟通计划包括四个方面的具体工作,如图 8-5 所示。

图 8-5 项目沟通计划的具体工作

小贴士

系统集成企业如何在需求分析阶段进行更好的沟通呢?

首先,系统集成企业应该了解即将做的项目背景、项目涉及的业务属性和基本规律、业界的主流技术、业界和本企业以往的成功经验。其次,了解项目本身的需求信息。再次,项目组以业务咨询的角色对客户的业务模式提出建议。最后,确定项目需求。

8.4.1 项目沟通计划的准备工作

在编制项目沟通计划之前,首先要完成收集信息和加工处理信息的工作。

1. 收集信息

对收集到的沟通计划方面的信息进行加工和处理也是编制项目沟通计划的重要一环,而且只有经过加工处理过的信息,才能作为编制项目沟通计划的有效信息使用。信息收集是编制项目沟通计划的第一步,也是进行项目沟通管理决策的前提条件。没有相关的信息就无法进行编制项目沟通计划。因此,在编制项目沟通计划之前应该首先收集有关的各种信息。主要包括以下内容。

(1)项目沟通内容方面的信息。这是通过对项目相关利益者的信息需求调查而获得的一类信息。从项目组织的角度而言,这包括项目团队内部"上情下达"和"下情上传"两个方面的信息需求;项目团队与外部环境及其他项目相关利益者之间的"外情内达"和"内情外达"两个方面的信息需求;以及项目团队内部各个职能组织和群体之间的"左情右达"和"右情左达"方面的信息需求。在编制项目沟通计划之前必须全面收集这些方面的信息,以便项目沟通计划能够满足项目组织的信息需求。

(2) 项目沟通手段的信息。在收集项目沟通信息需求的同时还需要收集有关项目沟通方式、方法、手段和渠道等方面的信息。这包括：哪些信息需求需要使用口头沟通的方式去满足，哪些需要使用书面沟通的方式去满足；哪些需要使用面谈或会议的方法，哪些需要使用书面报告和报表的方法，哪些需要使用电子信息工具，以及需要哪些信息沟通渠道和媒介，等等。这些信息必须收集齐全才能够制订出可行的项目沟通计划。

(3) 项目沟通时间和频率方面的信息。在明确项目组织的信息需求和沟通手段要求之后，还必须确定信息沟通的具体时间要求和频率。其中，沟通时间要求是指一次沟通持续的时间长短（如一次会议开多长时间），沟通频率则是指同一种沟通多长时间间隔进行一次（如各种报表是一季度一次还是一月一次）。因为信息都是有时效性，所以这方面的信息对于制订沟通计划同样是十分必要的，没有时间和频率的安排，项目沟通计划则不能成为计划。

(4) 项目信息来源与最终用户的信息。项目沟通计划的编制还需要有各种项目信息来源和最终用户方面的信息。这是有关谁是信息生成者，谁是信息发布者，以及谁是信息的接收者等方面的信息。对于项目沟通计划而言，必须清楚地知道项目信息来源与最终用户方面的信息，因为信息来源涉及的是信息生成者和发布者的责任，而信息最终用户所涉及的是信息接收者的责任，包括接收、理解和使用信息的责任以及信息保密的责任等。

项目组要收集到上述这些有用的信息为编制项目沟通计划做准备，首先，要努力提高项目信息管理者的信息收集和处理能力的水平，建立一支可靠的信息收集队伍。其次，要开辟尽可能多的信息来源和渠道，力求收集的信息完整齐备。

2. 所获信息的加工处理

对收集到的沟通计划方面的信息进行加工和处理也是编制项目沟通计划的重要一环，只有经过加工处理过的信息，才能作为编制项目沟通计划的有效信息使用。这种信息的加工处理需要遵循准确、系统和可靠的原则与要求。在对收集的各种信息进行加工处理时，要采用归纳、整理、汇总和其他必要的信息处理工作。

同时，在信息加工与处理中如果发现有信息缺口或各种信息之间出现矛盾时，还要进一步追加调查和信息收集，以填补信息缺口。这是确保项目沟通计划编制所需信息准确性的一条可靠途径。这种追加的信息收集工作多数是双向的，即信息收集人员或项目沟通计划编制人员要双向沟通和共同合作去进一步收集有关的信息，同时项目各种信息最终用户（如项目经理和管理人员）也要积极提供信息、要求和反馈意见。

8.4.2 项目沟通需求的确定

项目沟通需求的确定是在信息收集与加工处理的基础上，对于项目组织的信息需求做出的全面决策。项目沟通需求是项目全部相关利益者在项目实现过程中的信息需求。主要包括：项目业主/客户、项目团队、项目经理、项目供应商、项目所在社区等各方面需要了解项目的工期、进度、成本造价、环境影响、资源需求、预算控制、经费结算等各个方面的信息的全面需求。这种项目沟通需求的确定涉及对于所需信息内容、格式、类型、传递方式、更新频率、信息来源等方面的决策。

例如，项目业主究竟需要哪些项目信息，这些信息是以报表还是以报告的形式提供，这些信息是数值型还是字符型的；这些信息哪些需要通过面谈传递，哪些通过会议或电子邮件传递；这些报告或报表多长时间报告一次；这些信息是由项目经理报告还是由项目财务主管或项目技术主管报告,等等。项目沟通需求确定所涉及的内容主要包括以下几个方面。

1. 项目组织管理方面的信息需求

项目组织管理方面的信息需求是有关项目团队组织,项目团队的上级组织和项目全部相关利益者关系等方面的组织信息需求。这包括有关组织结构、相互关系、主要责任与权利、主要的规章制度、主要的人力资源情况等方面的信息需求。

2. 项目内部管理方面的信息需求

项目内部管理方面的信息需求是有关项目团队内部开展管理中所需的各个方面信息,包括项目团队内部各种职能管理、各种资源的管理、各种工作过程的管理等方面的信息需求。

3. 项目技术方面的信息需求

项目技术方面的信息需求是有关项目技术工作及技术资料方面的信息需求。这包括:整个项目产出物的技术信息和资料、项目工作技术信息和资料以及项目核心技术信息与资料等方面的技术信息需求。

4. 项目实施方面的信息需求

项目实施方面的信息需求是有关整个项目工期进度计划及其完成情况方面的信息需求,整个项目实际产出物质量和工作质量方面的信息需求,整个项目的资金与预算控制方面的信息需求等有关项目实施的情况的统计信息需求。

5. 项目与公众关系的信息需求

项目与公众关系的信息需求包括两个方面:一个是项目组织所需的各种公众信息(包括国家、地区、当地社区的政治、经济、社会、风俗、文化等方面的信息);另一个是社会公众需要了解的项目信息(包括环保、项目带来的好处、项目的重要性等)。

在所有这些项目沟通需求的确定中,对项目团队的信息需求进行仔细、全面、客观的分析和确定,因为这关系到项目的成败。对于项目业主/客户的信息需求进行全面的分析和确定,以掌握和了解他们的信息需求和动机,因为项目就是为满足他们的要求和期望才开展的。

8.4.3 项目沟通方式与方法的确定

在项目沟通中,不同信息的沟通需要采取不同的沟通方式和方法,因此在编制项目沟通计划过程中还必须明确各种信息需求的沟通方式和方法。不同的沟通方式和方法会直接影响到项目信息传递的准确性、可靠性、及时性和完整性。影响项目选择沟通方式方法的因素主要有以下几个方面。

1. 沟通需求的紧迫程度

项目的成功必须依靠大量的、不断更新的信息沟通,但是有些沟通要求时间紧迫,而有些可以暂缓。所以在确定沟通方式与方法时要充分考虑这一因素,对于急迫的信息沟通需求要选用更为快捷的沟通方式。

2. 沟通方式方法的有效性

采用什么样的方式方法最有助于满足项目沟通需要是确定项目沟通方式的关键因素之一。例如，会议沟通方式适合于研究和集体决策；公告的沟通方式适合于规章制度的发布或各种项目事务的通告。

3. 项目相关人员的能力和习惯

沟通方式方法的选择还必须充分考虑项目相关人员的经历、知识水平、接收与理解能力和在沟通方面的习惯做法。这包括现有的能力与习惯以及需要进行广泛的学习和培训提高和改进的能力与习惯。

4. 项目本身的规模

如果项目的规模小、工作量不大、生命周期很短，一般可以选用现有人们习惯的和便于实施的沟通方式与方法；如果项目规模大、生命周期长，就需要采取一些先进而有效的项目沟通方式和方法。

8.4.4 项目沟通计划编制

一般而言，项目沟通计划编制的结果是一份项目沟通计划书。项目沟通计划的编制是要根据收集的信息，先确定出项目沟通要实现的目标，然后再根据项目沟通目标和确定项目沟通需求去分解得到项目沟通的任务，进一步根据项目沟通的时间要求去安排这些项目沟通任务，并确定出保障项目沟通计划实施的资源和预算。

项目沟通计划书的内容除了前面给出的目标、任务、时间、具体责任、预算与资源保障以外，一般还包括以下内容。

1. 信息收集和归档格式要求

项目沟通计划书中要规定采用何种方法收集和存储沟通所需不同类型的信息，已经发布的信息经过更新和更正后如何进行反馈和传播，以及这些工作的程序等。

2. 信息发布格式与权限的要求

项目沟通计划书中还要注明各种信息的流向、信息的最终用户和信息发布与使用权限，以及各种不同类型信息的发布方式等。项目信息发布格式与权限的要求和项目组织结构图所表述的权限、责任和汇报关系要一致。

3. 对所发布信息的描述

项目沟通计划书中还要对所发布信息进行必要的规定和描述，这包括所发布信息的格式、内容、详尽程度、信息的来源、信息生成时参考的文献、信息相关术语的定义、获得信息的方法、信息储存的要求等。

4. 更新或修订项目沟通管理计划的方法

项目沟通管理计划书中还需要注明对更新与修订该计划书的方法，这包括根据项目需要更新项目沟通管理计划书的周期和内容；项目沟通管理计划书与项目集成计划的同步更新要求，以及更新和修订项目沟通管理计划的方法和程序。

5. 约束条件与假设前提

项目沟通计划还应该包括两项内容：一是项目沟通计划的各种约束条件；二是项目沟通计划的假设前提条件。前者是在编制项目沟通计划时限制项目沟通的各种因素，后者是开展项目沟通的假定实际存在并作为制订计划依据的前提条件。通常在这些条件发生变化时应该修订和更新项目沟通计划。

小贴士

项目沟通管理计划见表8-2。

表8-2　项目沟通管理计划

项目利益相关者	沟通需求			信息收集		信息归档		信息发布		备注
	需求信息	需求时间	需求方式	收集方式	收集人	归档格式	负责人	发布方式	发布人	

批准人：		项目经理：		制定人：		批准日期：	

案例分析

　　A公司是由信管网投资建立的致力于为教育行业提供信息技术咨询、开发、集成的专业应用解决方案提供商，在"数字化校园"领域具有多年的研发经验和相当数量的成功案例。经过长时间地使用和改进，系统已经日趋成熟，获得了用户的信赖。目前通过和有关银行的合作，综合考虑了学校的需求，为"数字化校园"推出了软、硬件结合的"银校通"完整解决方案。

　　半个月前，A公司和U大学合作建设的"银校通"项目正式立项。由于A公司已有比较成熟的产品积累，项目研发工作量不是特别大。张工被任命担任该项目的项目经理，主要负责项目管理和用户沟通等工作。张工两个月前刚从工作了五年时间的B公司辞职来到A公司，由于B公司主要从事电子政务信息系统的集成，故张工在"数字化校园"的业务方面不是特别熟悉。

　　项目组成员还包括李工、小王、小赵、小高和一名测试人员，李工主要负责项目中的技术实现，小赵和小高两名程序员主要负责程序编码工作，小王主要负责项目文档的收集和整理。在A公司，李工属于元老级的人物，技术水平高也是大家公认的，但李工在过去作为项目经理的一些项目中，工作上常由于没有处理好客户关系为公司带来了一些问题。小王的工作虽然简单但是格外繁重，因而多次向张工提出需要增派人员，张工也认为小王的工作量过大，需要增派人手，因此就此事多次与公司项目管理部门领导沟通。但每当项目管理部门就此事向李工核实情况时，李工总是说小王的工作不算很多，而且张工的工作比较轻松，让张工帮助下小王就可以了,不需要增派人员。

因而项目管理部门不同意张工关于增加项目组成人员的建议。张工得到项目管理部门意见反馈后,与李工进行了沟通,李工的理由是张工的工作确实不多,总是帮别人提意见,自己做得不多。所以李工认为张工有足够时间来帮助小王完成文档工作。张工试图从岗位责任、项目分工等方面对李工的这个误解进行解释,又试图利用换位思维的方法向李工说明真实情况,但李工依旧坚持自己的看法,认为张工给自己的工作太少。

【问题1】 什么是项目沟通管理中的沟通渠道,沟通渠道与沟通复杂性的关系怎样,试根据沟通渠道的计算公式计算该项目小组内部沟通渠道的数量。

【问题1分析】 沟通渠道(communication channel)是项目中沟通的排列组合数量,看起来像联系所有参与者的电话线的数目。

沟通的复杂性会随着项目中人员的增加而增加,项目沟通渠道急剧增加,沟通偏好差异化矛盾上升。

地理位置和文化背景也会影响到项目沟通的复杂性。如果利益相关者来自不同的国家,那么通常在正常的工作时间安排双向的沟通会非常困难甚至不可能。

语言障碍也可能给沟通带来一些问题。

项目组成员包括张工、李工、小王、小赵、小高和一名测试人员。项目组成员总数为6人,根据沟通渠道数计算公式,该项目小组内部沟通渠道的数量为 $6 \times (6-1) \div 2 = 15$。

【问题2】 分析该项目中存在的主要项目管理问题,并针对问题提出建议。

【问题2分析】

(1) 项目经理角色定位问题。张工应该能较好地把握全局。对于软件开发项目,工作量估算、人力资源管理和沟通管理等方面显得特别重要,张工在这些方面存在较大的欠缺。

(2) 团队建设与协作方面的问题。公司项目管理部门对张工担当项目经理没有做充分的授权,对张工缺乏必要的信任和支持。李工自恃是元老级人物,对张工的项目管理工作没有认可。项目组成员总体缺乏协调和配合,表现出对立与矛盾的僵化局面。

(3) 沟通不畅。项目组沟通上存在很大问题,其主要与领导之间的沟通有问题。在李工这一方面的沟通也存在问题,如果项目经理关系处理得当,有时可以把负面影响转变为正面。

【问题3】 结合实际经验,就软件项目中如何改进项目沟通提出实质性的建议。

【问题3分析】 根据软件企业项目管理实际情况,改进项目沟通的建议包括以下几个方面。

(1) 使用项目管理信息系统(PMIS)辅助沟通。
(2) 建立沟通基础结构。
(3) 使用项目沟通模板。
(4) 把握项目沟通基本原则。
(5) 发展更好的沟通技能。
(6) 认识和把握人际沟通风格。
(7) 进行良好的冲突管理。
(8) 召开高效的会议。

那么如何进行有效沟通呢?在团队里要进行有效沟通,首先必须明确目标。对于团队领导来说,目标管理是进行有效沟通的一种解决办法。在目标管理中,团队领导和团队成员讨论目标、计划、对象、问题和解决方案。

由于整个团队都着眼于完成目标,这就使沟通有了一个共同的基础,彼此能够更好地了解对方。即便团队领导不能接受下属成员的建议,他也能理解其观点,下属对上司的要求也会有进一步的了解,沟通的结果自然得以改善。如果绩效评估也采用类似办法的话,同样也能改善沟通。

在团队中,身为领导者,要能够善于利用各种机会进行沟通,甚至创造出更多的沟通途径,与成员充分交流等并不是一件难事。难的是创造一种让团队成员在需要时可以无话不谈的环境。

对于个体成员来说,要进行有效沟通,可以从以下几个方面着手。

(1) 必须知道说什么,就是要明确沟通的目的。如果目的不明确,就意味着你自己也不知道说什么,自然也不可能让别人明白,自然也就达不到沟通的目的。

(2) 必须知道什么时候说,就是要掌握好沟通的时间。在沟通对象正大汗淋漓地忙于工作时,你要求他与你商量下次聚会的事情,显然不合时宜。所以,要想很好地达到沟通效果,必须掌握好沟通的时间,把握好沟通的火候。

(3) 必须知道对谁说,就是要明确沟通的对象。虽然你说得很好,但你选错了对象,自然也达不到沟通的目的。

(4) 必须知道怎么说,就是要掌握沟通的方法。你知道应该向谁说、说什么,也知道该什么时候说,但你不知道怎么说,仍然难以达到沟通的效果。沟通是要用对方听得懂的语言——包括文字、语调及肢体语言,而你要学的就是通过对这些沟通语言的观察来有效地使用它们进行沟通。

沟通是组织的生命线。人与人之间像有一堵无形的墙,阻隔着人与人之间的信息畅通。它与文化背景、性格、气质、环境、职务和年龄等各方面的影响有关。东方人的隐晦、含蓄更使沟通显得有"距离感"。其实,每个人的内心深处又渴望着及时沟通,这一对矛盾要靠后天的不懈努力才能有所作为。

社会上成功人士尽管有不同的性格、气质等,但他们的一个共同的长处是善于沟通,这是一个很好的证明。沟通的理论很多,关键是要身体力行地去做。例如,根据每天扮演的不同角色,同上级、下级、同事、家人、朋友和客户的交往中用不同的角色进行沟通,以投其所好,广结人缘。在有矛盾、意见不一致的时候是否尝试"Yes... But..."方式进行沟通,多表扬人,多赞美人对任何人来说都是较容易的事,关键是克服习惯的思维定式,以一种新姿态去投入,循序渐进,就有可能取得实效。

8.5 实训——设置项目比较基准

在开发项目过程中,随时需要对项目的进度、成本、范围等进行实时的监控以及调整,使项目任务计划按预算按时顺利地完成。比较基准计划就是保存"比较基准"时得到的项目"日程"简况,包括关于任务、资源、成本和工作分配的信息,用户可将其与项目中最新的日程进行比较,以便跟踪项目状况。

8.5.1 设置比较基准

设置比较基准,以方便在项目执行过程中的实际情况与之前的预算进行比较,促使项目按计划完成。本小节以校务通软件开发项目为例来设置项目的比较基准计划,以便在项目执行规程中查阅比较项目的工期差异。设置该比较基准的操作步骤如下。

（1）打开已经规划好的项目文件，在菜单栏中选择"视图"→"甘特图"命令，打开"甘特图"视图。

（2）在菜单栏中选择"项目"→"日程"→"设置基线"命令，如图8-6所示。

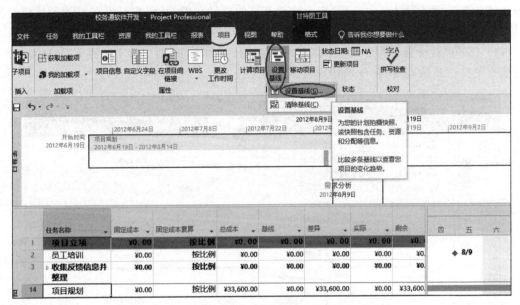

图 8-6 设置基线

（3）打开"设置基线"对话框，如图 8-7 所示。在"设置基线"域选择"基线"选项；在"范围"选项中选中"完整项目"单选按钮。

（4）最后，单击"确定"按钮，即可对整个项目做一次保存比较基准计划。

图 8-7 "设置基线"对话框

8.5.2 查看比较基准计划

通过 Project 2016 提供的"多比较基准甘特图"视图,可以把当前的项目进度、开始时间、结束时间以及成本等与比较基准对比,以便分析项目差异。在 Project 2016 中,用户可以通过"多比较基准甘特图"或"自定义列"查看比较基准的信息。例如,用户可以在校务通软件开发系统项目中,通过"多比较基准甘特图"查看比较基准信息,具体操作步骤如下。

(1) 打开已经设置了两个或两个以上比较基准计划的项目文件。在菜单栏中选择"视图"→"其他视图"→"其他视图"命令,如图 8-8 所示。

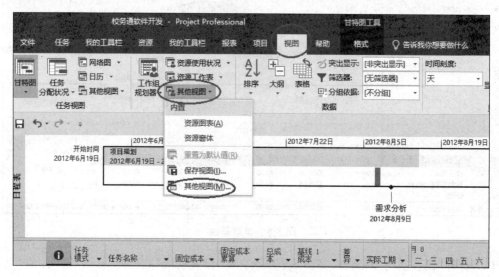

图 8-8 设置"其他视图"

(2) 选择"其他视图"命令,弹出"其他视图"对话框,选择"多基线甘特图"选项,然后单击"应用"按钮,保存当前操作即可,如图 8-9 所示。

图 8-9 "其他视图"对话框

8.5.3 定义多基线甘特图

默认情况下,"多基线甘特图"视图显示前 3 个比较基准(比较基准、比较基准1、比较基准2)。若要显示更多的比较基准数据,则需要修改甘特图上条形图样式。在校务通软件开发系统中,若要显示"比较基准 3"视图,其具体操作步骤如下。

(1)打开项目文件,然后在菜单栏中选择"格式"→"条形图样式"命令,打开"条形图样式"对话框,过程如图 8-10 所示。

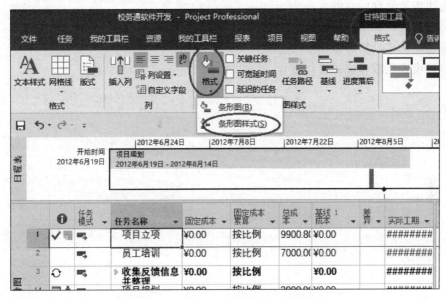

图 8-10 打开"条形图样式"对话框。

(2)在弹出的"条形图样式"对话框中,在"名称"域下侧空白行中输入"比较基准线 3"。在"行"域中输入"2"(数字代表条形图的上下间隔距离)。在"任务种类"域中选择"标准"选项。在"从"和"到"域中分别选择"基线 3 开始时间"和"基线 3 完成时间"选项,如图 8-11 所示。

(3)最后,单击"确定"按钮,完成定义多基线计划视图。

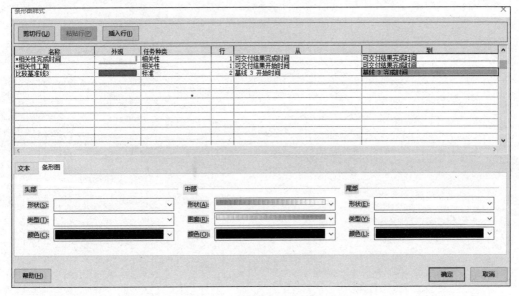

图 8-11 "条形图样式"对话框

实践课堂

1. 简述沟通管理的目的。
2. 简述有效的沟通主要遵循的原则。
3. 简述团队成员精神激励法的主要种类。
4. 简述设置比较基准的操作过程。

第 9 章

项目风险管理

Chapter 9

学习目标	1. 项目风险管理的基本过程； 2. 风险管理计划编制； 3. 风险识别、风险定性分析、风险定量分析； 4. 风险应对计划编制； 5. 分析跟踪与监控。
技能要求	1. 掌握分析识别的方法； 2. 风险估计的方法(风险定性分析法、风险定量分析法)； 3. 在 Project 2016 中熟练完成任务实际工期更新操作。

导入案例

A 市石油销售公司计划实施全市的加油卡联网收费系统项目。该石油销售公司选择了系统集成商 B 作为项目的承包方，B 公司经石油销售公司同意，将系统中加油机具改造控制模块的设计和生产分包给专业从事自动控制设备生产的 H 公司。同时，B 公司任命了有过项目管理经验的小刘作为此项目的项目经理。

小刘经过详细的需求调研，开始着手制订项目计划，在此过程中，他仔细考虑了项目中可能遇到的风险，整理出一张风险列表。经过分析整理，得到排在前三位的风险如下。

(1) 项目进度要求严格，现有人员的技能可能无法实现进度要求。

(2) 现有项目人员中有人员流动的风险。

(3) 分包商可能不能按期交付机具控制模块，从而造成项目进度延误。

针对发现的风险，小刘在做进度计划的时候特意留出了 20% 的提前量，以防上述风险发生，并且将风险管理作为一项内容写进了项目管理计划。项目管理计划制订完成后，小刘通知了项目组成员，召开了第一次项目会议，将任务布置给大家。随后，大家按分配给自己的任务开展了工作。

第四个月底，项目经理小刘发现 H 公司尚未生产出联调所需要的机具样品。H 公司于 10 天后提交了样品，但在联调测试过程中发现了较多的问题，H 公司不得不多次返工。项目还没有进入大规模的安装实施阶段，20% 的进度提前量就已经被用掉了，此时，项目一旦发生任何问题就可能直接影响最终交工日期。

【问题 1】 请从整体管理和风险管理的角度指出该项目的管理存在的问题。

【问题 1 分析】 整体管理方面可能存在的问题。

(1) B 公司选择的分包商 H 公司不合适，或签订的合同有问题。

（2）在制订项目计划时，小刘不应独自制订项目计划，而应让大家参与制订。

（3）没有进行合同管理，缺乏对分包商合同执行过程的监控，缺乏阶段验收。

风险管理方面可能存在的问题。

（1）小刘不能独自识别风险，应采取访谈、专家判断、头脑风暴、SWOT分析、检查表、图表技术等方法，在这个过程让组员参与。

（2）20%的预留没有确切的根据，或者仅预留20%的提前量来防范进度落后的风险是不够的，应对已识别的风险制订可行的应对计划。

（3）没有进行风险监控。

【问题2】 针对"项目进度要求严格，现有人员的技能可能无法实现进度要求"这条风险，请提出你的应对措施。

【问题2分析】 一般的风险应对措施有回避、接受、转移和减轻。针对上述风险，应采取如制订应急计划（如增加合格人员）主动接受、把部分工作外包给专业公司等风险转移措施、加强对现有人员的培训等减轻措施。

【问题3】 针对"分包商可能不能按期交付机具控制模块，从而造成项目进度延误"这条风险，结合案例，分别按避免、转移、减轻和应急响应四种策略提出具体应对措施。

【问题3分析】

（1）避免。经石油销售公司同意，选用比H公司更有实力的分包商；或经石油销售公司同意，改变原设计方案，不再改造加油机具。

（2）转移。请监理，或与H公司签订固定总价合同，或让H公司签订履约保证书等。

（3）减轻。加强对分包商的过程监控，让分包商事先快速制作原型等方法。

（4）应急响应。M公司/分包商请行业高手紧急救火。

9.1 项目风险识别

所有IT项目都会遇到风险，包括新产品或者对已有产品开发一个新的版本；例如，关键IT技术人员的流失、市场条件的变化、客户需求的巨大变化、IT项目开发组织业务条件的变化等；对于这种情况中存在的风险若能够提前预料到，并采取适当的措施来缓解，就可以扭转项目组总是救火的状态，开始出现主动控制一些问题的局面。

风险管理对于项目成功意义重大，在项目的生命周期中，风险不断地出现并干扰项目的正常开展，对项目目标的达成带来各种不利的影响；如何有效识别和管理风险日益成为企业关注的重点。

9.1.1 项目风险的概念和特点

1. 风险的概念

一种观点认为：风险是指在一定条件下和一定时期内，由于各种结果发生的不确定性而导致行为主体遭受损失的大小以及这种损失发生可能性的大小，风险是一个二位概念，风险以损失发生的大小与损失发生的概率两个指标进行衡量。

2. 项目风险的定义

项目风险（project risk）是指由于项目所处环境和条件的不确定性，以及项目团队不能准确预见和不能控制的因素影响,使项目的最终结果与项目干系人的期望产生背离,并给项目干系人带来损失的可能性。项目风险产生的原因主要是项目的不确定性,而不确定性是项目团队无法充分认识项目未来的发展和变化造成的,这种不确定性不能通过主观努力来消除,而只能通过努力来降低。

按风险对项目目标的作用分为：工期风险、费用风险、质量风险、市场风险、信誉风险。项目风险存在的典型领域及各领域典型的风险,见表9-1。

表 9-1　项目风险存在的典型领域及各领域典型的风险

典型领域	典 型 风 险			
人	缺乏主动性和团队精神	组织结构	制定策略的责任	决定如何分工
成本	劳动力过多	物耗过多	供给过量	罚款等
计划	交货延期	错过市场机会	错过有利的途径	计划时间过长
质量	劳动力质量差	细节没完成	违反法律	没有试验过的新技术

3. 项目风险的管理过程

项目风险管理就是项目管理者通过风险识别、风险估计和风险评价,并以此为基础合理地使用多种管理方法、技术和手段对项目活动涉及的风险实行有效地控制,采取主动行动,创造条件,尽量扩大风险事件的有利结果,妥善地处理风险事故造成的不利后果,以最少的成本保证安全、可靠地实现项目的总目标。

小贴士

特别需要进行风险管理的项目如下。
(1) 创新,使用新技术,如电子商务中的LBS即基于位置的服务项目。
(2) 投资数额巨大的项目,如移动电子支付安全认证项目。
(3) 打断目前生产经营,对目前收入影响特别大的项目,如苏宁电子商务平台建立与推广。
(4) 涉及敏感问题(环境、搬迁)的项目。
(5) 受到严格要求(法律、法规、安全)的项目。
(6) 具有重要政治、经济和社会意义,财务影响很大的项目。

9.1.2　项目风险识别的过程

1. 风险的识别过程

项目风险识别就是采用系统化的方法,识别出项目已知的和可预测到的风险。项目风险识别中最重要的原则是通过分析和因素分解,把比较复杂的事物分解一系列要素,并找出这些要素对于事物的影响、风险和大小。在识别项目风险时需要将一个综合性的项目风险问题首先分解成为许多具体的项目风险问题,再进一步分析找出形成项目风险的影响因素。在识别项目风险的影响因素时也需要使用分析和分解的原则,而且对于项目风险后果的识别也需要使用分析和分解的原则。

如图9-1所示是项目风险识别过程。其中风险识别的输入可以是项目的WBS、项目计划、历时项目数据、项目可行性分析报告、项目需求说明书等。

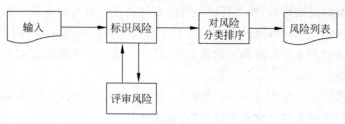

图 9-1　项目风险识别过程

风险识别(risk identification)必须是贯穿整个项目的,尤其是在 IT 项目中,因为随着项目的发展,新的风险也会产生。可以使用几个工具来识别项目中的风险。

(1) 评审项目文档。项目范围说明书、WBS、资源需求、项目的支持细节、项目管理计划、合同以及其他任何影响项目决策的文档。

(2) 头脑风暴。即风险分解结构,将相关的风险分到同一个组。

(3) Delphi 方法。这个方法使用几轮匿名调查来建立对风险事件的一致意见。

(4) 假设分析。假设日志应该成为项目文档的一部分。所有的假设应该被尽可能多的测试以确定该假设是否是有效的。

(5) SWOT 分析。这个方法检查了项目的优势、劣势、机会和威胁,以此来测试项目可能在哪里失败以及可以在哪里进行改进。

2. 项目风险识别的主要工作内容

(1) 识别并确定项目有哪些潜在的风险。

(2) 识别引起这些风险的主要影响因素。

(3) 识别项目风险可能引起的后果。

3. 项目风险的分类

项目风险的类别通常可以分为:技术管理、项目管理、组织、项目外部等风险。

(1) 技术管理风险。前期技术评估不到位导致后续出现很多技术障碍、专利造成的技术壁垒、技术工艺发生根本性的改进、出现了新的替代技术或产品、技术无法有效地商业化而导致的风险。

(2) 项目管理风险。项目管理风险包括项目计划不到位,产品立项评审太草率,项目经理、产品经理不懂项目管理方法等产生的风险。

(3) 组织风险。组织风险中的一个重要的风险就是项目决策时所确定的项目范围、时间与费用之间的矛盾。项目范围、时间与费用是项目的 3 个要素,它们之间相互制约。不合理的匹配必然导致项目执行的困难,从而产生风险。项目资源不足或资源冲突方面的风险同样不容忽视,如人员到岗时间、人员知识与技能不足等。

(4) 项目外部风险。项目外部风险主要是指项目的政治、经济环境的变化,包括与项目相关的规章或标准的变化,组织中雇佣关系的变化,如公司并购、自然灾害等。这类风险对项目的影响和项目性质的关系较大。

项目外部风险来自项目开发的环境,如社会环境、国家的规章制度、法律法规的变化;自然环境的变化,如地震、战争、水灾等的出现,给项目带来的风险,社会文化、道德风俗习惯的改变使企业的生产经营活动受阻而导致企业经营困难。

4. 分析已识别的风险

风险管理计划应该详细说明已识别的风险将被如何分析。风险分析常用的方法是先进行定性的风险分析,然后再进行定量的风险分析。

定性的风险分析(qualitative risk analysis)是高级别的、快速的风险分析。这种分析有点主观,并且不提供对风险事件深入的检查和分析。当你执行定性的风险分析时,可以依据过去的经验、直觉和其他主观的输入来预测概率与影响。

定性的风险分析可以使用风险矩阵,也叫作概率影响矩阵(probability-impact),按照等级分类(ordinal scale)为风险评分。图 9-2 说明了如何通过定性风险分析对风险评定等级并对风险进行响应。

定量的风险分析(quantitative risk analysis)针对的是经过定性分析后的更严重的风险,真正地研究了风险事件以找到它们真正的概率和影响。这个方法使你按照风险的影响、概率以及邻近程度建立一个风险的等级。

风险影响矩阵中的最后一列是风险事件的值,这个值是风险概率和风险影响值的乘积。风险事件评分值之和就是项目的风险暴露值(risk exposure)。

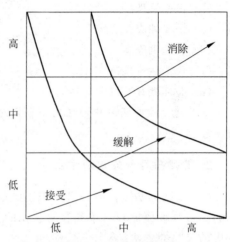

图 9-2 定性的风险分析

风险管理贯穿整个产品开发生命周期,在生命周期的不同阶段,风险识别的重点也不一样。

(1) 在设计阶段。主要是缺乏相关的技术专家对技术可行性的确认;项目的范围、需求定义不清造成后续不断地变更;为做深入的可行性分析导致项目失败;目标不明确,项目开发到一定阶段,不知道该针对哪个市场、需求负责。

(2) 在开发阶段。经常出现没有制订风险管理计划,没有应急措施;需求不够明确;没有得到管理层的支持;团队角色定义不清楚,缺乏有经验的成员等。

(3) 在实施阶段。经常出现的风险有:劳工缺乏相关技能,组织没有提供相关培训;材料不足;由于组织外部导致的计划变更、人员变更,法律法规变更,执行失败等。

(4) 在收尾阶段。质量差,客户不接受验收,设计变更、现金流出现问题等风险。

9.1.3 项目风险的识别方法

项目风险识别的方法还有很多,既有结构化方法也有非结构化方法,既有经验性方法也有系统性方法,但项目条目检查表是最常见的风险识别方法。

1. 风险条目检查表

项目风险条目检查表是利用一组提问来帮助项目风险管理团队了解在项目和技术上有哪些风险,在风险条目检查表中,列出了所有可能的与每个风险因素有关的提问,使风险管理团队集中来识别常见的、已知的和可预测的风险。风险条目检查表可以以不同的方式组织,通过判断分析和假设分析,给出这些提问确切的回答。

小贴士

对于一个IT软件项目一般可以采用包括如下几个方面的检查表。
(1) 产品规模风险。
(2) 需求风险。
(3) 商业影响风险检查表。
(4) 相关性风险。
(5) 管理风险。
(6) 技术风险。
(7) 开发环境风险。
(8) 人员数目及经验风险。

如果对于这些问题中的任何一个问题答案是肯定的,则需要进一步的研究,以评估其潜在的风险。

2. 其他项目风险识别方法

(1) 系统分解法。项目风险识别中最常用的一种方法是利用系统分解的原理将一个复杂的项目分解成比较简单和容易认识的子系统或系统要素,从而识别各子系统或系统要素造成的风险的方法。

(2) 故障树分析法。故障树分析法是利用图表的形式,将大的故障分解成各种小的故障,或对各种引起故障的原因进行分析。进行故障分析的一般步骤如下:定义工程项目的目标—做出风险因果图—全面考虑各风险因素之间的关系,从而研究对工程项目风险所应采取的对策或行动方案。该方法经常用于直接经验较少的风险识别,该方法的主要优点是比较全面地分析了所有的风险因素,并且比较形象化,直观性较强,因其形状如鱼骨,因此又叫鱼骨图,如图9-3所示。

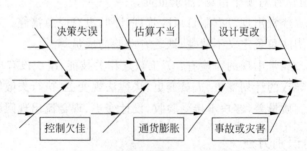

图9-3 风险因果图(又称鱼骨图)

(3) 流程图法。流程图法是给出一个项目的工作流程,项目各部分之间的相互关系等信息的图表,具体包括项目系统流程图、项目实施流程图和项目作业流程图等各种形式的和不同详细程度的项目流程图。运用这种方法得出的项目风险识别结果还可以为后面项目实施中的风险控制提供依据。

(4) 头脑风暴法。头脑风暴法的核心是专家们之间通过思想信息交流,进而进行创造性思维产生思维共振和组合,形成更高级的思想信息。这种方法是通过专家会议的形式进行的,因而也称为专家会议法。

(5) 情景分析法。情景分析法是通过对项目未来的某个状态或某种情况(情景)的详细描述,并分析所描绘情景中的风险与风险要素,从而识别项目风险的一种方法。

9.2 项目风险估计

项目风险估计的过程就是评估已经识别风险的影响和可能性大小的过程,确定风险可能造成的影响,同时对风险进行排序,确定特定风险与指导相应风险应对措施的开发。项目风险估计活动主要有风险的度量、风险分类、风险排序等部分组成。

9.2.1 项目风险的度量

项目风险的度量是指对项目风险和项目风险后果所进行的评估和定量分析这样一项项目风险管理工作。项目风险度量的任务是对项目风险发生可能性大小和项目风险后果的严重程度等做出定量的估计或做出新情况的统计分布描述。项目风险是一种不确定性,即存在着会出现一定经济损失的可能性。项目风险度量的主要工作内容包括如下几个方面。

1. 项目风险可能性的度量

项目风险度量首要任务是分析和估计项目风险发生的概率,即项目发生风险的可能性大小量值。这是项目风险度量中最为重要的一项工作,因为一个项目风险发生概率越高,造成损失的可能性就越大,对它的监控就应该越严格,所以在项目风险度量中首先要确定和分析项目风险可能性的大小。在项目风险的实际评估中,通常把风险划分为低风险、中等风险、高风险3个级别。

对不同级别的风险可采取不同的预防和监控措施,通过对风险级别的划分,可以使项目风险管理团队直观地了解风险的大小,从而采取有力措施进行风险处置,以把项目风险减少到可控的范围内。

2. 项目风险后果的度量

项目风险度量的第二项任务是分析和估计项目风险后果,即项目风险可能带来的损失大小。这也是项目风险度量中的一项非常重要的工作,即使是一个项目风险的发生概率不大,但如果它一旦发生则后果十分严重,那么对它的控制也需要十分严格,否则这种风险的发生会给整个项目造成严重的影响,见表 9-2。

表 9-2 项目风险后果的度量

准则	成本	进度示例	技术目标
低	低于 1%	比原计划落后 1 周	对性能稍有影响
中等	低于 5%	比原计划落后 2 周	对性能有一定的影响
高	低于 10%	比原计划落后 1 个月	对性能有严重影响
关键的	10%或更多	比原计划落后 1 个月以上	无法完成任务

9.2.2 定性风险估计方法

风险估计的方法很多,一般有定性风险估计和定量风险估计等方法,但是无论是哪一种方法工具,都有各自的优缺点,无论是估计风险发生的概率,还是风险的影响程度都会不可避免地受到人的主观因素的影响。

9.2.3 定量风险估计方法

定量风险分析过程的目的是对每项风险的发生概率及其对项目目标的影响,以及项目整体风险的程度进行数值分析。

风险管理常见问题的解决方法

(1) 采用多种风险识别方法,找到项目分析专家、多角度分析。
(2) 运用分析工具。
(3) 制订风险管理计划。
(4) 识别干系人的风险容忍度。
(5) 要制定相应的风险应对策略。
(6) 监控风险——项目财务报表、人事报告、项目阶段审核、以往项目的教训报告、项目会议报告、项目变更申请。
(7) 风险管理方案要可行、有效、全面、及时。
(8) 风险管理的综合性措施——经济措施、技术措施、组织管理措施。
(9) 良好的风险管理工作程序。

9.3 项目风险应对

项目风险识别和风险估计的任务是确定项目风险大小及其后果,制定项目风险应对措施的任务是计划和安排对于项目风险的控制活动方案。在制定项目风险应对措施的过程中需要采用一系列的项目风险决策方法,如在制定项目风险应对措施的工作中,通常做项目风险成本与效益分析、效用分析、多因素分析和集成控制等方法。在制定项目风险应对措施时必须充分考虑项目风险损失和代价的关系。

9.3.1 项目风险应对的主要措施

风险应对策略就是对已经识别的风险进行定性分析、定量分析和进行风险排序,制定相应的应对措施和整体策略。风险管理的一条基本原则就是以最小的成本获得最大的保障。一般项目风险应对措施主要有以下几种。

1. 风险回避

风险回避是指主动避开损失发生的可能性。风险回避的优点体现在以下两个方面。
(1) 风险回避方式是在风险产生之前将其化解于无形。大幅降低了风险发生的概率,有效避免了可能遭受的风险损失。

(2) 节省了企业的资源。减少了不必要的浪费,使企业得以有的放矢。但在市场竞争中有所为有所不为。

2. 风险转移

风险转移是指通过某种安排,把自己面临的风险全部或部分转移给另一方。通过转移风险而得到保障,它是应用范围最广、最有效的风险管理手段,保险就是其中之一。

3. 预防风险

预防风险是指采取预防措施,以减小损失发生的可能性及损失程度。兴修水利、建造防护林就是典型的例子。预防风险涉及一个现时成本与潜在损失比较的问题:若潜在损失远大于采取预防措施所支出的成本,就应采用预防风险手段。以兴修堤坝为例,虽然施工成本很高,但与洪水泛滥造成的巨大灾害相比,就显得微不足道了。

4. 接受风险

接受风险实际上是一种积极的接受活动,就是制订一个风险的应急计划,一旦风险发生,就可以实施风险应急计划。为了避免自然灾害造成的后果,在一个大的软件项目中考虑了异地备份中心。

5. 风险遏制

风险遏制是从遏制项目风险事件引发原因的角度出发,控制和应对项目风险的一种措施。例如,对可能出现的因项目财务状况恶化而造成的项目风险,通过采取注入新资金的措施就是一种典型的项目风险遏制措施。

6. 风险化解

风险化解措施从化解项目风险产生的原因出发,去控制和应对项目具体风险。例如,对于可能出现的项目团队内部冲突风险,可以通过采取双向沟通、消除矛盾的方法去解决问题,这就是一种风险化解措施。

7. 风险消减

风险消减措施是对付无预警信息项目风险的主要应对措施之一。例如,当出现雨天而无法进行室外施工时,采用尽可能安排各种项目团队成员与设备从事室内作业就是一种项目风险消减的措施。

8. 风险容忍

风险容忍措施多数是对那些发生概率小,而且项目风险所能造成的后果较轻的风险事件所采取的一种风险应对措施,这是一种经常使用的项目风险应对措施。

9. 风险分担措施

风险分担措施是指根据项目风险的大小和项目团队成员以及项目相关利益者不同的承担风

险能力,由他们合理分担项目风险的一种应对措施,这也是一种经常使用的项目风险应对措施。

10. 风险监控

风险监控有三个目的:一是监视风险的状况,例如,风险是已经发生、仍然存在还是已经消失;对已发生的风险启动应对计划。二是检查风险的应对计划是否有效,监控机制是否在运行。三是不断识别新的风险并制定对策,不断更新已识别风险的状态。一般随着时间的临近,风险的发生概率也会增大,风险的级别可能改变。

项目中常用的风险监控的方法有以下几种。

(1) 风险审计:专人检查监控机制,并定期做风险评审。除了周例会审核,到达里程碑后还要进行全面的风险识别和分析,并制订新的应对计划。

(2) 偏差分析:与基准计划比较,分析成本和时间上的偏差。例如,未能按期完工、超出预算等都是潜在的问题。小 M 接到过公司的预算偏差警告,就是属于这种类型。

(3) 技术指标:原定技术指标和实际技术指标存在严重差异。例如,测试未能达到性能要求,缺陷数量大幅超过预期等。

11. 建立风险响应

触发器(trigger)是一个警告标志或者状态,它表明了风险事件真的要发生了,是时候做出反应来对抗风险事件了。对于消极的风险事件,有三种风险响应。

(1) 回避。这种风险响应是通过变通措施、改变项目进度、调整项目目标或者采取其他行动避免已识别的风险事件。

(2) 转移。这个风险响应是将风险转移给第三方。想象一个危险的行为,例如,与电打交道,比起冒这个风险,不如雇用一个电工来负责此工作,管理这个风险。

(3) 缓解。这个风险响应是花费额外的时间或者金钱来降低风险事件概率和(或)影响。

对于积极的风险事件,也有三个风险响应。

(1) 利用。这种积极的风险响应的目的是利用积极的风险。

(2) 增强。这种积极的风险响应是创造积极风险发生的条件。

(3) 分享。这种积极的风险响应允许你的项目团队与其他实体搭伴或者组团,以便认识一个你们自己没有意识到的机会。

9.3.2 项目风险应对措施制定的结果

1. 项目风险管理计划

项目风险管理计划是项目风险应对措施和项目风险控制工作的计划与安排,是项目全过程的风险管理的目标、任务、程序、责任、措施等一系列内容的全面说明。它应该包括对于项目风险识别和风险度量的结果说明,对于项目风险控制责任的分配和说明,对于如何更新项目风险识别和风险度量结果的说明,项目风险管理计划的实施说明,以及项目预备资金(不可预见费)如何分配和如何使用等方面的全面说明和计划与安排。

项目风险管理计划根据项目的大小和需求,可以是正式计划,也可以是非正式的计划,可以是有具体细节的详细计划与安排,也可以是粗略的大体框架式的计划与安排。项目风险管理计划是整个项目计划的一个组成部分。某项目风险应对计划见表9-3。

表 9-3　某项目风险应对计划

项目管理过程	风险识别		风险应对措施		责任人
	潜在风险事件	风险发生后果	应急措施	预防措施	
产品规模风险	功能点估计不精确	工期延误	追加资源	加班加点	
	产品的初定在线活跃用户为5 000人	系统不稳定	追加服务器资源	采用大型服务器	
	软件接口包括财务分析软件,薪酬管理软件	数据库不能共享	请顾问专家	优化软件接口	
需求风险	对在线活跃用户缺少确定的把握	系统崩溃	修改系统	采用大型服务器	
	与其他部门沟通不协调	软件不能满足业务需求	立即与部门进行沟通	制订沟通管理计划	
	分析员对业务了解不全面	系统不能满足业务需求	根据部门经理要求修改	让用户确认需求报告	
	需求不断变化,由于不确定的需求导致新的市场	项目变得没完没了	提交讨论,决定	建立范围变更程序	
商业影响所带来的风险	增加了信息真伪评估成本	用户拒绝使用系统	推广网站知名度	增设信用评级	
	签约安全成本增加	企业诚信降低	追加成本	签署安全协议	
	增加消费者的验货成本	消费者担心商品不能按时送达	加派人手送货	提高物流部门运送效率	
	增加客服成本	失去客户群	降价策略	完善客服系统	
	增加交易安全的法律成本	承担法律责任	与用户和解	增强法律意识	
	延迟交付造成成本消耗	项目进度拖期	加班加点	制订时间管理计划	
相关性风险	财物资源有限	项目不能按期完成	追加成本	减少资源消耗	
	项目经理管理经验不足	项目拖期,阻碍员工能力的发挥	培训或换人	配备有经验的管理者	
	高层管理人员对项目的时间要求不合理	项目不能完成	及时沟通	平时加强沟通	
管理风险	项目范围定义不清楚	项目没完没了	按照用户要求变更	事先定义清楚并获得用户确认	
	进度拖延	项目拖期	加班加点	制订详尽工作计划	
	沟通不善	项目拖期	及时沟通	制订沟通计划	
技术风险	企业其他部门人员缺乏培训	系统功能不能完全实现	一对一培训	开展培训计划	
	数据加密技术不够安全	被商业间谍盗取	备份	加强安全管理	
	特殊功能不能及时交付	不能满足用户需求	追加模块	沟通机制	
	数据库过小不能满足需要	数据溢出	将现有数据备份	应用较大的数据库	
	防止黑客攻击技术不够	数据丢失	数据还原	提高系统安全性	
	设计错误编码导致程序实现困难	质量问题	修改设计	编码之前进行设计评审	
	缺少测试计划	项目拖期,质量问题发现不了	追加测试计划	事先评审测试计划	
	缺乏质量跟踪	质量问题	及时解决问题	制订质量跟踪计划	

续表

项目管理过程	风险识别		风险应对措施		责任人
	潜在风险事件	风险发生后果	应急措施	预防措施	
开发环境风险	所使用开发软件的质量问题	项目拖期	更换开发软件	选择正版软件	
	设计工具不合用	项目拖期	更换开发工具	选择合适的设计工具	
	数据库各子模块对接困难	容易导致各供应商之间互相推诿和扯皮并借机增加合同价格的现象,影响项目成本	转移给机房子系统供应商	分工和界面进行提前界定	
	设备不能按时到位	项目进度拖期	催设备供应商	提前采购或合同约束	
	设备固定折损严重	项目拖期	修改或更换设备	加强设备预防性维修	
	系统崩溃	高管要求承担损失	加紧修复	事先备份	
	备份环境不稳定	用户投诉	重新生成数据	做好备份	
人员数目及经验风险	人力资源有限	项目拖期	添加人手	制订合理的时间管理计划	
	开发人员没有接受过正规培训	项目拖期	增加专人开发	提前培训	
	项目中有一些开发人员只能部分时间工作	项目拖期	添加人手	安排好开发人员的时间	
	开发人员不能按时到位	项目拖期	添加人手	项目开始前约定到位时间	
	开发人员经验不足	项目拖期	增加专人	做好培训	

风险存在各种形态、形式和规模。风险指能对项目满足目标和目的的能力造成积极或消极影响的不确定的状态。风险管理计划依赖以下六个方面。

(1) 项目范围基线。项目范围、WBS 和 WBS 词典能帮助你识别风险事件、对关键的项目可交付成果进行计划以及留意可能发生风险的项目技术细节。

(2) 成本管理计划。大多数风险事件都会带来财务方面的影响,需要在项目预算之外建立一个特别的储备,这个储备就是为了管理风险事件。立刻为风险预留更多的储备。

(3) 进度管理计划。需要检查项目的进度并找到妨碍项目进展的事件。

(4) 沟通管理计划。当发现、分析或者控制风险时,需要与适宜的人就风险的状态和事件进行沟通。风险沟通是项目经理这个角色在工作中很重要的一部分。

(5) 企业环境因素。你的组织的规则和策略可能要求你处理风险管理部门、遵循特殊的风险分析规则或者完成风险评估表格。要一直遵守组织的这些规则。

(6) 组织过程资产。如果你或组织中的某个人曾经做过的项目和你当前这个项目类似,你就可以利用历史项目的管理计划和经验教训文档来管理现在这个项目的风险。

2. 项目风险应急计划

项目风险应急计划是在事先假定项目风险事件发生的前提下,所确定出的在项目风险事件发生时所应实施的行动计划。项目风险应急计划通常是项目风险管理计划的一部分,但是它也可以融入项目其他计划。它可以是项目范围管理计划或者项目质量管理计划的一个组成部分。例如,一个项目核心骨干已经怀孕、一些项目人员宣布将要离开,项目管理者还可以临时调配资源和进度。

3. 项目预备金

项目预备金是一笔事先准备好的资金,这笔资金也被称为项目不可预见费,它是用于补偿差错、疏漏及其他不确定性事件的发生对项目费用估算精确性的影响而准备的,它在项目实施中可以用来消减项目成本、进度、范围、质量和资源等方面的风险。

项目预备金在预算中要单独列出,不能分散到项目具体费用中。否则项目管理者就会失去这种资金的支出控制,从而失去了运用这笔资金抵御项目风险的能力。当然,盲目地预留项目不可预见费也是不可取地,因为这样会增加项目成本和分流项目资金。

为了使这项资金能够提供更加明确的消减风险的作用,通常它备份成几个部分。例如,可以分为项目管理预备金、项目风险应急预备金、项目进度、成本预备金等。另外,项目预备金还可以分为项目实施预备金和项目经济性预备金,前者用于补偿项目实施中的风险和不确定性费用,后者用于对付通货膨胀和价格波动所需的费用。

4. 项目的技术后备措施

项目的技术后备措施是专门用于应付项目技术风险的,它是一系列预先准备好的项目技术措施方案,这些技术措施方案是针对不同项目风险而预想的技术应急方案,只有当项目风险情况出现并需要采取补救行动时才需要使用这些技术后备措施。

小贴士

关键术语

风险、概率、影响、风险识别、条目检查表、故障树风险分析法、因果图、定性风险估算、定量风险估计、损益期望值、风险转移。

风险管理计划编制的输出

(1) 方法论。
(2) 角色与职责。
(3) 预算。
(4) 制定时间表。
(5) 风险类别。
(6) 风险概率和影响力的定义。
(7) 概率及影响矩阵。
(8) 已修订的项目干系人对风险的容忍度。

9.4 实训——Project 2016 跟踪项目进程

跟踪项目是为了跟踪任务是否如期开始和结束以及任务的完成情况,本节将介绍如何使用 Project 2016 跟踪项目进程,如果任务的实际信息与计划产生偏差,能及时调整项目计划、成本或资源,确保任务顺利完成。

9.4.1 更新任务完成百分比

设置完成百分比后,Project 2016 会自动计算任务的实际完成工期。任务的实际工期＝任务的工期×百分比。当百分比为 100% 时,表示任务已经完成。以校务通软件开发系统为例,项目中的任务"需求分析"已经完成了 50%,需要更新该任务进度,具体实现步骤如下。

(1) 打开项目文件,在菜单栏中选择"视图"→"甘特图"命令,打开"甘特图"视图。

(2) 选中"需求分析"任务,在菜单栏中依次选择"任务"→"跟踪时标记"→"更新任务"命令,具体流程如图 9-4 所示。

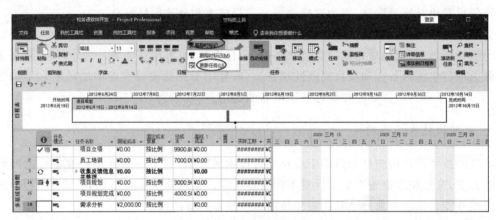

图 9-4 设置"跟踪时标记"

(3) 选择"更新任务"命令,弹出"更新任务"对话框,如图 9-5 所示。在"完成百分比"输入框中输入 50%,然后单击"确定"按钮即可更新任务的进度信息。

图 9-5 "更新任务"对话框

(4) 用户可以尝试更新任务完成百分比为 100%,此时任务的标记域出现"√"标记,表示该任务已经完成,如图 9-6 所示。

第9章 项目风险管理

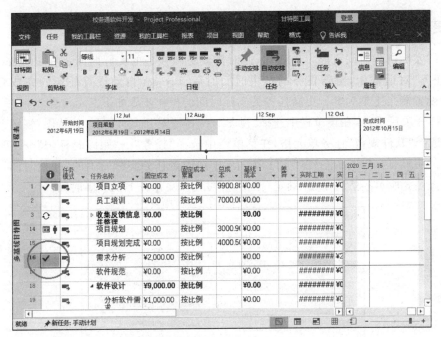

图 9-6　任务完成"100%"视图

9.4.2　更新任务实际工期

用户可以通过输入任务的实际完成工期,更新任务的进度情况。在 Project 2016 中,系统会自动计算任务的"剩余工期"和"任务完成百分比"。直接输入任务的实际工期的具体操作步骤如下。

（1）打开项目文件,选择"视图"→"甘特图"命令,打开"甘特图"视图。

（2）选中"软件规范"任务单元格,依次选择菜单栏中的"任务"→"跟踪时标记"→"更新任务"命令,打开"更新任务"对话框,在"实际工期"域中,输入"1 个工作"（表示已经开始执行任务 1 天）,然后单击"确定"按钮,即可完成更新该任务的进度。此时 Project 2016 会自动计算任务的完成百分比和剩余工期。具体操作流程如图 9-7 所示。

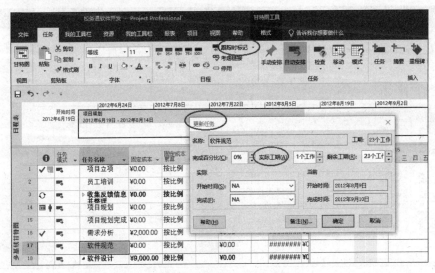

图 9-7　"更新任务"对话框

9.4.3 更新任务的实际时间

任务的实际进程时间可能发生变化,此时需要更新任务的实际时间。在 Project 2016 系统"更新任务"对话框中,更新任务的结束时间时后,Project 自动设置任务的完成百分比为100%,并设置剩余工期为零。更新任务的实际时间的操作步骤如下。

(1)打开项目文件,在菜单栏中选择"视图"→"甘特图"命令,打开"甘特图"视图。

(2)选择"软件规范"任务单元格,在菜单栏中选择"任务"→"跟踪时标记"→"更新任务"命令,打开"更新任务"对话框;在"实际"域中,分别设置任务实际发生的"开始时间"和"完成时间",如图 9-8 所示。然后单击"确定"按钮,即可完成更新任务的实际时间。

图 9-8 设置任务实际时间

9.4.4 计算每天实际成本

用户可以通过"任务分配状况"视图,查看任务每天的成本以及任务下资源每天的成本状况。具体操作步骤如下。

(1)打开项目文件,在菜单栏中选择"视图"→"任务分配状况"命令,打开"任务分配状况"视图。

(2)在"任务分配状况"视图的右侧窗口中右击任意地方,在弹出的菜单栏中选择"实际成本"选项,如图 9-9 所示。

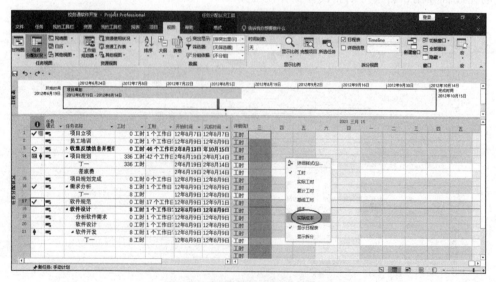

图 9-9 设置查找"实际成本"视图

（3）单击"实际成本"选项后，在视图中可以查看每天的实际成本情况，最终效果如图9-10所示。

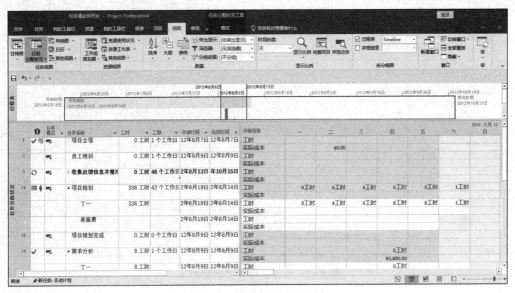

图 9-10　查看每日时间成本视图

（4）也可如图9-11所示，单击显示"详细样式"。打开"详细样式"对话框，在"可用域"列表中，选择所需显示的域，然后单击"显示"按钮，添加到"显示这些域"列表框中。最后单击"确定"按钮即可。

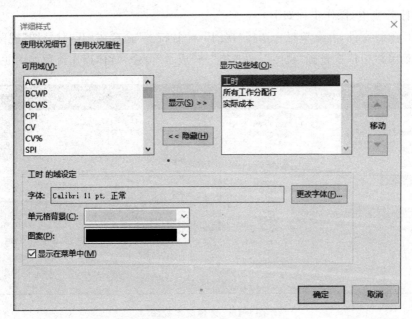

图 9-11　"详细样式"对话框

（5）单击"确定"按钮完成设置样式。在视图中可以看到每天的"实际成本"与"比较基准成本"的比较，方便比较两者之间的成本差异。最终效果如图9-12所示。

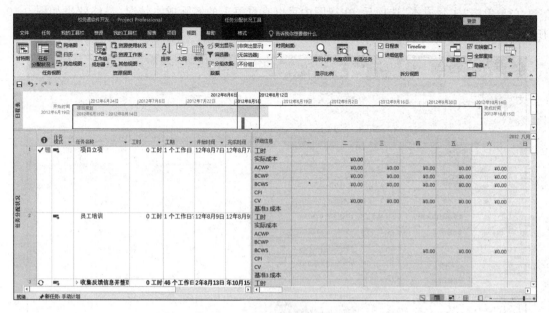

图 9-12　设置详细样式后的视图

9.4.5　跟踪任务成本

在 Project 2016 中，在更新任务的进度后，可以比较预算成本和实际成本的差异，有利于及时跟踪成本的使用情况，控制任务成本。为出现问题时能提供更多的缓解时间。下面将介绍如何查看任务成本，操作步骤如下。

（1）打开项目文件，在菜单栏中选择"视图"→"甘特图"命令，打开"甘特图"视图。

（2）在菜单栏中依次选择"视图"→"表格"→"成本"命令，具体操作流程如图 9-13 所示。

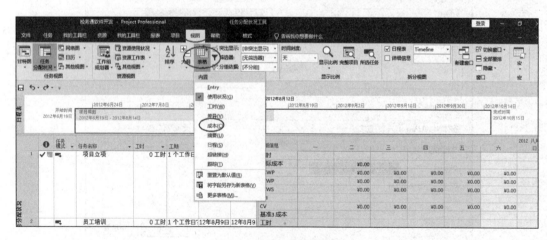

图 9-13　选择成本视图

（3）单击"成本"，打开"成本"列表，Project 2016 会自动计算任务的实际成本，如图 9-14 所示。

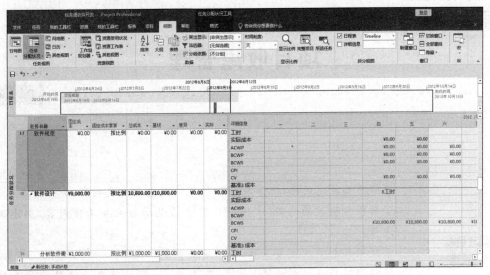

图 9-14 "成本"列表

实践课堂

一、单项选择题

1. 缓解包括通过（　　）进行风险转移。
   A. 承包给其他方
   B. 制订备用的进度计划
   C. 在项目经理之下设立职能机构处理风险事件
   D. 灾难计划与应对

2. 识别和管理项目风险的最终责任由（　　）承担。
   A. 项目发起人　　　　　　　　　　B. 项目经理
   C. 项目组　　　　　　　　　　　　D. 项目经理和项目发起人

二、简述题

在 Project 2016 中，查看每天实际支出成本的操作步骤有哪些。

第 10 章

项目收尾管理

Chapter 10

学习目标	1. 了解项目收尾的条件,掌握项目收尾的概念和主要内容; 2. 了解项目验收的意义,掌握项目验收的概念与主要工作内容,熟悉工作流程; 3. 掌握项目总结的主要工作,了解有关知识; 4. 了解项目后评价的概念、方式、基本内容,掌握项目后评价方法和实施过程。
技能要求	1. 掌握项目的验收工作的流程; 2. 掌握项目总结工作的过程; 3. 项目收尾后,能够在 Project 2016 中准确导出项目数据。

导入案例

项目不能验收

某公司承接了某银行的信息系统集成项目,并任命王工为项目经理。这也是王工第一次担任项目经理,王工带领近 20 人的团队,历经近 11 个月的时间,终于完成了系统建设工作,并通过了试运行测试,王工在与甲方项目负责人简单对核了项目交付清单之后,就报告公司项目已经结束,部分项目人员可以进行转载。王工组织剩下的项目团队成员召开了项目总结会议。

随后公司的财务要求王工根据合同催甲方支付剩余 30% 的项目款。当王工打电话催促甲方支付项目尾款时,甲方的项目经理告诉他项目还没有结束,甲方还没有在验收报告上签字确认,项目的很多常规性文件还没有提交,而且需要在试运行的基础上,进一步修改程序和功能设置,现在根本没有达到项目收尾的条件。

【问题 1】 项目收尾包括哪些具体工作?

【问题 2】 项目经理王工在收尾管理方面上主要存在哪些问题?

【问题 1 分析】 项目收尾管理工作包括以下内容。

(1) 项目验收工作。

(2) 项目总结工作。

(3) 系统维护工作。

(4) 项目后评价工作。

【问题 2 分析】

(1) 项目结束过程过于简单,没有经过必要的流程。

(2) 项目总结会议没有让全部项目人员参与。
(3) 催收甲方支付剩余款项前没有向甲方提供必要的依据。
(4) 项目收尾时与甲方的沟通工作没有做好。
(5) 项目收尾没有提交全部必要的常规性文件。
(6) 甲方的需求变更缺乏流程处理。
(7) 项目收尾没有满足收尾条件。

10.1 项目收尾概述

人们都倾向于认为,当所有的项目可交付成果被完成后,这个项目就结束了。其实只有当最后的总结回顾被实施并收集整理为经验教训文档后,这个项目才算正式完成。这种做法应该成为一种习惯,成为组织文化的一部分。军队里将经验教训总结成为"行动后"(after-action)总结。

他们的策略是在任何重大事件结束之后,都要停下来总结并吸取从这个事件中取得的教训。对军人来说,吸取教训具有生死存亡的意义。从某种程度上讲,这对组织也一样。生存或死亡取决于是否有不断的进步,如同俗语所讲,有两种不同的组织———一种是越来越好的,一种是正在消亡的。如果一直原地踏步,那就离失败不远了,因为你的竞争对手最终一定会超过你。

当项目满足一定的结束条件时,项目班子就可以做项目的收尾工作。没有这个阶段,项目就不能正式投入使用。只有做了必要的收尾工作,项目各干系人才能终止他们为完成该项目所承担的义务和责任,才能及时从该项目中获取应得的权益。

10.1.1 项目收尾的含义

项目收尾是项目干系人和客户对项目最终产品进行验收,使项目有序结束的过程。项目收尾包括正式结束项目的所有活动,将完成的成果交于他人或结束已取消的项目的各个过程。如同项目启动阶段需要正式的文档和工作一样,项目收尾阶段也需要制作项目的移交与接收文件,完成项目成果的移交,从而使项目顺利结束。

项目收尾以某种正式的活动作为结束标志:主要是完成项目交付成果的检验,由承建方将完成的成果交与用户方,用户确认成果符合合同规定。项目收尾工作的另一重要内容是从项目中获得相关经验,以便指导和改善未来项目的运作和实施。

10.1.2 项目结尾工作的重要性

项目的成功结束标志着项目计划任务的完成和预期成果的实现。没有项目结束阶段的工作,项目成果就不能正式投入使用,不能生产出预期的产品或服务;项目利益相关者也不能终止他们为完成项目所承担的责任和义务,也无法从项目的完成中获益。因此做好项目结束阶段的工作对项目的各参与方来讲都是非常重要的,项目各方的利益在这一阶段相对也存在着较大的冲突。同时项目进入收尾期后,项目成员的注意力已开始转移,加上这一阶段的工作往往又是烦琐零碎、费时费力的,容易被轻视和忽略,所以更需要特别强调其重要性。

项目收尾对项目的成败有着重要的影响,应该进行有效的管理,为今后的项目管理积累经验教训。

10.1.3 项目收尾的条件

项目的最后执行结果只有成功与失败两个状态。项目进入收尾阶段后,可以采用正常结束和非正常终止两种方式来结束项目。在项目进入正常结束阶段时,应对项目进行项目竣工验收和后评价,实现项目的移交和清算。当项目采用非正常终止方式收尾时,要综合考虑影响终止项目的决定因素,制定并执行项目终止决策,处理好终止后的事务。

具体来讲,当项目出现下列情况时,可以终止项目,进行项目收尾工作。

（1）项目计划中确定的可交付成果已经出现,项目的目标已经成功地实现,项目的结果（产品或服务）已经可以交付给了项目投资人或转移给第三方。

（2）项目已经不具备实用价值。

（3）项目出现了环境的变化,对项目的未来产生负面影响化,使项目失去了继续下去的意义或根本无法持续下去。

（4）项目不适应市场,没有了优势,同一些领先的项目竞争难以生存。

（5）项目在执行过程大幅延误进度,费用严重超支,或项目严重偏离了性能目标,即使采取措施也无法实现预定的目标。

（6）项目投资人的战略发生了改变,该项目必须舍弃。

（7）项目无法继续获得足够的资源以保证项目的持续。

（8）项目在执行过程中违法。

（9）项目在执行过程中发生不可抗力的原因。

小贴士

第一种情况终止项目属于正常结项,其他属于异常结项。异常结项的项目,机构领导应明确指示项目经理,明确何时结束项目,并向员工们解释异常终止项目的原因。

10.1.4 项目收尾阶段中的工作

当项目按照项目计划主体完成时,就要及时对项目进行收尾,通常是以客户与承约商的开会交流、庆功、会餐为标志。当然,在欢庆之前,尚要完成一些必要的收尾工作,例如,收集、整理、移交项目结束文档;举行正式的项目验收;项目评估;项目小组工作鉴定;经验总结等。

项目收尾阶段中的工作主要有以下内容。

1. 项目移交评审

检查项目任务完成情况,确认项目计划内工作已全部完成;准备好项目有关文件,如项目计划书、图样变更申请书、测试报告等;书面通知客户及其他关系人参加项目验收和审查;进行必要的测量或实验,以验证项目交付结果满足客户要求;在有关验收文件上签字确认验收结论;为客户安排并落实后续支持服务工作。

2. 项目验收

项目验收也称项目合同收尾,主要工作有准备好合同有关的文件,包括合同、发货清单、付款记录、验收单据等;检查和验收承包商的工作;核实合同付款情况;成本决算;评审、中止合同；将合同及相关文件编号存档。

对于 IT 项目，所涉及的文档一般应该包括 IT 项目介绍、IT 项目最终报告、信息系统说明手册、信息系统维护手册、软硬件产品说明书、质量保证书等。

3. 项目移交与清算

项目移交是指全部合同收尾以后，在项目监管部门或社会第三方中介组织的协助下，项目业主与全部项目参与方之间进行项目所有权移交的过程。项目清算是项目结束的另一种结果和方式。由于种种原因，项目在得到最终可交付物之前终止了，这时就需要进行项目清算。项目移交是正常的项目结束过程；项目清算是非正常的项目终止过程。项目清算的主体即项目清算的召集人是项目业主。

项目清算主要以合同为依据。项目业主依据合同中的有关条款，成立由各参与方联合参加的项目清算工作小组，依合同条件，协商确认责任、估算损失、拟订索赔方案等。协商成功后形成项目清算报告，各个合同相关方联合签收生效；协商不成则按合同的约定提起仲裁或诉讼。

4. 项目总结

项目总结也称项目行政收尾，将在本章第 10.3 节详细讨论。

5. 项目费用决算

项目费用决算是以实物量和货币为单位，综合反映项目实际投入和投资效益，核定交付使用财产和固定资产价值的文件。项目费用决算活动是确定项目开始到项目结束交付使用为止的全部费用的过程。

项目费用决算的依据主要是合同、合同的变更。决算的内容包括项目生命周期各个阶段支付的全部费用。项目费用决算的结果形成项目决算书，经项目各参与方共同签字后作为项目验收的核心文件。决算报表可以包括项目概况表、财务决算表、交付使用财产总表、交付使用财产明细表等。

6. 项目后评价与审计

项目后评价是将项目的所有工作加以客观的评价，从而对项目全体成员的成果形成绩效结论。项目后评价是在项目投资完成以后，通过对项目目的、执行过程、效益、作用和影响所进行的全面系统的分析，总结正反两方面的经验教训，使项目的决策者和建设者学习到更加科学合理的方法和策略，提高决策、管理和建设水平。项目后评价是增强投资活动工作者责任心的重要手段，主要是为投资决策服务的。进行项目后评价就是要从投资开发项目实践中吸取经验教训，再运用到未来的开发实践中。

项目的审计应由项目管理部门与财务部门共同进行，相关的审计项目应在项目成本管理中列出。审计是审计机构依据国家法令和财务制度、企业的经营方针、管理标准和规章制度，对项目活动进行审核检查，判断其是否合法、合理和有效的一种活动。

项目审计的任务包括：检查、审核项目活动是否符合相关规章制度的规定，是否符合国家政策、法律、法规和条例，有无违法和营私舞弊现象等；检查、审核项目活动是否合理；检查、审核项目效益；检查、审核各类项目报告、报表等资料是否真实和公允。

项目审计的过程分为审计准备、实施、报告结果和资料归纳四个阶段。审计范围包括项目整个生命周期中的所有活动,其内容涉及项目质量审计、费用审计、合同审计等,时间上涵盖项目前期审计、项目实施期审计、项目结束审计。不同的审计类型有其典型的审计范围和内容,其中费用审计是项目审计的主要内容之一。

10.1.5 项目收尾应注意事项

为了确保项目成功收尾,在项目收尾阶段,应注意以下问题。

1. 通过正式验收

项目通过正式验收,表明客户认可项目的工作,这是项目成功收尾的一个基本前提。

2. 项目保障利润落实到位

企业运作项目是为了赢利,要保证项目能产生利润,各种资金周转顺畅,必须认真核算,客户的应付项目款、项目组的开发费用都要结算清楚。

3. 项目总结

项目的所有相关文档资料,都要归档。

4. 保持良好的客户关系

项目产品投入使用后,应该保持良好的客户关系,为客户提供相应的服务。

10.2 项目验收

项目验收是项目收尾的主要内容之一,主要包括验收项目产品、文档和已经完成的交付成果。

10.2.1 项目验收的概念

项目验收是核查项目计划规定范围内各项工作或活动是否已经全部完成,可交付成果是否令人满意,并将核查结果记录在验收文件中的一系列活动。

项目验收一般来讲,IT项目需要正式的验收测试工作。验收测试工作需要双方认可的正式文档为依据进行验收测试,可以由客户和承建单位共同进行,也可以由第三方公司进行。

 小贴士

如果项目验收测试正式通过,则标志着项目验收的完成。如果验收测试未获通过,则应立即查找原因,一般会转向变更环节进行修改和补救。

10.2.2 项目验收的意义

项目验收有以下四个意义。
(1) 项目验收标志着项目的结束或阶段性结束。
(2) 若项目顺利通过验收,项目的当事人就可以终止各自的义务和责任。

（3）项目竣工验收是保证合同任务完成，提高质量水平的最后关口。

（4）对于基本建设项目和投资项目，通过竣工验收，促进投资项目及时投入生产和交付使用，将基本建设投资及时转入固定资产，发挥投资效益。

10.2.3 IT项目验收的主要工作

通常，IT项目验收的主要工作包括以下4个方面内容。

1. 系统测试

系统测试是对信息系统进行全面的测试，依照双方合同约定的系统环境，以确保系统的功能和技术设计满足客户的需求，并能正常运行。系统测试阶段应包括编制测试用例，建立测试环境，逐条进行测试。

2. 系统的试运行

信息系统在通过双方的测试以后，可以开始试运行。试运行包括数据迁移和日常维护。客户可将自己的数据和设置加载到信息系统上进行正常操作，一般来讲，在试运行期间，双方可以确定具体的内容并进行适当的交接培训。

对于在试运行期间发生的问题，可以看作项目突发事件加以处理，如需要增添必要的工作，可按项目变更过程进行处理，也可以另立新的项目加以处理。

3. 系统的文档验收

在经过系统测试后，系统的文档应当逐步移交给业客户。客户也可按照合同或者项目工作说明书的规定，对所交付的文档加以检查和评价；对不清晰的地方可以提出修改要求。在最终交付系统前，系统的所有文档都应当验收合格并经双方签字认可。

对于IT项目，所涉及的文档一般应该包括IT项目介绍、IT项目最终报告、信息系统说明手册、信息系统维护手册、软硬件产品说明书、质量保证书等。

4. 项目的最终验收报告

在系统经过试运行以后的约定时间，双方可以进行项目的最终验收工作。通常情况下，大型项目都分为试运行和最终验收两个步骤。对于一般项目而言，可以将系统测试和最终验收合并进行，但需要对最终验收的过程加以确认。

最终验收报告就是客户认可承建方的项目工作的最主要文件之一，这是确认项目工作结束的重要标志性工作。对于IT项目而言，最终验收标志着项目的结束和售后服务的开始。

最终验收的工作包括双方对系统测试文件的认可和接受、双方对系统试运行期间的工作状况的认可和接受、双方对系统文档的认可和接受、双方对结束项目工作的认可和接受。

项目最终验收合格后，应该由双有的项目组撰写验收报告提请双方工作主管认可。这标志着项目组具体工作的结束和项目管理收尾的开始。

10.2.4 项目验收的基本程序

项目验收的基本程序如图10-1所示。

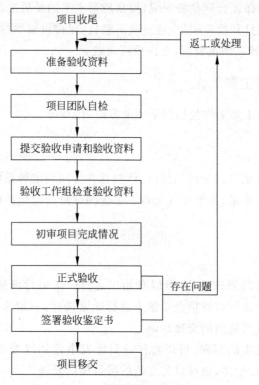

图 10-1　项目验收的基本程序

10.2.5　IT项目验收的详细流程

IT项目验收相当复杂，需要多方的协同合作。一般将IT项目验收分为验收准备、初步验收、最终验收和报告总结四个阶段。

1. 验收准备

验收准备阶段主要是根据项目的情况组建验收组织，并确定验收方式、验收内容、标准以及验收条件等。

（1）成立验收小组。验收小组的主要组成为使用部门、信息技术部、招标部门、财务等部门，该项工作需要领导的参与和批准，另外，对于金额比较大的项目，有条件也可请股东代表参与。

（2）确定验收策略。验收小组根据项目的特点确定项目验收的方式，即是否需要分阶段验收，完成验收阶段的划分，并制订相关的验收计划，一般对于比较复杂的项目均需要划分阶段进行初步验收，而且阶段的划分也需要与供应商进行沟通和确认。

（3）确定验收内容和标准。根据前面确定的验收策略明确各阶段验收的条件、需要验收的内容、验收通过的标准，以及需要提交的资料清单等，其中值得一提的是验收内容包括时间进度的验收项目。

（4）领导审批。由领导审批验收小组确定的验收阶段和验收内容以及标准等是否合理。

2. 初步验收

初步验收主要是完成软硬件系统的初步运行情况，IT项目可能涉及硬件设备的验收，也可能涉及软件系统的验收,也可能同时涉及软件和硬件的验收,尤其对于机房装修这样复杂的项目,同时涉及几个硬件子系统和软件子系统的验收;对于硬件系统的验收,存在两个验收步骤,在设备到货后需要验收设备到货情况,在调试完成后需要进行设备试运行验收,一般付款条件为试运行验收通过,不是到货验收通过。

(1) 验收申请:当供应商认为符合验收条件后会提请进行验收。

(2) 检验验收条件是否合格:验收小组接到供应商的验收申请后,审查是否符合验收条件。

(3) 供应商进行整改:如果验收小组认为不符合验收条件,将要求供应商进行整改,供应商根据验收小组提出的整改意见进行相关的整改,整改完成后再次提请验收。

(4) 验收类型的判断:验收小组会根据项目的性质,分别按照软硬件系统进行初步验收。

(5) 硬件设备到货验收:当硬件设备到货后,供应商会提请进行到货验收,验收小组将根据合同和验收内容进行设备的品牌和规格的检验,查看设备是否完整无缺,并记录设备到货时间是否符合要求。

(6) 报关单、保修卡和说明书等校验:验收小组检验设备的保修卡和说明书等资料是否准确无误,另外,对于进口设备需要检查设备的报关单是否正确和有效。

(7) 集成调试:到货验收合格后,供应商进行设备的集成调试工作。

(8) 试运行验收:在供应商完成设备的集成调试后将提请进行试运行验收,验收小组需要根据验收内容逐项进行相关验收。

(9) 软件系统功能验证:软件使用部门根据需求或验收内容和标准,对软件系统功能进行详细验证测试,验收小组监督和汇总测试情况。

(10) 软件系统性能验证:信息技术部从技术的角度,对系统进行性能等技术测试,验收小组监督和汇总测试情况。

(11) 资料验收:验收小组根据验收准备阶段的要求逐项核对资料的提交情况,资料包括合同中要求的程序源代码、操作手册、培训资料、测试报告、过程数据等。

(12) 综合评议:验收小组汇总该项目本阶段各种验收资料,对项目的验收情况进行集体评议。

(13) 检验验收情况:验收小组将根据综合评议情况,判断是否验收合格,对于不合格的部分提出整改意见。

(14) 进行整改:如果本次验收没有通过,则供应商需要根据验收小组的要求进行相关整改。

(15) 复验:当供应商完成整改后,验收小组将组织复验。

(16) 检验初步验收是否通过。

3. 最终验收

IT项目通过初步验收后,将投入生产运行,有些问题可能需要在生产环境运行一段时间后才能暴露,最终验收就是需要解决这些问题。一般在最终验收通过后才进行质保金的支付。

(1) 正式运行系统。IT项目通过初步验收后,将投入生产运行。

(2) 最终验收。当系统运行一段时间(一般在合同中明确)后,验收小组将汇总各使用部门的验证情况或验收小组组织全面的验收。

（3）检验最终验收是否合格。验收小组将根据验收情况出具验收结论。
（4）进行整改。如果验收不合格，供应商将根据验收小组的整改意见进行整改。
（5）复验。供应商完成整改后，验收小组将根据项目的实际情况进行复验。

4. 报告总结

IT项目通过最终验收后，验收小组将根据验收情况撰写验收报告，同时将总结验收工作的得与失，以便未来更好地运作其他项目。

（1）撰写验收报告。如果最终验收通过，验收小组将根据验收情况撰写验收报告，验收报告不仅需要包括本次项目验收的情况总结，也需要总结本次验收工作的得与失。
（2）领导审批。验收小组撰写的验收报告，将交分管领导审批，如果不合格将打回验收小组修改。
（3）归档处理。验收报告通过领导审批后，将交办公室进行归档处理，同时将相关资料交还原部门，如硬件设备保修卡交还信息技术部，操作手册交还业务部门。

10.3 项目总结

10.3.1 项目总结概念

项目总结是项目收尾的管理收尾，也被称为行政收尾，就是检查项目团队成员及相关干系人是否按规定履行了所有责任。行政结尾过程还包括收集项目记录、分析项目成败、收集应吸取的教训以及将项目信息存档供本组织将来使用等活动。

10.3.2 项目总结的意义

（1）了解项目全过程的工作情况及相关的团队或成员的绩效状况。
（2）了解出现的问题并进行改进措施总结。
（3）了解项目全过程中出现的值得吸取的经验并进行总结。
（4）对总结后的文档进行讨论，通过后即存入公司知识库，从而纳入企业过程资产。

10.3.3 项目总结的具体工作

项目总结的具体工作包括：收集、整理、归档项目文件；重新安置或处理项目设备、材料及其他物资资源；总结项目的经验教训，撰写项目工作总结报告；解散项目小组，重新安排项目小组成员工作，落实项目后续工作的负责人；对项目小组成员工作表现给予书面鉴定，嘉奖优秀成员；举行庆祝活动。

10.3.4 项目总结会

项目总结会需要全体参与项目的成员都参加，并由全体讨论形成文件。项目总结会议所形成的文件一定要通过所有人的确认，任何有违此项原则的文件都不能作为项目总结会议的结果。

一般的项目总结会应讨论如下内容。

1. 项目绩效

项目绩效包括项目的完成情况、具体的项目计划完成率、项目目标的完成情况等,作为全体参与项目成员的共同成绩。

2. 技术绩效

最终的工作范围与项目初期的工作范围的比较结果是什么,工作范围上有什么变更,项目的相关变更是否合理,处理是否有效,变更是否对项目等质量、进度和成本有重大影响,项目的各项工作是否符合预计的质量标准,是否让客户满意。

3. 成本绩效

最终的项目成本与原始的项目预算费用,包括项目范围的有关变更,增加的预算是否存在大的差距,项目盈利状况如何。这牵扯到项目组成员的绩效和奖金的分配。

4. 进度计划绩效

最终的项目进度与原始的项目进度计划比较结果是什么,进度为何提前或者延后,是什么原因造成这样的影响。

5. 项目的沟通

项目的沟通包括:是否建立了完善并有效利用的沟通体系;是否让客户参与过项目决策和执行的工作;是否要求让客户定期检查项目的状况;与客户是否有定期的沟通和阶段总结会议,是否及时通知客户潜在的问题,并邀请客户参与问题的解决等;项目沟通计划完成情况如何;项目内部会议记录资料是否完备等。

6. 识别问题和解决问题

项目中发生的问题是否解决,问题的原因是否可以避免,如何改进项目的管理和执行等。

7. 意见和建议

项目成员对项目管理本身和项目执行计划是否有合理化建议和意见,这些建议和意见是否得到大多数参与项目成员的认可,是否能在未来项目中予以改进。

小贴士

召开项目总结会之前,要做好以下工作。

1. 收集整理项目过程文档和经验教训

这需要全体项目人员共同进行,而非项目经理一人的工作。项目经理可将此项工作列入项目的收尾工作中,作为参与项目人员和团队的必要工作。项目经理还可以根据项目的实际情况对项目过程文档进行收集,对所有的文档进行归类和整理,给出具体的文档模板并加以指导和要求。

2. 形成项目总结会议的讨论稿

在此初始讨论稿中,项目经理有必要列出项目执行过程中的若干主要优点和缺点,以有利于讨论的时候加以重点呈现。

10.4 项目后评价

项目后评价是项目竣工投产并营运一段时间以后,对项目立项决策、目的、设计、施工和生产营运等全过程进行系统评价的一项技术经济活动。利用项目后评价,可以达到肯定成绩、总结经验、研究问题、吸取教训、提出建议、改进工作、不断提高投资项目决策水平和投资效果的目的。

10.4.1 项目后评价的方法

1. 影响评价法

影响评价法是指测定和调研项目在各阶段所产生的影响和效果,判断决策目标是否正确。

2. 效益评价法

效益评价法是把项目产生的实际效果与其计划成本比较,进行分析,判断项目是否则盈利,投资是否值得。

3. 过程评价法

过程评价法是把项目从立项、设计、采购一直至建设实施各程序的实际进行与原定计划、目标相比较,分析项目效果好坏的原因,找出项目成败的经验和教训,使以后项目的实施计划和目标制订得更加切合实际。

小贴士

为了保证评价结果全面、客观、负责、公正,取得最佳评价效果,实践中,应以实际情况为基础,采用系统评价方法,将上面3种方法有机结合,定性评价和定量评价方式相结合,进行综合评价。

10.4.2 项目后评价的形式

项目后评价有现场考评和非现场考评两种形式。

现场考评是后评价工作组到现场采取勘察、问询、复核等方式,核实项目的有关情况,并对所掌握的相关信息资料进行分类、整理、归纳、分析和评价。

非现场考评是后评价工作组根据项目单位提交的项目后评价自评报告和其他相关资料进行综合分析,提出评价意见。

10.4.3 项目后评价的基本内容

项目后评价的基本内容包括项目技术后评价、项目财务后评价、项目社会效益评价。

1. 项目技术后评价

项目技术后评价主要是对项目的设计方案、采用的技术的可靠性、适用性、配套性、先进性、经济合理性进行再分析。决定阶段认为可行的技术和方案,在使用中有可能与预想的结果有差别，许多不足之处逐渐暴露出来，在评价中就需要针对实践中存在的问题、产生的原因认真总结经验，在设计或项目中选用更好、更适用、更经济的方案，或对原有的技术进行适当地调整，发挥其潜在的效益。

2. 项目财务后评价

项目财务后评价要对项目进行盈利性、清偿能力等分析。在盈利性分析中，要计算全投资税前内部收益率、净现值，自有资金税后内部收益率，资金利润率、利税率、资本金利润率等指标，从而反映出项目获利能力。清偿能力分析要计算出资产负债率、流动比率、速动比率、偿债准备率等指标，从而反映出项目的清偿能力。

3. 项目社会效益评价

项目社会效益评价是总结已有的经验，借鉴、吸收国内外社会效益分析、社会影响评价与社会分析方法的经验设计，包括社会效益与影响评价和项目与社会的适应性分析。既分析项目对企业的影响和贡献，又分析项目对社会政策贯彻的盗用，研究项目与社会的相互适应性，从项目的社会可行性方面为项目决策提供科学分析依据。

小贴士

项目的社会效益评价一般从项目的文化与技术的可接受性、项目的参与水平、项目的持续性、项目数据总结、项目问题总结等几个方面对项目的社会效益进行评价。

10.4.4 项目后评价的实施过程

（1）接受项目后评价任务、签订工作合同或评价协议。
（2）成立项目后评价小组、制订评价计划。
（3）设计调查方案、聘请有关专家。
（4）阅读文件、收集资料。
（5）开展调查、了解情况。
（6）分析资料、形成报告。
（7）提交后评价报告、反馈信息。

项目后评价的结果是形成项目后评价报告，内容包括项目概况、评价内容、主要变化和问题、原因分析、结论和建议、基础数据和评价方法说明，以及经验教训总结等。项目后评价报告的编写要真实反映情况，客观分析问题，认真总结经验。为了让更多的组织和个人受益，评价报告的文字要求准确、清晰、简练。

导入案例

A市电力公司准备在其市区及各县实施远程无线抄表系统，代替人工抄表。经过考察，电力公司指定了国外的S公司作为远程无线抄表系统的无线模块提供商，并选定本市B智能电气公司作为项目总包单位，负责购买相应的无线模块，开发与目前电力运营系统的接口，进行全面的项目管理和系统集成工作。B公司的杨经理是该项目的项目经理。

在初步了解用户的需求后，B公司立即着手系统的开发与集成工作。5个月后，整套系统安装完成，通过初步调试后就交付用户使用。但从系统运行之日起，不断有问题暴露，电力公司要求B公司负责解决。可其中很多问题,比如,数据实时采集时间过长、无线传输时数据丢失,甚至有关技术指标不符合国家电表标准等,均涉及无线模块。于是杨经理同S公司联系并要求解决相关技术问题,而此时S公司因内部原因退出中国市场。因此,系统不得不面临改造。

【问题1】 请指出S公司在项目执行过程中有何不妥。

【问题2】 风险识别是风险管理的重要活动。请简要说明风险识别的主要内容并指出选用S公司无线模块产品存在哪些风险。

【问题3】 说明项目经理应采取哪些办法解决上述案例中的问题。

【问题1分析】 要求指出项目执行过程中有哪些不妥的情况。根据题目说明可以分析出以下几种情况。

(1) 由于项目采用国外公司的产品,并由国内一家公司进行系统集成,因此存在对产品不能进行充分调研的风险,尤其是在用户实际的运营环境中的应用情况。

(2) 题目提到"在初步了解用户的需求后",说明S公司没有详细了解用户需求。

(3) 由于"S公司是国外无线模块提供商",在项目实施时,没有进行有效的风险管理,没有考虑相应运行风险和防范措施。

【问题2分析】 风险识别的主要内容如下。

(1) 识别并确定项目有哪些潜在的风险。

(2) 识别引起这些风险的主要因素。

(3) 识别项目风险可能引起的后果。

存在的风险如下。

(1) 技术风险。无线模块提供商S公司的产品和技术是否满足用户的需求,能否提供相应的技术支持以解决出现的问题。

(2) 运行风险。S公司退出中国市场,甚至可能会倒闭。

【问题3分析】 要求回答作为项目经理应该采取哪些应对措施来防范和解决项目实施中的风险。

(1) 建立有效的风险管理机制。

(2) 进行充分的用户需求分析,详细了解国家标准和用户实际运行指标。

(3) 进行充分的产品调研。

(4) 对新的提供商进行充分的考察,规避运行风险。

10.5 实训——Project 2016 数据管理

用户通过报表可以得出比视图更具有汇总性、更加详细合理的项目信息。Microsoft Project 2016 附带了多个可以进行简单选择、预览和打印的内置报表。这些报表汇集了最常用的信息集,可以用来管理项目、调整资源、控制成本、分析潜在问题以及交流进度情况。

默认情况下,Project 2016 提供了多个常用的报表模板,可以不做任何编辑或修改直接使用。若需要创建报表时,可以根据实际需要直接使用其中的模板创建报表即可。

10.5.1 使用报表模板创建可视报表

使用 Project 2016 提供的模板创建可视报表的操作步骤如下。

（1）在菜单栏中选择"报表"→"可视报表"命令，具体操作流程如图 10-2 所示。

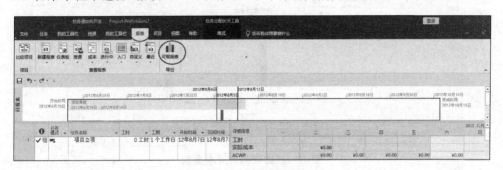

图 10-2 可视报表位置

（2）单击"可视报表"按钮，弹出"可视报表—创建报表"对话框，如图 10-3 所示。如需要创建"比较基准成本报表"，则单击"全部"选项卡。

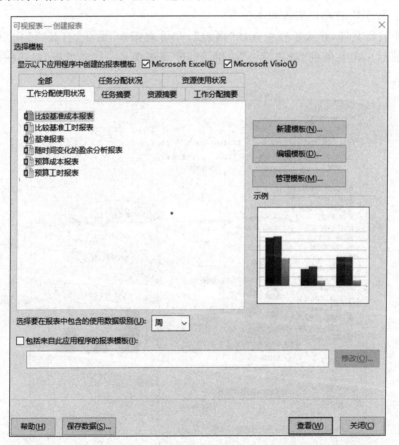

图 10-3 "可视报表—创建报表"对话框

（3）在列表中选择"比较基准成本报表"选项，然后单击"查看"按钮，即可生成 Excel 报表，如图 10-4 所示。

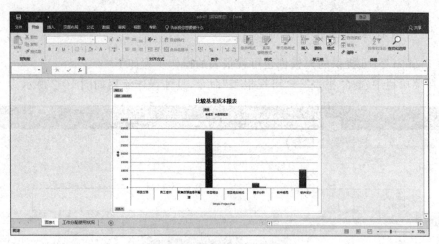

图 10-4　比较基准成本报表

10.5.2　创建可视报表模板

如果 Project 2016 提供的模板，不能满足客户和所有项目的需要，可以创建自定义报表模版。创建自定义模板的操作步骤如下。

（1）打开项目文件，在菜单栏中选择"报表"→"可视报表"命令，打开"可视报表—创建报表"对话框，然后单击右侧的"新建模板"按钮，打开"可视报表—新建模板"对话框，操作流程如图 10-5 所示。

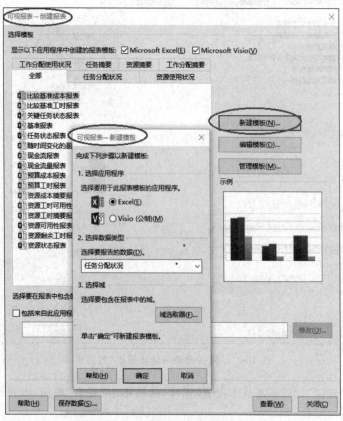

图 10-5　"可视报表—创建报表"对话框

（2）在"可视报表—创建报表"对话框中，在"1.选择应用程序"域中，选中 Excel 单选按钮，表示创建的模板是用于 Excel 电子表格。在"2.选择数据类型"域中，单击"选择要报告的数据"的下三角按钮，从弹出的下拉列表中选择数据模板类型，如图 10-6 所示。

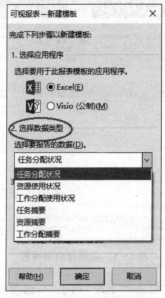

图 10-6　选择创建数据的类型

（3）单击"域选取器"按钮，打开"可视报表—域选取器"对话框，如图 10-7 所示。从"可用域"列表中可以添加相应的域到"选择的域"列表中；或在"选择的域"列表中删除不需要的域。还可以从"选择自定义域"列表中添加相应的域到"选择的自定义域"列表中。

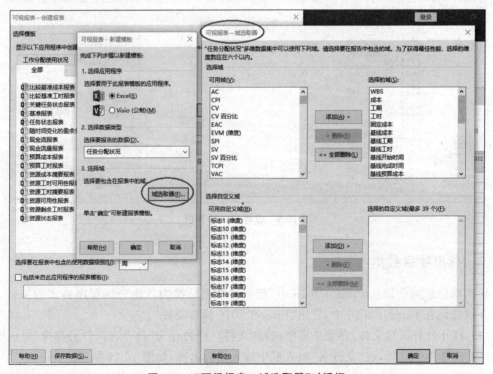

图 10-7　"可视报表—域选取器"对话框

（4）选择所需的域后，单击"确定"按钮，返回"可视报表—新建模板"对话框，然后单击"确定"按钮。此时 Project 2016 生成可编辑的电子表格，如图 10-8 所示。

图 10-8　可编辑的新模板

（5）在右侧的"选择要添加到报表的字段"列表中，选择需要的域，然后拖到图表的"行字段"，最终效果如图 10-9 所示。

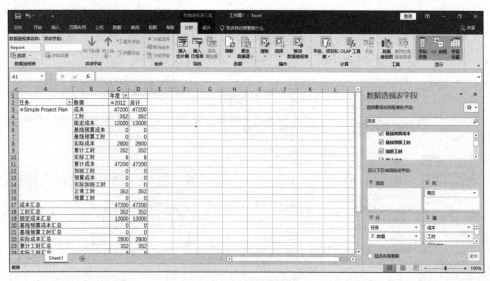

图 10-9　设计完成的模板

10.5.3　导出项目数据

导出项目数据是指从 Project 2016 中，把项目数据转换为其他应用程序格式的文件。下面将介绍如何在 Project 2016 中，导出"Project 2016 模板文件"。

（1）打开已有项目文件，在菜单栏中选择"文件"→"另存为"命令，打开"另存为"对话框。

（2）选择存储位置，在"文件名"输入框中输入模板名称，如图 10-10 所示。

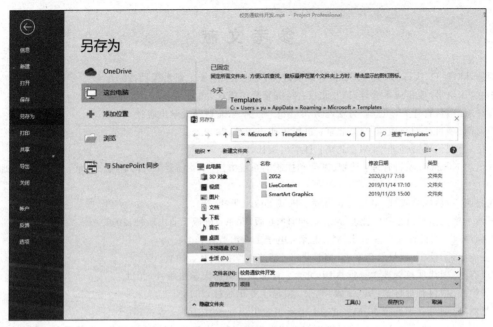

图 10-10　选择保存路径

（3）单击"保存"按钮，此时弹出"另存为模板"对话框，可选择希望从模板中删除的数据类型，如图 10-11 所示。

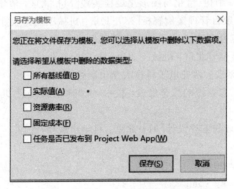

图 10-11　"另存为模板"对话框

实践课堂

1. 简述项目收尾包括的部分。
2. 分析终止项目的条件。
3. 简述项目总结一般要讨论的问题。
4. 简述项目后评价的过程。
5. 简述创建可视报表的过程。

参 考 文 献

[1] 刘慧,陈虔.IT 执行力——IT 项目管理实践[M].北京:电子工业出版社,2004.
[2] 牟文,徐玖平.项目成本管理[M].北京:经济管理出版社,2008.
[3] 鲁耀斌.项目管理——过程、方法与务实[M].大连:东北财经大学出版社,2008.
[4] 卢向南.项目计划与控制[M].北京:机械工业出版社,2009.
[5] 孙裕君.现代项目管理学[M].北京:科学出版社,2010.
[6] Harold Kerzner.项目管理:计划、进度和控制的系统方法[M].杨爱华,译.10 版.北京:电子工业出版社,2010.
[7] 沈建明.项目风险管理[M].2 版.北京:机械工业出版社,2010.
[8] 凯西·施瓦尔贝.IT 项目管理[M].杨坤,译.6 版.北京:机械工业出版社,2011.
[9] 王保强.IT 项目管理那些事儿[M].北京:电子工业出版社,2011.
[10] 强茂山,王佳宁.项目管理案例[M].北京:清华大学出版社,2011.
[11] 卢有杰.现代项目管理学[M].3 版.北京:首都经济贸易大学出版社,2011.
[12] 殷焕武.项目管理导论[M].3 版.北京:机械工业出版社,2012.
[13] 赵丽坤.项目管理软技术[M].北京:电子工业出版社,2012.
[14] 美国项目管理协会(PMI).项目管理知识体系指南[M].许江林,译.5 版.北京:电子工业出版社,2013.
[15] 邱菀华.现代项目管理学[M].3 版.北京:科学出版社,2013.
[16] 吕广革.项目管理[M].北京:电子工业工业出版社,2013.
[17] 赵立群.网络系统集成[M].北京:电子工业出版社,2014.
[18] 曹济.IT 项目量化管理——细化、量化与图形化最佳实践[M].北京:清华大学出版社,2014.
[19] 刘羚.知易行难:58 个 IT 项目管理案例解析[M].北京:机械工业出版社,2015.
[20] 刘天华.网络系统集成与综合布线[M].北京:人民邮电出版社,2016.
[21] 曹亚波.闲话 IT 项目管理[M].北京:机械工业出版社,2017.
[22] 秦智.网络系统集成[M].西安:西安电子科技大学出版社,2017.
[23] 吴应良.网络计算环境下信息系统的综合集成:技术、组织和管理[M].北京:中国科技出版传媒股份有限公司,2018.
[24] 刘晓辉,王勇.网络系统集成与工程设计[M].北京:科学出版社,2019.

参考网站:
[1] 中国教程网,http://bbs.jcwcn.com/.
[2] 网易学院,http://design.yesky.com.
[3] 百度文库,http://wenku.baidu.com.
[4] Ps 学习网,http://www.ps-xxw.cn/.
[5] 21 互联远程教育网,http://dx.21hulian.com.
[6] 赛迪中国信息产业风向标信息化网络领航者,http://www.ccidnet.com/.
[7] 中国领先的 IT 技术网站,http://www.51cto.com/.
[8] 项目管理者联盟,http://www.mypm.net.
[9] 中国项目管理网,http://www.project.net.cn.
[10] 中国项目管理资源网,http://www.leadge.com.
[11] 中国项目管理信息网(现代卓越),http://www.cpmi.org.cn/cn/index.asp.
[12] 项目管理网,http://www.chinapmp.cn/.

附 录

附录 1

关于废止和修改部分招标投标规章和规范性文件的决定（九部委第 23 号令）

中华人民共和国国家发展和改革委员会、中华人民共和国工业和信息化部、中华人民共和国财政部、中华人民共和国住房和城乡建设部、中华人民共和国交通运输部、中华人民共和国铁道部、中华人民共和国水利部、国家广播电影电视总局、中国民用航空局第 23 号令为落实《国务院办公厅转发发展改革委法制办监察部关于做好招标投标法实施条例贯彻实施工作意见的通知》（国办发〔2012〕21 号）关于全面清理与招标投标有关规定的要求，国家发展改革委会同有关部门，根据《招标投标法实施条例》，在广泛征求意见的基础上，对《招标投标法》实施以来国家发展改革委牵头制定的规章和规范性文件进行了全面清理。经过清理，决定：

一、对 1 件规范性文件予以废止。（附件 1）

二、对 11 件规章、1 件规范性文件的部分条款予以修改。（附件 2）

上述规章和规范性文件，属于国家发展改革委会同有关部门发布的，由国家发展改革委会同有关部门修改；属于国家发展改革委员会发布的，由国家发展改革委员会废止或者修改。

本决定自 2013 年 5 月 1 日起施行。

附件：1. 决定废止的规范性文件
 2. 决定修改的规章和规范性文件

2013 年 3 月 11 日

附录 2

项目管理常用的英文缩写

SOW：工作说明书　　　　　　　　PMIS：项目管理信息系统

CCB：变更控制委员会　　　　　　QA：质量保证

QC：质量控制　　　　　　　　　　OBS：组织分解结构

RBS：资源分解结构　　　　　　　RBS：风险分解结构

RAM：责任分配矩阵　　　　　　　PDM：前导图

ADM：箭头图　　　　　　　　　　CPM：关键路径法

PERT：项目评审技术　　　　　　 IRR：内部收益率

NPV：净现值　　　　　　　　　　EMV：期望货币价值

EAC：完工估算　　　　　　　　　ETC：完工剩余估算

附录 3

文件一

软件工程——专业基础标准

软件工程的专业基础标准包括《GB/T 11457—1995 软件工程术语》《GB/T 13702—1992 计算机软件分类与代码》和《GB/T 15538—1995 软件工程标准分类法》。

1. GB/T 11457—1995 软件工程术语

《GB/T 11457—1995 软件工程术语》(*Software Engineering Terminology*)由原国家技术监督局于 1995 年 5 月 4 日发布,1995 年 12 月 1 日起实施。该标准定义了软件工程领域中通用的术语,适用于软件开发、使用维护、科研、教学和出版等方面。

2. GB/T 13702—1992 计算机软件分类与代码

《GB/T 13702—1992 计算机软件分类与代码》(*Classification and Codes for Computer Software*)由原国家技术监督局于 1992 年 9 月 30 日发布,1993 年 6 月 1 日起实施。该标准规定了计算机软件的分类及代码,适用于计算机软件的分类、管理和编目,也适用于计算机软件的信息处理和交换,并为计算机软件开发、应用及管理人员提供了一个科学实用的分类原则和方法。

3. GB/T 15538—1995 软件工程标准分类法

《GB/T 15538—1995 软件工程标准分类法》(*Software Engineering Standard Taxonomy*)(IDT ANSI/IEEE 1002)由原国家技术监督局于 1995 年 4 月 6 日发布,1995 年 12 月 1 日起实施。该标准提供了对软件工程标准进行分类的形式和内容,并解释了各种类型的软件工程标准,包括它们的功能、外部的相互关系及在软件生存周期中各个阶段中的作用。该标准可作为制订软件开发计划的方法,或用于对一个机构的标准进行评价,也可作为对一套标准进行分类或编制标准手册的基础。

文件二

软件工程——过程标准

软件工程的过程标准包括《GB/T 8566—2001 信息技术软件生存周期过程》《GB/T 8567—1988 计算机软件产品开发文件编制指南》《GB/T 9385—1988 计算机软件需求说明编制指南》《GB/T 9386—1988 计算机软件测试文件编制规范》《GB/T 12505—1990 计算机软件配置管理计划规范》《GB/T 14079—1993 软件维护指南》《GB/T 15532—1995 计算机软件单元测试》《GB/T 16680—1996 软件文档管理指南》和《GB/T 18493—2001 信息技术软件生存周期过程指南》。

附录 4

PMP 资格认证

PMP(project management professional)是由全球最大的项目管理专业组织机构——美国 PMI 设立并严格评估项目管理人员知识技能能否具有高品质的资格认证考试。其目的是为了给项目管理人员提供一个行业标准,使全球的项目管理人员都能够得到科学的项目管理知识,美国项目管理协会(PMI)一直致力于项目管理领域的研究工作,全球 PMI 成员都在为探索科学的项目管理体系而努力。

对参加 PMP 资格考试的人员资格也有相当严格的要求,其考试程序也有具体的规定

PMP 资格认证考试范围,主要设计美国 PMI 指定并已被公认为世界最权威的项目管理标准——PMBOK(项目管理知识体系指南)的项目管理五大过程,九大知识领域。1999 年 PMP 考试在所有认证考试中第一个获得 ISO 9001 国际质量认证,在国际上树立了其权威性,也被媒体公认为继 MBA、MPA 之后的三大就业金字招牌。美国网站把 PMP 评价为 2006 年十大热门认证前四位。现在,全世界有 170 个国家和地区认可 PMP。

该知识体系自创立之日起,发展到现在,已具备了下列品质。

(1) 国际标准组织(ISO)以该文为框架,制定了 ISO 10006 标准,从而被公认为世界最权威的项目管理标准。

(2) 正日益收到知识经济时代的重视,已被美国等西方发达国家的企业、政府部门、军队和各类组织机构逐步确认为其核心部门运作模式。

(3) 四年更新一次,将项目管理的最新研究成果、知识和经验吸收到该书中去。

附录 5

项目管理软件

1. Microsoft Project Server 2002

Microsoft Project Server 2002 是 Microsoft Project 系列中的新的服务器产品(用于替代 Microsoft Project Central Server),当与 Microsoft Project 配合使用时,Microsoft Project Server 可为发布项目和资源信息提供一个集中的储存库,使企业能够统一保存数据,从而保证报告的时效性。Microsoft Project Server 提供企业规模、安全性和性能能力,用于满足企业不断增长的项目和资源管理需求。

Microsoft Project Server 2002 主要功能如下。

(1) 电子邮件通知。自动电子邮件通知可以由一些事件触发,例如,项目更新、即将发生的转折性事件、问题等。这些电子邮件通知确保每个人都能够通知到,并且项目始终处于跟踪状态。

(2) 企业自定义域和代码。项目管理员可以使用公式、大纲代码和选择列表(例如,技能代码)为项目和资源定义自定义域的标准。项目管理投入可以根据企业的特定过程进行定制。通过应用标准,可以确保一致的、准确的和完整的跨项目报表和资源报表。

(3) Microsoft Project Server 兼容性。Microsoft Project Server 也可以作为 Microsoft Project 2000 的配套服务器产品来实现。这种兼容性有助于企业无须经过同时升级服务器和客户端,即轻松地从 Microsoft Project 2000 过渡到 Microsoft Project 2002。

(4) Microsoft Project Server 用户权限。企业可以通过改进的权限设置来降低管理开销。管理员可以创建和设置组账户和个人账户的权限,以控制对信息的访问。Microsoft Project 为组提供了预定义的权限,这些组包括项目经理、资源经理、项目组成员、风险承担者和管理员组,可以对这些组进行自定义或直接使用。通过为用户指定权限,可以进一步定制这些权限。

(5) 与 Microsoft SharePoint Team Services 集成。SharePoint Team Services 与 Microsoft Project Server 的集成为项目的文档共享和问题跟踪提供了现成的解决方案。每次新项目发布到 Microsoft Project Server 时,系统都会自动创建一个 SharePoint Team Services 子站点,从而使用户可以通过 Microsoft Project Web Access 这一 Microsoft Project Server Web 界面集中保存和组织与项目相关的文档,以及跟踪问题。

(6) 可伸缩性。Microsoft Project Server 通过服务器的负载平衡和数据库服务器的群集技术满足对性能和可伸缩性的需求。Microsoft Project Server 通过将服务器的负载，根据需要分布到不同的计算机上，从而为企业提供增强系统性能的灵活性。

(7) 企业标准。企业可以通过全局企业模板保存和共享所有项目共有的标准化数据，包括基准日历、视图和企业域，这样整个项目公文包的报告都是一致的。

(8) 无须编写 ASP。Microsoft Project Server Web 页被分成几个小组件，使用户可以轻松地创建 Web 部件，而无须编写 ASP(active server page)。Microsoft Outlook 快捷方式允许用户在 Outlook 内访问指定的 Microsoft Project Server 视图。

(9) Microsoft Project OLE DB 提供程序。Microsoft Project OLE DB 提供程序经改进后包括对数据访问页的时间分段数据、附加表和扩展属性的支持。

(10) 企业模板。企业可以通过企业模板促使所有职员采用他们的最佳措施和过程。因为企业模板集中保存在 Microsoft Project Server 中，并由管理员进行管理，所以整个单位都可以使用这些模板，并且可以监督它们是否符合标准化的项目规划。

(11) 企业资源。企业资源库为安全保存和管理资源信息提供了一个集中的场所，这样项目和资源经理就可以得到关于资源的准确的最新信息，包括资源在整个企业中的分配情况、技能、使用情况和可用性。

(12) Microsoft Project Web Access 组件。企业可以扩展和自定义 Microsoft Project Web Access 这一 Microsoft Project Server Web 界面，主要是因为控件的可编程界面经过了改进。

(13) 企业项目安全性：签入月盛出。使用 Microsoft Project Server 签入/签出方法可安全地控制修改企业项目的权限。Microsoft Project Server 禁止多个用户同时访问和编辑同一信息，从而保证了项目公文包的安全性。

(14) 企业项目安全性：项目数据服务。项目数据服务(PDS)通过基于单个用户筛选项目数据，使用 XML 和简单对象访问协议(SOAP)来传输数据并提供安全保护。通过 PDS，每个项目组成员只能查看和更新自己有权访问的信息。

(15) 资源表和 OLAP 多维数据集更新。可以对资源表和 OLAP 多维数据集更新的日期范围和频率进行设置，使公文包视图包含及时、准确的报告和分析信息。

(16) 可扩展的系统集成。Microsoft Project Server 的开放式结构允许企业将 Microsoft Project Server 与它们的当前文档管理或问题跟踪解决方案通过一个可扩展的服务器端对象进行集成。

(17) Microsoft Project Server 数据库清除。用户可以通过删除旧信息，在 Microsoft Project Server 上释放更多的空间。可以删除项目、任务、资源任务更改和状态报告，以使 Microsoft Project Server 更易于维护。

(18) 支持业界标准。通过使用业界标准(如 XML 和 SOAP)，Microsoft Project Server 可以将架构和数据与其他重要的业务应用程序和数据库轻松地进行集成和交换。

2. PMOffice 4.0

PMOffice 4.0(简称 PMO)是加拿大 SystemCorp.公司和美国 IBM 公司合作开发的企业集成项目管理工具。PMO 认为项目活动可分为计划、执行和监控三类活动，参与项目活动的角色可分为系统管理员/业务管理员、项目经理、项目成员、项目主管和功能部门经理五类角色。不同的角色在 PMO 这个公共平台上，各司其职，协同完成各类项目活动。

PMO 具有很好的企业级项目管理理念,具体可概括为以下三点。

(1) 集成性。全公司所有研发项目集成在一个公共平台上,便于项目监控和分析,以及公司决策。另外,项目的进度计划、资源计划、风险管理和文档管理被集成在一个系统中,提高了项目管理效率。

(2) 协同性。PMO 是一个企业级应用,项目主管、项目经理、项目成员、功能部门经理在同一平台上协同工作,共同保证项目成功。

(3) 统一性。所有项目共享一个统一的资源池,合理充分利用公司资源。所有项目共享标准模板,保证以前经验的继承和项目管理的规范性。

3. Primavera Project Planner for Enterpriser

P3E(primavera project planner for enterpriser)是美国 Primavera 公司开发的企业集成项目管理工具。P3E 包括四个模块。

(1) P3E 计划模块:主模块,供项目经理使用,进行项目计划制订、管理和控制。Client/Server 模式,数据库可采用 Oracle、MS SQL、InterBase 等。

(2) 进度汇报模块(progress reporter)供项目成员使用,用来接收任务分配,反馈任务执行的进度。基于 Web,项目成员可通过浏览器访问。

(3) Primavision 模块:项目经理使用该模块来发布项目计划,计划发布到一个 Intranet 或 Internet 站点上,允许项目成员和其他感兴趣的人员使用 web 浏览器查看项目信息。

(4) Portfolio Analyst 模块:向项目主管、高层管理者,以及项目分析员提供项目总结和跟踪信息,包括丰富的图形、电子数据表和报表等。

4. Artemis Views 4

Artemis Views 4 是美国 Artemis 公司推出的企业级项目管理工具。主要功能包括以下方面。

- 支持层次结构的多计划视图。
- 分析多项目计划的成本和资源的需求。
- 可以直接将 MS Project 的数据存到中央数据库。
- 允许 MS Project 的数据进入跟踪模块,来实现活动和时间的自动跟踪。

以上来源于百度文库

5. Edraw Project

Edraw Project 是一款专业的企业级项目管理软件,你可以用它轻松地创建甘特图进行项目规划,同时还可以一键快速生成各种报表。随时随地掌控项目的进度。除此之外,Edraw Project 还支持与数据进行完美交互,能够将制作好的项目管理甘特图导出为 Excel 格式或者 PDF 文档,也能将 Excel 格式一键自动生成甘特图,十分便捷。

Asana 是一款免费的项目管理应用程序,它有一个直观的任务管理系统,允许用户可视化目标,跟踪时间。除此之外还有日历功能,可以将团队任务直接映射到仪表板上,不过暂时还无法离线使用。

6. Naval Plan

Naval Plan 是一款基于 Web 的项目规划软件、项目监测软件和项目控制软件。可以进行超负荷的资源分配控制、挣值管理、工作报告的成本分析管理,还可以进行规划方案、多任务进度测量、质量表单管理等。

7. Wrike

Wrike属于一款比较偏年轻化的管理工具,它比较适合小团队合作,用户可以在其无限数量的项目上进行隐私设置,并与Wrike的实时活动流进行交互。同时Wrike也提供了移动版本,可以随时随地进行管理项目进程。

8. OpenProj

OpenProj作为一款免费开源的项目管理软件,其在UNIX、Linux、Windows和Mac系统都能完美的运行,成了所有微软项目桌面应用的替代品。除了管理项目以外,在打开本地项目文件方面也有着比较不错的效果。